חיים ויטאל

ספר שערי קדושה

SEFER SHAAREI KEDDUSHAH

LAS PUERTAS DE LA SANTIDAD

JAIM VITAL

EDICIONES OBELISCO

Colección Cábala y Judaísmo
Las Puertas de la Santidad
Jaim Vital

1.ª edición: noviembre de 2021

Título original: *Sefer Shaarei Keddushah*

Traducción: *Equipo editorial*
Maquetación: *Carol Briceño*

Edita: Ediciones Obelisco, S. L.
Collita, 23-25. Pol. Ind. Molí de la Bastida
08191 Rubí - Barcelona - España
Tel. 93 309 85 25
E-mail: info@edicionesobelisco.com

ISBN: 978-84-9111-782-7
Depósito Legal: B-15.547-2021

Printed in India

Introducción

Rabbí Jaim ben Iosef Vital, conocido al igual que su padre como «Calabrese», pues su familia era originaria de Calabria, nació en Safed en el año 1543. Destacó desde niño por su extraordinaria inteligencia lo que hizo que fuera educado por un gran sabio, Moisés Alsich, más conocido como Alsich haKaddosh, que había ido a Safed para estudiar con Rabbí Iosef Caro. Alsich es el autor de un comentario a la *Torah* denominado *Torat Moshé,* así como de numerosas *responsa.* Parece ser que fue el mismo Iosef Caro el que pidió a Alsich que se ocupara del joven Jaim cuando éste contaba apenas con catorce años. Jaim también estudió durante algún tiempo con otro gran cabalista, Moisés Cordovero, más conocido como el Ramak, autor del *Pardes Rimonim;* que se le apareció en sueños en varias ocasiones.

Jaim llevaba un diario[1] en el que apuntaba lo que le había sucedido desde su nacimiento e incluso antes de nacer. En él, cuenta que antes de que su padre llegara

1. Titulado *Sefer haHizionoth* (El libro de las visiones).

a Tierra Santa, fue visitado por un hombre santo llamado Rabbí Jaim Ashkenazi que le dijo que se establecería en Tierra Santa y sería bendecido con un hijo que se convertiría en un gran hombre. Dos años después de establecerse en Tierra Santa, el Rabbí Iosef fue efectivamente bendecido con un hijo, al que llamaría Jaim en honor a este hombre santo.

En uno de sus escritos, Jaim Vital nos explica que en cierta ocasión un vidente le leyó las manos y le predijo que doce años más tarde (o sea hacia los veinticuatro) se encontraría en una encrucijada: si elegía el camino equivocado, se convertiría en el hombre más malo de la Tierra. Pero si escogía el correcto y seguía el camino de la *Torah* y de la Cábala, se convertiría en el hombre más grande de su generación. No podemos decir que haya sido el hombre más grande de su generación, pero sí fue uno de los mayores sabios de su tiempo.

Poco antes de que llegara la fecha anunciada, a los veintitrés años se casó con Jana, la hija del Rabbí Moisés Saadia. Su matrimonio no fue muy afortunado y cuando se divorció de su esposa, se encontró en un sueño con el profeta Elías que lo condujo a un bello jardín en el que se hallaba el Creador rodeado de sabios. A raíz de este sueño, Jaim se inició en el estudio de la alquimia y de la cábala. En otro sueño Elías le predijo que sería el autor de un comentario sobre el Zohar.

Cuando tenía treinta y siete años conoció a la que iba a ser la persona más importante en su vida: Rabbí Isaac Luria Askenazi, que había llegado a Safed procedente de Egipto. El joven Jaim se convirtió en su principal discípulo. Durante casi dos años, hasta su último día de vida, Isaac Luria le enseñó a Jaim la sabiduría de la Cábala, aclarándole muchos misterios y desvelándole muchos secretos. Tras la muerte de Isaac Luria, a los treinta y ocho años, Jaim Vital se convertiría en el jefe de los cabalistas de Safed y seguiría difundiendo las enseñanzas de su maestro. Isaac Luria no dejó ningún escrito, pero Jaim Vital tomó notas de prácticamente todo lo que había aprendido de él. Compartió estas enseñanzas con amigos y discípulos, pero nunca las publicó ni permitió que las copiaran. Sin duda más por humildad que por secretismo consideraba que tanto sus escritos como sus notas no eran dignos de ser publicados. Incluso dejó instrucciones para enterrarlos después de su muerte. En una ocasión en la que cayó gravemente enfermo y necesitó dinero con urgencia, su hermano Moisés hizo copias de algunas de sus notas y las vendió a un rico cabalista que al parecer pagó por ello quinientas monedas de oro.

Si bien sus últimas voluntades se cumplieron y sus escritos lo acompañaron a la tumba, su hijo *Samuel* y sus discípulos estaban muy ansiosos por desenterrarlos y darlos a conocer. Para no desobedecer al maestro, ayunaron y rezaron con la esperanza de recibir una revelación que les permitiera hacerlo. Finalmente, en un sueño, Jaim dio permiso para que sus escritos fueran recuperados y publicados. Gracias a esto fueron publicadas muchas de sus obras, que han llegado hasta nosotros. Entre éstas cabe destacar el *Etz Jaim,* el «árbol de la vida», que nuestro autor menciona en las *Shaarei Keddushah,* y el *Sefer haGuilgulim,* el «libro de las reencarnaciones».

Si no fuera por estos libros probablemente nada o casi nada sabríamos de las enseñanzas de Isaac Luria y de lo que se conoce como cábala luriana, que como vemos en las *Shaarei Keddushah* se apoya en muchos puntos sobre el Zohar.

A diferencia de otros textos cabalísticos que han llegado hasta nosotros, las *Shaarei Keddushah* no son un libro oscuro, a pesar de que el autor, según sus propias palabras «esconda más de lo que dice». Es más, hay una intención didáctica guiada por un claro deseo de ser útil al buscador que quiere alcanzar el *Ruaj haKoddesh.* Vital escribe para ayudar, no para entorpecer. Si bien no es un libro como los que hoy se conocen como «para todos los públicos», tampoco es un libro complicado. Presupone, eso sí, un cierto conocimiento de la *Torah,* el Talmud, el Midrash y el Zohar, en los que se apoya a menudo.

Shaarei Keddushah, las puertas de la santidad

Las *Shaarei Keddushah* son, como su mismo nombre indica, un manual para acceder a la santidad (*Keddushah*). ¿Por qué? ¿Para qué? Nuestro autor nos lo aclara desde el principio: escribe para aquellos que «desean aprender cómo elevar su alma (*nefesh*) hasta su raíz divina, y cómo podrían aferrarla al Bendito» y para enseñarles «cuál es el camino que conduce a la luz para iluminar sus ojos en los secretos de la *Torah*». En las *Shaarei Keddushah* nos encontramos con numerosas repeticiones que no aparecen en todas las ediciones, repeticiones que hemos conservado a fin de ser fieles al texto. El autor recurre a menudo a técnicas hermenéuticas cabalísticas como la guematria o el notarikon, así como a los juegos de palabras para dispensar discretamente sus enseñanzas. El mismo nombre de nuestro autor es un juego de palabras, ya que tanto *Jaim* como *Vital* se refieren a lo mismo: a la vida. Cuando titula su magna obra *Etz Jaim* alude al mismo tiempo al árbol de la vida de *Génesis* (II-9) como sí mismo. Este árbol de la vida será el mismo del que habla *Proverbios* (III-18) refiriéndose, según los cabalistas, a la *Torah*.

Si las *Shaarei Keddushah* son las puertas de la santidad, es porque la santidad misma es como una puerta. Por ella «se cuela», por así decirlo, el *Ruaj haKoddesh*, el espíritu de santidad. Y si este *Ruaj haKoddesh* ilumina al hombre que se ha purificado, es precisamente porque «resuena» con aquello que era puro dentro de él, pero estaba recubierto de la mugre de las *Klippot*. Este *Ruaj haKoddesh* es un don de Dios, y su recepción es posible gracias al estudio de la *Torah* y de la purificación del alma. En varios pasajes Vital hará hincapié en cuestiones como la sobriedad y la abstinencia. La guematria de *Prishut* (פרישות), «sobriedad», «abstinencia» es 996 y coincide precisamente con la de *Shaarei Keddushah,* que es 995. El secreto parece estar, pues, en la pureza del alma, que es el verdadero maestro o guía del buscador: «hay algunos cuya propia alma (*nefesh*) después de volverse muy, muy, pura, se les revela y los guía en todos sus caminos». En el alma tenemos lo mejor y lo peor de nosotros mismos, lo que le hace decir a nuestro autor «¿por qué odiarías a tus enemigos, si el mayor enemigo está dentro de ti?».

Por otra parte, la *Keddushah* (קדושה), que es un anagrama de *haKaddosh* (הקדוש), «el Santo», se perfila como una protección en un camino difícil y lleno de peligros. El comercio con los ángeles es arriesgado ya que hay «ángeles muy bajos, designados para los asuntos de este mundo» que «están mezclados con el bien y el mal». Si nuestro autor insiste tanto en la necesidad de purificación es porque sabe que acceder a ciertos secretos o a ciertas experiencias puede ser peligroso. Por eso mismo le están vetados al hombre corriente, que únicamente puede ver, entender o saborear aquello que no va a hacerle daño. Pero no hemos de ver aquí ningún tipo de elitismo. Este camino no es exclusivo de unos cuantos, ya que «el *Ruaj haKoddesh* puede descansar sobre un hombre, una mujer, un gentil, uno de Israel, un esclavo o un sirviente, dependiendo todo de sus actos».

Las *Shaarei Keddushah* tienen fama de ser el libro por excelencia de «cábala práctica», concepto que para muchos rozaría lo mágico-teúrgico. Lo que se conoce como «cábala práctica» no es para «todos los públicos». Por esto, nuestro autor escribirá que «La impureza de las *Klippot* se adhiere al hombre que intenta alcanzar la visión a través de la cábala práctica. Por esta razón, aquel que se cuida a sí mismo ha de mantenerse lejos de ella. Porque además de contaminar su alma (*Nefesh*), será castigado en el *Guehinom*. Además, según nuestra tradición, también será castigado en este mundo y él o su descendencia caerán enfermos o serán apóstatas». Con estas palabras Vital reafirma un famoso pasaje talmúdico (*Jaguigah* 14 b) que nos explica que cuatro grandes sabios se consagraron al estudio esotérico de la *Torah* logrando entrar en el Pardes, o sea penetrando sus ocultos secretos. Se trataba de Rabbí Akiva, de Ben Soma, de Ben Assai y de Elisha Ben Abuya, llamado Ajer. Ben Assai vio y murió. Ben Soma vio y se volvió loco; Ajer vio y se hizo apóstata; sólo Rabbí Akiva entró en paz y salió en paz. Nuestro autor nos da un detalle que muchos han pasado por alto: en su incursión en el Pardes, hubo ángeles que intentaron derribar a Rabbí Akiva, pero Dios lo ayudó. Vital escribe, a propósito de estos cuatro sabios, «ellos deseaban alcanzar niveles elevados, cercanos a la profecía, y por lo tanto se pusieron a sí mismos en peligro». Según Gershom Scholem, muchas de las enseñanzas de la cábala práctica son anteriores y son independientes de la cábala especulativa, la cábala de las sefirot. Para este estudioso «En efecto, lo que llegó a ser considerado cábala práctica constituye un conglomerado de todas las prácticas mágicas que se desarrollaron en el judaísmo de la época talmúdica abajo a través de la Edad Media. La doctrina de las sefirot casi nunca jugó un papel decisivo en estas prácticas...»

Entre los numerosísimos temas que Jaim Vital aborda en esta obra, merece especial atención su concepción, por lo demás absolutamente tradicional[2], de que el sueño es como una pequeña muestra de la muerte. El Talmud (tratado de *Sotah* 21a) nos enseña que cuando dormimos no tenemos la capacidad de protegernos de las fuerzas del mal. Nuestro autor nos enseña que «el sueño es la pequeña muerte que debería recordarte la muerte real, la gran muerte». Y, más adelante, «Cada noche pon tu alma (*Ruaj*) en sus manos exactamente como lo harás cuando llegue el momento de la verdadera muerte». De este modo nos está descubriendo una de las prácticas secretas de los cabalistas que es el trabajo con los sueños. ¿Queremos más pistas a propósito de la cábala práctica?

Y cuando al final del libro, en la cuarta parte, el lector vaya a zambullirse en los secretos de la cábala práctica, se encontrará con la sorpresa de que el primer editor/impresor de la obra la ha retirado. Y así ha seguido hasta las ediciones modernas.

LOS EDITORES

---

2. Véase Talmud, tratado de *Berajoth* (57b).

הקדמה

PRÓLOGO

אמר הצעיר חיים בן כבוד הרב יוסף ויטאל זלה"ה:

Dijo el esclarecido Jaim, hijo del glorioso Rabbí José Vital, sea bendita su memoria:

ראיתי בני עלייה, והם מועטים, משתוקקים לעלות, והסולם נתעלם מעיניהם, ויתבוננו בספרים הקדמונים, לחפש ולמצוא אורחות חיים, את הדרך ילכו בה ואת המעשה אשר יעשון, להעלות נפשם אל שרשה העליון, ולדבקה בו יתברך, כי הוא השלימות הנצחי כענין הנביאים, שכל ימיהם נדבקו בקונם, ובאמצעות הדביקות ההוא שרתה עליהם רוח הקודש, להורותם איזה הדרך ישכון אור, להאיר עיניהם ברזי תורה, כמו שהתפלל דוד המלך ע"ה, "גל עיני ואביטה נפלאות מתורתך",

He visto a los hijos del regreso (עלייה)[1] y son harto escasos. Quieren subir por la escalera (סולם),[2] pero sus ojos están oscurecidos. Ojean los libros antiguos por-

1. Que han hecho *Aliah*, o sea que se han ido a vivir a Israel. Simbólicamente aquellos que quieren.

2. La escalera mística de la ascensión espiritual. *Sulam HaAliyah*, la Escalera del regreso, es una obra del cabalista Judah Albotini.

que quieren hallar un camino de vida que seguir. Desean aprender cómo elevar su alma (*Nefesh*) hasta su raíz divina, y cómo podrían aferrarla al Bendito, ya que desean seguir el ejemplo de los profetas que se aferraron a su Creador todos sus días, y a través de este aferramiento, el *Ruaj haKoddesh* (espíritu de santidad) se estableció en ellos, para enseñarles cuál es el camino que conduce a la luz para iluminar sus ojos en los secretos de la *Torah,* como el Rey David oró por ellos: «abre mis ojos y contemplaré las maravillas de tu *Torah*» (*Salmos* CXIX-18).

ולהדריכם בדרך ישרה, ללכת אל עיר מושב המזומן להם עם בני עליה, ואחריהם באו החסידים הראשונים, הנקראים "פרושים", ובקשו לצאת בעקבותיהם של נביאים ובמעגלו־תיהם, ולהתדמות להם, במערות צורים ובמדברות, ופירשו מדרכי בני אדם, ומהם, פרושים בבתיהם, כדמיון הולכי מד־ברות, וכל היום וכל הלילה תמיד לא יחשו, להלל את בוראם בעסק תורה, ובשירי דוד המלך ע"ה, המשמחים את הלב, עד אשר תדבק מחשבתם בכח וחשק נמרץ באורות הע־ליונים

Serían conducidos por un camino recto, preparado por los hombres del regreso (עלייה), para que alcanzaran su meta, y después de ellos vinieron los *Jassidim*

Rishonim,[3] que fueron llamados «perushim».[4] Buscaban seguir las huellas de los profetas, y llegar a ser como ellos, yendo a (vivir a) cuevas de piedra y a desiertos. Y se separaron de los caminos[5] de los hombres. Algunos de ellos se convertían en ascetas en sus hogares, como los viajeros de los desiertos, y durante todo el día y toda la noche, siempre, alababan a su Creador con el trabajo en la *Torah* y con los cánticos del Rey David que aportan alegría al corazón, hasta que sus pensamientos se aferraban con tremenda fuerza y anhelaban las luces superiores.

והתמידו בכך כל ימיהם, עד אשר עלו למדרגת רוח הקו־דש, ויתנבאו ולא יספו, כמו שתרגם אונקלוס, "ולא פסקו". ועם היותם כי לא ראי זה כראי זה, לא נמצאו אופני דרכיהם ושימושיהם, איכה יעבדו הקדושים האלה את השי"ת, ונע־שה כן גם אנחנו:

Y continuaron diligentemente así todos sus días hasta ascender al nivel de *Ruaj haKoddesh* (espíritu de santidad), y profetizarían y nunca volverían, como tradujo Onkelos *«veLo Pasaku».*[6] Si es así, ¿dónde estamos para encontrar sus caminos y métodos, como esta

3. Los primeros piadosos.

4. Literalmente «separatistas», se refiere a los fariseos.

5. *Derajim,* literalmente «caminos», pero también «métodos», «sistemas», este concepto aparecerá a lo largo de todo el libro.

6. «Y no pararon».

santa gente que sirvió al Eterno, bendito sea, para que nosotros también podamos hacer lo mismo?

ועל כן נתמעטו הלבבות, גם הידיעות, של הדורות הבאים אחריהם, ופסקו בעלי רוח הקודש, סעו המה למנוחות, עזבו אותנו לאנחות, צמאים גם רעבים, עד אשר צמח ייאוש בל־בות בני האדם לתור בחכמה נפלאה הלזו, ואם ימצאו שנים שלשה גרגירים בראש אמיר, אחד מעיר ושנים ממשפחה, מבקשים מים, ואין, כי נסתם כל חזון, לסיבת אשר לא כתוב בספר אופן מעשהו, להתקרב לגשת אל הקודש פנימה:

Y, por lo tanto, los corazones se han empequeñecido, y también el conocimiento de las generaciones que vinieron después de ellos. Y los maestros del *Ruaj haKoddesh* (espíritu de santidad) han desaparecido. Se fueron a sus moradas eternas y nos abandonaron a la desesperación, sedientos y hambrientos, hasta que brotó la desesperación en los corazones de los hombres para recorrer esta asombrosa sabiduría. Y si encontramos dos o tres granos[7] en la copa del árbol, uno en una ciudad o dos en una familia que buscan agua, estos no la encuentran pues todas las visiones han sido selladas debido a que no han sido escritos en un libro los métodos y modos de actuación sobre cómo acercarse a la santidad interior.

---

7. *Garguirim* (גרגירים) de Garguir, «grano», en el sentido de «algo».

ויש מהם אשר היו משביעים בכח שמות הקודש אל המלא־
כים, ויקוו לאור, והנה חושך, כי היו מלאכים תחתונים מאוד,
ממונים על עבודת העולם הזה, והם מורכבים מטוב ורע,
והן עצמן לא ישיגו האמת והאורות העליונים, ומגלין להם
דברי תערובות, טוב ורע, אמת ושקר, ודברים בטלים דעניני
רפואות, וחכמת הכימי"א, ופעולות קמיעין והשבעות, וגם
אלה ביין שגו ובשכר תעו.

Y algunos de entre ellos se convertirían en ángeles usando la fuerza de los nombres sagrados de los ángeles, y esperarían la luz, pero aquí hay tinieblas. Porque se trata de ángeles muy bajos, designados para los asuntos de este mundo, y están mezclados con el bien y el mal. Así no alcanzaron la verdad y las luces excelsas. Y ellos (los ángeles) les revelaban palabras mezcladas, el bien y el mal, la verdad y la mentira, palabras superfluas tales como palabras de curación, y la sabiduría de la alquimia, y los efectos de los talismanes y juramentos. Y también estos, tropezaron en el vino y se equivocaron en la cerveza.

מי יתן והיה לבבם זה לעסוק בתורה ובמצוות, וישאו קל
וחומר מאותן ארבעה גדולי ישראל, שנכנסו לפרדס ולא
נמלט מהם איש, כי אם ההוא סבא חסידא, רבי עקיבא (ואף
הוא, בקשו מלאכי השרת לדחפו, לולא ה' עזרתה לו), נכנס
בשלום ויצא בשלום:

Ojalá que sus corazones los llevaran a ocuparse de la *Torah* y los preceptos y que hicieran un *Kal vaJomer*[8] de los cuatro *Guedolei Israel*[9] que entraron en el Pardes y ninguno de ellos regresó intacto excepto el anciano piadoso, Rabbí Akiva, (e incluso a él, los ángeles intentaron derribarlo, si no fuera porque Dios lo ayudó) y entró en paz y salió en paz.[10]

והאמת, כי הם בקשו מדרגות גדולות, קרובות אל הנבואה, ועל כן נסתכנו קצתם, אכן, אנחנו, הלואי שנזכה אל רוח הקודש מועט, כענין גילוי אליהו ז"ל, אשר רבים זכו אליו, כמפורסם, וכענין גילוי נשמות הצדיקים, כנזכר הרבה פעמים בספר התיקונים.

Y la verdad es que ellos deseaban alcanzar niveles elevados, cercanos a la profecía, y por lo tanto se ponían a sí mismos en peligro. Ojalá nosotros mereciésemos un poco de *Ruaj haKoddesh* (espíritu de santidad) como una revelación del profeta Elías, de bendita memoria, que muchos merecían ver, como es sabido, o por una revelación del alma de los *Tzaddikim* como se menciona muchas veces en el libro de los *Tikkunim*.[11]

---

8. Inferencia lógica de mayor a menor.

9. Grandes sabios de Israel.

10. Véase Talmud, tratado de *Jaguigah* 14b.

11. *Tikkunei haZohar*, uno de los textos fundamentales de la cábala que contiene setenta comentarios sobre la primera palabra de la *Torah*, *Bereshit*.

ולא עוד, כי גם בזמנינו זה ראיתי אנשים קדושים זכו לכל זה. ויש אשר נפשו עצמתו, בהזדככה במאוד מאוד, תתגלה לאדם ותנהיגהו בכל דרכיו. וכל אלה, דרכים קרובים, יושגו אף בזמנינו זה אל הראויים אליהם. אך, אמנה, צריך הבח־נה גדולה ונסיונות רבות לעמוד על האמת, אולי רוח אחרת היתה עמו, בלתי טהור. וכל זה יתבאר בחלק השלישי בשער השמיני:

Y no sólo eso, sino que incluso en nuestros tiempos he visto hombres santos que merecían todas estas cosas. Y hay algunos cuya propia alma (*Nefesh*) después de volverse muy, muy pura, se les revela y los guía en todos sus caminos. Y todos estos son caminos cercanos, que incluso en nuestros tiempos uno puede merecer si es digno. Pero, sin embargo, (la cuestión) requiere un gran entrenamiento y una gran experiencia para detenerse en la verdad, porque quizás otro espíritu vino con él. Y todo esto se explicará en la tercera parte, puerta 8.

לכן הציקתני רוח בטני להתיר לפרושים, ולתמוך בימינם, להורות להם הדרך ילכו בה. ועל כן חיברתי חיבור זה, קטן הכמות ורב האיכות, למשכילים יזהירו, וקראתיו שערי קדו־שה, ובו אבאר סתרים, לא שערום הראשונים אשר היו לפ־נינו, כי אני קבלתים מפה איש קדוש, מלאך ה' צבאות, מורי האר"י לוריא ז"ל. ולהיותם רזי עולם ותעלומות סתרים, אגלה טפח ואכסה אלפים אמה, ואפתח בדוחק שערי הקדושה

כמחט סדקית, ומי שיהיה ראוי יזכה להכנס לפני לפנים. וה' הטוב לא ימנע טוב להולכים בתמים:

Por lo tanto, mi espíritu me ha presionado para que lo desbloquee para los buscadores, y para los lleve por la derecha y les enseñe el camino a recorrer. Y, por lo tanto, he preparado y escrito este libro. Es pequeño en cantidad (de páginas), pero grande en calidad (de conocimiento). Brillará para los sabios y lo he llamado *Shaarei Kedushah* (las puertas de la santidad). En él esclareceré cosas ocultas que los *Rishonim*[12] no entendían, porque las he recibido de la boca del hombre santo, el ángel del Eterno de los ejércitos, mi maestro el Ari Luria, de bendita memoria. Y tratándose de secretos eternos y de cosas ocultas, revelaré un poco y ocultaré mucho. Y abriré a regañadientes las puertas de la santidad como el crujido de una aguja y el que es digno merecerá entrar en la cámara interior, y Dios, que es bueno, no se abstendrá de ser bueno para los que caminan con integridad.

וחילקתיו לארבעה חלקים:

Y lo he dividido en cuatro partes.

12. Los primeros sabios, sucesores de los *Gaonim*.

החלק הראשון, בהנהגת דרך החסידות והפרישות, המביאה לידי רוח הקודש, ויתחלק גם הוא לששה שערים,

La primera parte (trata) sobre la práctica de la *Jasidut*[13] y el ascetismo que nos lleva al *Ruaj haKoddesh*. También se subdivide en seis puertas.

החלק השני, בתוכחות, ובביאור העונש והשכר של מצוות עשה ומצוות לא תעשה, ונחלק לשבעה שערים,

La segunda parte (trata) sobre las reprensiones, y la elucidación de la recompensa y el castigo (del cumplimiento) de los preceptos positivos y negativos. Se subdivide en 8 puertas.

והחלק השלישי, בהנהגת השגת רוח הקודש עצמו, ויתחלק לשמונה שערים,

La tercera parte (trata) sobre la práctica para lograr el *Ruaj haKoddesh* (espíritu de santidad) esencial. Se subdivide en 8 puertas.

והחלק הרביעי, באופני היחודים עצמם, אשר על ידם יושג רוח הקודש, כאשר בחנתי ונסיתי, ונתאמתו על ידי:

13. De *Hessed*, «piedad», «misericordia», son los piadosos.

La cuarta parte (trata) sobre la práctica de los *Ijudim*[14] esenciales; a través de la cual uno alcanzará el *Ruaj haKoddesh* (espíritu de santidad) como yo personalmente he intentado, probado y verificado.

ואכתוב פרטן דרך חשבון סימנים. וזהו החלי בעז"ה.

Voy a exponer y describir sus señales, y esto con la ayuda de Dios.

החלק הראשון:
יתחלק לששה שערים, הראשון, להודיע גודל הפגם על ידי חטאת האדם בענין המצוות. השני, בפגם הנמשך על ידי מדות המגונות. השלישי, בביאור שם צדיק או חסיד. הרביעי, בביאור מדריגת הצדיק בפרטות. החמישי, בביאור מדריגת החסיד בפרטות. הששי, בביאור הנהגת החסידים בדרך קצרה מאוד, כוללת כל השערים אשר בחלק הזה:

Primera parte

La primera parte está dividida en seis puertas. La primera de ellas muestra el gran deterioro provocado por la transgresión de los preceptos por parte del hombre. La segunda puerta se refiere a la falta continua, debida a las *Middot*[15] negativas. La tercera clarifica las

14. Unificaciones.

15. Rasgos de carácter.

denominaciones de *Tzaddik*[16] y *Hassid.*[17] La cuarta detalla las virtudes del *Tzaddik*. La quinta detalla las virtudes del *Hassid*. La sexta comenta brevemente el liderazgo jasídico e incluye todas las puertas que aparecen en esta sección.

החלק השני:

החלק השני יתחלק לשמונה שערים, הראשון, בתוכחות, השני, במוסרי רז"ל, השלישי, בשכר מקיימי התורה והמצוה הרביעי, בעונש מדות הרעות החמישי, בעונש מדות האסורות, הששי, בעונש מצוות לא תעשה, השביעי, בשכר מצוות עשה, השמיני, התשובה.

Segunda parte

La segunda parte se divide en ocho puertas. La primera, los castigos. La segunda, las correcciones disciplinarias impartidas por nuestros sabios, de bendita memoria, la tercera, la recompensa para aquellos que observan la *Torah* y los preceptos. La cuarta, el castigo de aquellos que tienen malas *Middot*. La quinta, el castigo de aquellos que tienen *Middot* prohibidas. La sexta, el castigo de aquellos que transgreden los preceptos negativos. La séptima, la recompensa de aquellos que cumplen los preceptos positivos. La octava, la puerta del arrepentimiento.

---

16. Literalmente «justo».

17. Literalmente «piadoso».

החלק השלישי:
בהנהגת השגת רוח הקודש, ויתחלק לשמונה שערים, הרא־
שון, במהות העולמות, השני, במהות האדם, השלישי, במע־
כבי הנבואה, הרביעי, בתנאי הנבואה. החמישי, באיכות הנ־
בואה ועניניה, הששי, במדריגות הנבואה, השביעי, במדרגת
רוח הקודש בזמנינו זה, השמיני, הנהגה קצרה:

Tercera parte

La dirección de los logros del *Ruaj haKoddesh*. Está dividida en ocho puertas. La primera de ellas: la esencia de los mundos. La segunda, la esencia del hombre. La tercera, los retrasos de las profecías. La cuarta, las condiciones de la profecía. La quinta, la calidad de la profecía y sus asuntos. La sexta, los niveles de profecía. La séptima, Los niveles del *Ruaj haKoddesh* (espíritu de santidad) en estos tiempos. La octava, una guía breve.

החלק הרביעי:
עיין בסוף הספר:

Cuarta parte

Véase al final del libro.

חלק א שער א

PRIMERA PARTE, PUERTA UNO

החלק ראשון: השער הראשון בביאור הפגם על ידי חטאות האדם בענין המצות:
אשכילך ואורך כמה גדלה רעת האדם בעשותו אחת מכל מצות השם שס"ה מצות אשר לא תעשינה, או בהמנעו מל־קיים אחת מרמ"ח מצות עשה אשר נצטוה בהן לעשותן:

Primera parte: explicación del gran deterioro provocado por la transgresión de los preceptos por parte del hombre.

Te daré a conocer y arrojaré luz sobre cuán grande es el mal cuando el hombre transgrede uno de los 365 preceptos negativos de Dios, los cuales no debemos hacer, o al abstenernos de cumplir uno de los 248 preceptos positivos que se nos ha ordenado cumplir.

נודע אל בעלי מדע, כי גוף האדם איננו האדם עצמו מצד הגוף כי זה נקרא בשר האדם, כמו שכתוב (איוב י' י"א) עור ובשר תלבישני ובעצמות וגידים תשוככני, ועוד כתיב (שמות ל' ל"ב) על בשר אדם לא ייסך וגו', נמצא האדם הוא הפני־מיות, אבל הגוף הוא ענין לבוש אחד תתלבש בו נפש השכ־לית אשר היא האדם עצמו בעודו בעולם הזה, ואחר הפטי־

רה יופשט מעליו הלבוש הזה ויתלבש בלבוש זך ונקי רוחני, וכמו שכתוב (זכריה ג' ד') הסירו הבגדים הצואים וגו' והתל-בש אותך מחלצות, הוא הנקרא חלוקא דרבנן:

Es conocido por los maestros del entendimiento que el cuerpo del hombre no es el hombre mismo. Más bien el cuerpo es llamado la 'carne' del hombre, como está escrito «Piel y carne me has vestido, y con huesos y tendones me has cubierto» (*Job* X-11) lo cual implica que la carne es sólo una prenda. También está escrito «sobre la carne de un hombre, no ungir» (*Éxodo* XXX-32), lo cual implica que el cuerpo es sólo la «carne de un hombre», pero no el hombre mismo. Así pues, el hombre es la interioridad (הפנימיות). Pero el cuerpo es una especie de vestimenta que lleva el alma intelectual (נפש השכלית), y es el hombre mismo. Después de la muerte, el alma intelectual se despoja de la vestidura del cuerpo y en su lugar usa una vestidura espiritual diferente, así está escrito: «quitad las vestiduras sucias… y seréis vestidos de vestiduras finas» (*Zacarías* III-4), llamadas el «manto Rabbínico» (חלוקא דרבנן).

וכמו שלבוש גוף האדם יעשהו האומן בתבנית איברי הגוף כן עשה הוא יתברך את הגוף שהוא לבוש הנפש בתבנית דיוקן הנפש ברמ"ח אברים ולהם שס"ה גידים המקשרים את האברים, ולהמשיך על ידם הדם והחיות מאבר אל אבר כדמיון צנורות, ואחר יצירת הגוף נפח בו נפש חיה כלולה מרמ"ח איברים רוחנים ושס"ה גידים, ויתלבשו תוך רמ"ח

איברים ושס"ה גידים, של הגוף ואז פועלים איברי הנפש פעולתן על ידי הכלים שהם איברי הגוף כגרזן ביד החוצב בו, והראיה לזה כי לא יפעלו איברי הגוף פעולתם אלא בעוד הנפש בהם עין רואה ואוזן שומעת וכו', ובהסתלק הנפש חשכו הרואות בארובות ונתבטלו כל החושים מרמ"ח אב-רים:

De este modo el sastre confecciona el vestido con la forma del cuerpo del hombre, y así también el Santo, bendito sea, hizo el cuerpo, que es el vestido del alma, en forma de alma con 248 órganos y 365 tendones en forma de tubos que sirven para mantener unido el cuerpo y para hacer circular la sangre y la fuerza de la vida de un miembro a otro miembro. Después de haber creado el cuerpo, insufló en él un aliento de vida que incluye 248 órganos espirituales y 365 tendones espirituales que están revestidos por los correspondientes 248 órganos y 365 tendones del cuerpo. De esta manera, las extremidades del alma realizan su trabajo a través de las herramientas, que son las extremidades del cuerpo, como un martillo en la mano de un artesano. La prueba de esto es que los miembros del cuerpo sólo pueden realizar acciones mientras el alma esté dentro de él. Así, el ojo ve, los oídos oyen, etc., pero cuando el alma abandona el cuerpo, la vista se detiene y todos los demás sentidos de los 248 órganos se anulan.

ועל דרך זה שס"ה גידים רוחנים של הנפש מתלבשין תוך שס"ה גידים שבגוף וממשיכין מזון הגופני שהוא הדם אל רמ"ח איברי הגוף עם מזון הרוחני פנימי בתוכו לפרנס רמ"ח איברי הנפש, ואחר הפטירה אין שום חיות נשפע, וגידי הגוף גם כן מתפרקין ומתרקבין כמו רמ"ח האיברים והיו כלא היו, נמצא כי האדם בעצמו איננו כי אם הנפש השכלית אשר מתלבשת בגוף הנקרא לבוש שלה בעולם הזה:

De manera similar, los 365 tendones espirituales del alma revisten a los 365 tendones físicos del cuerpo por los que circulan el alimento del cuerpo, es decir, la sangre, junto con el alimento espiritual interno para sostener los 248 órganos espirituales del alma. Después de la muerte, ya no hay más fuerza vital y los tendones del cuerpo también se desmoronan, se descomponen y desaparecen al igual que sus 248 órganos y es como si nunca hubieran existido. Por lo tanto, el hombre mismo es sólo el alma intelectual (נפש השכלית) que se reviste del cuerpo, que es considerado su vestido en este mundo.

ודע כי אחר שחטא אדם הראשון ואכל מעץ הדעת טוב ורע, חוברו נפשו וגופו גם הם כל אחד מטוב ורע, וזו היא ענין זוהמת הנחש שהטיל בחוה ובאדם, ועל ידי הרע והזוהמא שהטיל בהם גרמו להם חלאים ונגעים ומיתה לנפשם ולגופם, וזהו שכתוב (בראשית ב' י"ז) כי ביום אכלך ממנו מות תמות, מיתת הנפש ומיתת הגוף:

Y has de saber que después del pecado del Adán primordial, que comió del árbol del conocimiento del bien y del mal, su alma y su cuerpo también se mezclaron, cada uno, con el bien y el mal. Ésta es la impureza (זוהמת) que la serpiente inyectó en Eva y en Adán, y a través del mal y la impureza que inyectó en ellos, les causó enfermedades, aflicciones y muerte para su alma y su cuerpo. Y esto es lo que está escrito (*Génesis* II-17): «El día que comáis de él, morir, moriréis». Muerte del alma (*Nefesh*) y muerte del cuerpo.

ונבאר מה ענין הטוב והרע שנתערב בהם, ועיין מה שנכ־תוב לקמן בחלק ג' שער שני ושלישי ותבין מה שאנו כותבין בשער הזה. הנה כאשר חטא בעץ הדעת טוב ורע, גרם תע־רובת הזה בכל העולמות ואין לך דבר שאינו כלול מטוב ורע:

Aclararé qué es este asunto del bien y del mal que se mezcló en ellos. Examina lo que hemos escrito más adelante, en la Parte 3, puertas 2 y 3, y comprenderás lo que estamos escribiendo en esta puerta. He aquí que, cuando pecó con el árbol de la ciencia del bien y del mal, causó esta mezcla en todos los mundos y no hay cosa alguna que no contenga el bien y el mal.[18]

18. De este modo la creación entera se vio afectada por la transgresión de Adán.

ונמצא כי גוף האדם הנוצר מארבעה היסודות התחתונים, והנה הם כלולים טוב ורע, וגוף האדם נוצר מן הטוב שבאר־בעה יסודות - אש, רוח, מים, עפר, אמנם מן הרע שבהם נו־צרו בגוף ארבע מרות שהם - הלבנה, והשחורה, והאדומה, והירוקה. וכאשר תתגבר איזה מהם מבחינת הרע שבהן, על בחינת הטוב שבהן, באים חלאים ונגעים על האדם, ואם תתגבר ביותר תמית לגוף האדם:

Y por esta razón, el cuerpo del hombre está formado de los 4 fundamentos (יסודות) inferiores,[19] y he aquí que contienen el bien y el mal. Y el cuerpo del hombre está formado del bien de los 4 fundamentos, fuego, aire, agua y polvo (tierra). Ciertamente a partir del mal de ellos se formaron 4 amarguras (מרות) que son blanco, negro, rojo y verde. Y cuando en cualquiera de estas amarguras el mal se fortalece sobre el bien, las enfermedades y aflicciones llegan al hombre. Y si se fortalece mucho, matará el cuerpo del hombre.

וכבר נתבאר כי בכל העולמות היה עירוב טוב ורע, ונמצא כי גם בנפש האדם היה כן, כי הלא חוצבה מן ארבע יסודות רו־חנים שמהם נוצרו כל העליונים והם ארבע אותיות שם הוי"ה ברוך הוא, ועל זה נאמר (יחזקאל ל"ז ט') מארבע רוחות בואי הרוח וגו' וזו הנקרא נפש האדם עצמו מצד הטוב. והנה גם את זה לעומת זה עשה האלהים, והוא הנקרא - אדם בליעל, כולל ארבעה אבות נזיקין, וארבעה מראות נגעים,

19. *Iesodot*, «fundamentos», se refiere a los elementos.

מן ארבעה יסודות הרעים ומשם נמשכה נפש רעה אל האדם הנקרא יצר הרע, וכשתתגבר נפש זו על נפש הטובה יבואו אליה נזקין ונגעים וחלאי הנפש, ואם תתגבר יותר תמיתנו:

Y ya hemos explicado que en todos los mundos había una mezcla del bien y del mal. Por lo tanto, también es así en el alma del hombre, ya que fue tallado de los 4 fundamentos espirituales de los cuales fueron formados todos los superiores y son las 4 letras del nombre YHVH, bendito sea. Sobre esto ha sido dicho (*Ezequiel* XXXVII-9): «ven de las cuatro direcciones, oh Espíritu…». Y así se llama el alma misma del hombre del lado del bien. Y he aquí «también esto que corresponde a este Dios hecho», y se llama Adam corrupto, que se compone de los 4 padres de los daños, y los 4 tipos de aflicciones, desde los 4 fundamentos del mal. Y de allí se extrae el alma malvada del hombre que se llama Mala Inclinación. Y cuando esta alma se vuelva más fuerte que el alma buena, vendrán sobre ella los daños, las aflicciones y las enfermedades del alma. Y si se fortalece mucho, lo matará.

והנה נפש הטהורה שהיא הפרי כלולה מתרי"ג אברים וגידים, מתלבשת תוך תרי"ג אברים וגידין של נפש הטמאה הנקראת קליפת הפרי, ושתיהן יחד מתלבשות בתרי"ג אברים וגידים של הגוף, ונמצאו איברי נפש הטהורה תוך איברי נפש הרעה, ואברי נפש הרעה תוך איברי הגוף. והנה כל אחת משתי נפשות אלו צריכה מזון רוחני להתקיים, ואמ־

נם מזון הרוחני של הנפש הקדושה נמשך אליה על ידי קיום התורה הכלולה מתרי"ג מצות כדמיון תרי"ג אברי הנפש גם הם ונקרא לחם, כמו שכתוב (משלי ט' ה') לכו לחמו בלח־מי, וכל אבר מן רמ"ח איברים נזון ממצוה פרטית המתיחסת לאותו אבר וכאשר יחסר לאדם קיום איזו מצוה, גם האבר הפרטי המתיחס למצוה יחסר ממנו מזונו הנמשך לו מארבע אותיות ההוי"ה כמו שכתוב (נחמיה ט' ו') ואתה מחיה את כלם. ובהם תלוים כל המצות כמו שאמרו רבותינו ז"ל, (בה־קדמת התיקונים) י"ה עם שמי שס"ה ו"ה עם זכרי רמ"ח:

Y he aquí que el alma pura que es como el fruto y está compuesta de 613 órganos y tendones, reviste a los 613 órganos y tendones del alma impura que se llama la 'cáscara de la fruta' (קליפת הפרי), y ambas juntas revisten a los 613 órganos y tendones del cuerpo. Por lo tanto, los órganos del alma pura están dentro de los órganos del alma impura, y los órganos del alma impura están dentro de los órganos del cuerpo. Y he aquí que, cada una de estas dos almas espirituales necesita alimento espiritual para existir. Sin embargo, el alimento para el alma pura es atraído a ella a través del cumplimiento de la *Torah* que incluye 613 preceptos similares a los 613 órganos del alma, y la *Torah* es llamada 'pan' como está escrito (*Proverbios* IX-5): «ven y come de mi pan». Y cada órgano de los 248 obtiene su alimento de un precepto específico que corresponde a ese órgano. Y cuando a un hombre le falta el cumplimiento de un precepto, entonces a este órgano específico que corresponde a ese precepto le faltará su alimento que se extrae del nombre de 4 letras de IHWH, como está escrito (*Nehemías* IX-6): «y les das vida a todos ellos», y de ellos dependen todos los preceptos como dijeron nuestros Sabios, *Iod He,* sumado a *Shemi* (Mi nombre) = 365; *Vav He* sumado a *Zijri* (Mi memoria) = 248. (Del Prólogo de los *Tikkunei).*[20]

וכמו כן מהם נמשכים ארבעה שרשי יסודות נפשו הקדושה כנזכר לע״ל, ונמצא שהאבר ההוא מת לגמרי. ובהסתלק הק־דושה ממנו אז יתלבש בו רוח הטומאה מן הארבעה יסודות נפשו הטמאה בסוד מה שאמרו רבותינו ז״ל לא נתמלאה צור אלא מחורבנה של ירושלים ונמצא האבר ההוא נזון לחם טמא מגואל משם:

Y así como de ellas se extraen las 4 raíces de los fundamentos del alma pura como se mencionó anteriormente, vemos por lo tanto que este miembro específico muere completamente. Y cuando la santidad lo abandone, entonces llevará dentro el espíritu impuro de los 4 fundamentos del alma impura, como lo insinúan nuestros sabios «Tiro no se llenó excepto de la destrucción de Jerusalén»,[21] por lo tanto, este órgano se alimenta ahora de pan impuro y abominable de allí.

---

20. Se trata de una guematria clásica a Éxodo (III-15) que encontramos, por ejemplo, en Zohar (III-110b), pág. 131 del tomo XXII de nuestra edición.

21. Rashi escribe (en su comentario a *Bereshit* XXV-23): «Me llenaré con la que está en ruinas», lo cual quiere decir que Tiro (*Tzur*) no se colmó sino gracias a la destrucción de Jerusalén.

וזהו ענין הרשעים בחייהם קרוים מתים (ברכות דף י"ח ע"ב) כי נסתלק מהם נפש הקדושה מאלהים חיים ושרוי עליו המות הנקרא אבי אבות הטומאה, וכמו כן כאשר יקיים האדם שס"ה מצות לא תעשה בהמנעו מלעשותם, כמו שא־מרו רבותינו ז"ל (קידושין דף ל"ט ע"א) ישב אדם ולא עבר עברה נותנים לו שכר כעושה מצוה, יש כח אל המזון הרוחני הנזכר בקיימו מצות עשה להמשך דרך צנורות שהם שס"ה גידים של הנפש להחיות הרמ"ח איברים שלה, וכאשר יעבור על איזה עבירה מהם אז יסתם הצנור הפרטי ההוא המתיחס אל אותה העבירה על ידי הזוהמא של מזון הקליפה הנדב־קת שם וכשיבש הצנור גם כן מתיבש האבר ההוא אף על פי שלא יוסר לגמרי כענין מי שיחסר ממנו איזה מצות עשה אמנם יפול בו מום:

Y éste es el sentido de la sentencia «los malvados durante sus vidas son llamados muertos» (*Berajoth* 18b) porque el alma sagrada del Dios vivo los ha abandonado y el espíritu impuro de la muerte que se llama «el padre de los padres de la impureza» se ha asentado en ellos. Y del mismo modo, cuando un hombre cumple los 365 preceptos negativos al abstenerse de transgredirlos, como dijeron nuestros rabinos, de bendita memoria (*Kiddushin* 39a) «si un hombre se sienta y no transgrede, es recompensado como si realizara un precepto», entonces existe el poder y la capacidad para el alimento espiritual mencionado anteriormente cuando cumple un precepto positivo de ser transportado a través de estos tubos, que son los 365 tendones del alma para dar vida a sus 248 órganos. Y si transgrede un precepto negativo específico, entonces el tendón específico que corresponde a ese precepto negativo se bloquea a través de la impureza del alimento maligno que se adhiere allí. Y cuando el tendón se seca, también se seca la extremidad. Pero no completamente como hubiera sido el caso para alguien que carece de un precepto positivo; sin embargo, la extremidad se manchará.

ולכן צריך האדם לחפש בכל כחו לקיים כל תרי"ג מצות, וכאשר יקיים איזה מצות עשה יכוין להסיר מהאבר הפרטי של נפשו המתיחס אל המצוה ההיא זוהמת הקליפה ההיא ואזי תחול עליו אבר המצוה הקדושה ההיא אחר הסתלק הזוהמא, בסוד (יחזקאל ל"ב כ"ז) ותהי עונותם על עצמותם, כי כשזה קם זה נופל. וכמו כן כאשר תבוא לידו איזו עבירה, ימנע מלעשותה ויכוין שעל ידי כן יסלק הזוהמא אשר בגיד הפרטי של הנפש המתיחס לאותה עבירה ואז יוכל להמשך שפע הרוחני הנמשך דרך הצנור הרוחני, ועל ידי כן נעשית נפשו כסא ומרכבה אל קדושתו יתברך וזהו סוד האבות הן הן המרכבה. (בראשית רבה מ"ז ו', זוהר ח"א דף קע"ג):

Por lo tanto, el hombre debe buscar con todas sus fuerzas el cumplimiento de los 613 preceptos, y cuando cumpla un precepto positivo, sacará la impureza de esa *Klippah* de ese órgano específico de su alma que corresponde a ese precepto. Y entonces el órgano de ese santo precepto se asentará sobre él después de que la impureza haya sido removida, como en «y sus pecados estaban sobre sus huesos» (*Ezequiel* XXXII-27).

Porque cuando éste sube, éste cae. Y de la misma manera cuando un pecado viene a nuestro camino, debemos abstenernos de cometerlo, para que a través de esto la impureza en el tendón específico del alma que corresponde a ese pecado sea expulsada. Y entonces podrá pasar la energía espiritual que es atraída a través del tendón espiritual, y a través de ella su alma será una silla y un carro para el Santo, bendito sea, y éste es el secreto de «los patriarcas, ellos son el carro» (*Midrash Rabbah* sobre *Génesis,* XLVII-6 y Zohar I-173b).

חלק א שער ב

PRIMERA PARTE, PUERTA DOS

השער השני: בפגם הנמשך על ידי מדות המגונות:

Segunda puerta: sobre el defecto de la transgresión continuada derivada de unas *Middot* inapropiadas

והנה ענין המדות הן מוטבעות באדם בנפש השפלה הנקראת יסודית הכלולה מארבע בחינות, הדומם והצומחת והבהמית והמדברת. כי גם הן מורכבות מטוב ורע. והנה בנפש הזה תלויות המדות הטובות והרעות והן כסא ויסוד ושורש אל הנפש העליונה השכלית אשר בה תלויין תרי"ג מצות התורה כנזכר לעיל בשער ראשון. ולפיכך אין המדות מכלל התרי"ג מצות, ואמנם הן הכנות עקריות אל תרי"ג המצות בקיומן או בביטולם, יען כי אין כח בנפש השכלית לקיים המצות על ידי תרי"ג איברי הגוף אלא באמצעות נפש היסודית המחוברת אל הגוף עצמו בסוד (ויקרא י"ז י"ד) כי נפש כל בשר דמ"ו בנפשו הוא, ולפיכך ענין המדות הרעות קשים מן העברות עצמן מאד מאד:

Y he aquí que el asunto de la *Middot* impresas en el hombre en el alma inferior llamada fundamental consta de cuatro aspectos, el silencio, el crecimiento, la animalidad y la capacidad de hablar (המדברת). Porque ellos también son una mezcla de bien y de mal. Y he aquí que, en esta alma, el bien y el mal dependen del trono y el fundamento y la raíz del alma suprema intelectual de la que dependen las 613 *Mitzvot* de la *Torah,* como se menciona en la primera puerta. Por lo tanto, la totalidad de las *Middot* no están incluidas en las 613 *Mitzvot,* aunque son una preparación importante para su cumplimiento o su anulación ya que el alma intelectual superior carece del poder de cumplir las *Mitzvot* utilizando los órganos del cuerpo, sino es a través del alma elemental que está conectada al cuerpo en el secreto (*Levítico* XVII-14): «para el alma de toda carne, la sangre está en el alma». Por lo tanto, los medios malos son mucho, mucho peores que los pecados mismos.

ובזה תבין ענין מה שאמרו רבותינו ז"ל (שבת דף ק"ה ע"ב), כל הכועס כאלו עובד עבודה זרה ממש שהיא היותר שקולה ככל תרי"ג המצות, וכן אמרו (סוטה דף ע"א) מי שיש בו גסות הרוח הוא ככופר בעיקר וראוי לגדעו כאשירה ואין עפרו ננער וכו' וכאלה רבות. והבן זה מאד, כי להיותם עקרים ויסודות לא נמנו בכלל תרי"ג המצות התלויות בנפש השכלית, ונמצא כי יותר צריך ליזהר ממדות הרעות יותר מן קיום המצות עשה ולא תעשה כי בהיותו בעל מדות טובות בנקל יקיים כל המצות:

Y a través de esto, comprenderás lo que nuestros rabinos, de bendita memoria, han dicho (*Shabbat* 105b):

«aquel que se enoja es como si hubiera adorado ídolos», ya que el enojo pesa como todas las 613 *Mitzvot*. Y también dijeron (*Sotah* 71): «el que tiene arrogancia es como si fuera un apóstata (ככופר בעיקר), y es apropiado cortarlo como un árbol de ídolos y su polvo no se mueve…», y muchos más como éstos. Y entiende esto muy bien, porque en su condición de radicales y fundamentales, no fueron contadas como parte de las 613 *Mitzvot* que dependen del alma intelectual. Y ciertamente, encontramos que hay que ser más cuidadoso con las malas *Middot* que con el cumplimiento de los preceptos positivos y negativos. Porque siendo un poseedor de buenas *Middot*, fácilmente se cumplirá con los preceptos.

ובזה תבין גם כן דברים מתמיהין שאמרו רבותינו ז"ל בעניין המדות, כי הענוה ושפלות מביאין לידי רוח הקדש ושורה עליו שכינה ואמר אליהו זכור לטוב (כלה רבתי פ"ה) אין התורה מתפרשת אלא במי שאינו קפדן, אף אני איני נגלה אלא למי שאינו קפדן, וכמו שאמרו רבותינו ז"ל שלחו מתם (סנהדרין דף פ"א ע"ב) איזהו בן העולם הבא כל שהוא שפל ברך וענותן וכו' וכאלה רבות, לא זכרו בהן קיום המצות אלא המדות הטובות. ושים בעיניך דברים אלו ותצליח דרכיך בלי ספק:

Y a través de esto, también comprenderán las palabras asombrosas que nuestros rabinos, de bendita memoria, han dicho sobre el asunto de las *Middot*, que la sencillez y la humildad atraen al *Ruaj haKoddesh* (espíritu de santidad) y la *Shekinah* descansa sobre él y Eliahu, sea recordado para bien, dijo (*Kalah Rabbati*, 85)[22] que «la *Torah* no se explica excepto a quien no es un *kapdan*»,[23] así que yo también únicamente me revelaré a alguien que no sea un *kapdan*. Y de la misma manera nuestros rabinos, de bendita memoria, dijeron: (*Sanhedrín* 21b) «¿quién es un ben *Olam haBa*?[24] Cualquiera que sea sencillo y humilde, etc». No mencionaron el cumplimiento de preceptos, sino únicamente *Middot* buenas. Y pon tus ojos en estas cosas y tendrás éxito en tus caminos sin duda alguna.

ואמנם כמו שארבעה יסודות גופניים הם שרשים שמהם נוצרו התרי"ג איברי הגוף, כמו כן נפשות הארבעה יסודות האלו הם יסודות לכל מדות טובות ורעות אשר באמצעותם יקיימו או יתבטלו התורה והמצות שהם תרי"ג מארבע אותיות הוי"ה כנזכר לעיל. והמקיימן הם נפש השכלית הכלולה מארבעה היסודות רוחנים אשר משם חוצבו תרי"ג איברי הנפש ההיא. והבן זה מאד, איך היסוד של קיום המצות הם על ידי מדות הטובות וכן בהפכם:

22. Texto rabínico amoraíta del siglo IV que contiene numerosos paralelismos con el Talmud de Babilonia.

23. Literalmente «impaciente», se refiere a una personalidad escrupulosa y rigurosa.

24. Una persona destinada a la vida en el mundo venidero.

Y ciertamente, así como los cuerpos de los 4 fundamentos (elementos) de los cuerpos son las raíces a través de las cuales se formaron los 613 órganos del cuerpo, así también las almas de los 4 elementos (יסודות) son fundamentos (יסודות) para todas las *Middot* buenas y malas a través de los cuales deben pasar para cumplir o transgredir la *Torah* y los preceptos que son 613 (derivados) de las 4 letras del nombre YHVH, como se mencionó anteriormente. Y su cumplimiento es el alma intelectual que incluye los cuatro fundamentos espirituales de los cuales fueron tallados los 613 órganos de esa alma. Y entiende esto muy bien, pues la base del cumplimiento de los preceptos es a través de las *Middot* cualidades y de igual manera lo opuesto.

וזה ענינם כבר נתבאר כי כל אשר עשה האלהים כלול מטוב ורע זה לעומת זה, והנה כמו שבארבעה היסודות הגופנים הנקרא חומר היסודות מורכב מטוב ורע ומשם באים כחות קיום הגוף או תחלואיו שהם ארבע מרות, מרה לבנה מרה ירוקה מרה שחורה מרה אדומה, כמו כן בנפשות הנקראות צורות, הארבעה יסודות הם על דרך זה טוב ורע, ומהם נמשך בריאות הנפש היסודית שבאדם שהם מדות הטובות, או תחלואיה שהם מדות הרעות הנמשכות מארבע קליפות טמאות שבנפש ההיא וכשיסירם מעליו יתלבשו אותיות ארבע של הוי"ה שהם אור המחיה נפש היסודית, וגם היא והגוף שלה יהיו מרכבה אל קדושתו יתברך שבעולם העשיה, כמו שנתבאר בנפש השכלית ממש בקיימה המצות:

Y éste es el asunto. Ya hemos explicado que todo lo que Dios (Elohim) hizo incluye el bien y el mal, que son opuestos entre sí. Y he aquí que, así como los cuatro cuerpos de los fundamentos (יסודות) llamados *Jomer* (חומר)[25] de los cimientos se mezcla con el bien y el mal, y de ellos vienen los poderes de sostener el cuerpo o sus dolencias que son las cuatro amarguras, blanca, verde, negra y roja. De la misma manera, en las almas que son llamadas *Tzurot* (צורות),[26] están de esta manera el bien y el mal. Y de ellos proviene la salud del alma fundamental en el hombre, que son las buenas *Middot* o sus dolencias que son las malas *Middot* que son extraídas de las 4 *Klippot*[27] impuras de esa alma. Y cuando las saque de sí mismo, las cuatro letras del nombre de Dios, que son la luz que da vida al alma fundamental, entrarán y lo llevarán. Entonces ella y su cuerpo se convertirán en un carro para el Santo, bendito sea, en el mundo de *Asiah,* como ya explicamos para el alma intelectual en el cumplimiento de los preceptos.

וזכור ואל תשכח כי גם על ידי עסק התורה בארבעה פירו־
שים שסימנם פרד"ס, פשט, רמז, דרוש, סוד, יהיה רוחו הש־
כלי כסא אל שם הוי"ה שבעולם היצירה, וכן על ידי המחש־

25. Literalmente «materia».

26. De *Tzurah*, literalmente «forma», «figura», «modelo».

27. Literalmente «cortezas».

בה והכונה תהיה נשמתו השכלית כסא לשם הוי"ה שבעולם הבריאה:

Y recuerda y no olvides que también a través de la dedicación a la *Torah* en los cuatro niveles cuyo acrónimo es PaRDe'S,[28] *Pshat, Remez, Drash* y *Sod* su alma intelectual se convertirá en un trono para el nombre de Dios en el mundo de *Ietzirah*. Y a través del pensamiento y el razonamiento el alma se convertirá en el trono del nombre *Havaiah* (הוי"ה) en el mundo de *Briah*.

ונחזור בביאור ארבעה היסודות שיש אל קנין המדות. דע כי כל המדות הרעות מושרשות בארבע מדרגות נפש היסודית מצד הרע והקליפה אשר בה, ולכן כל המדות רעות נחלקות לארבעה מינים, וזה פרטם:

Y volvamos a los cuatro elementos básicos de las *Middot*. Has de saber que todas las *Middot* malvadas están enraizadas en los cuatro niveles básicos del alma del lado del mal y la klippah que está en él, por lo que todas las *Middot* malvadas se dividen en cuatro especies, y éste es su detalle:

---

28. *Pardes* significa «vergel» y de esta palabra deriva «paraíso», *paradis* en francés y catalán, o *paradiso* en italiano.

יסוד האש ממנו נמשכת הגאוה הנקראת גסות הרוח להיותו היסוד הקל וגבוה מכולם. ובכללה הכעס, כי מפני הגאוה מתכעס האדם כשאין עושים רצונו, ואילו היה שפל רוח ומ־כיר חסרונו לא היה מתכעס כלל, נמצא כי הגאוה והכעס מדה אחת הם

El fundamento del Fuego del que sale la arrogancia que se llama *Gasut haRuaj*[29] al ser el más ligero y más alto de todos los fundamentos. Y en él se incluye la ira, pues es por arrogancia por lo que un hombre se enoja cuando no se hace su voluntad. Porque si fuera un *Ruaj Shefal,*[30] y reconociera su falta, no se enfadaría en absoluto. De esto se desprende que la ira y la arrogancia son una *Middah*.

ותולדותיה שלש. הקפדנות בלבו כי לולא הגאוה לא הי . המקפיד בלבו, כענין שבארנו בענין הכעס ובקשת השררה והכבוד להתגאות על הבריות. והשנאה לזולתו על היותו גדול ממנו, וזה ענף מהגאוה גם כן:

Y sus derivados son 3 *kapdan*ot en su corazón, porque sin arrogancia, no estaría irritable en su corazón, como explicamos a propósito de la ira, buscando poder y honor para lucirse ante los demás. Odia a los

---

29. Espíritu hinchado.

30. Espíritu humilde.

demás porque son más grandes que él, y esto también es una rama[31] de la arrogancia.

יסוד הרוח ממנו נמשך דבור הנקרא שיחה בטלה לדברים שאין בהם צורך כלל או נפשיי או גופני. ותולדותיו ארבעה. והן, לדבר חנף, ושקרים, ולשון הרע, ולגלות שבחיו לבריות להתגדל בפניהם:

El fundamento del Aire del que se extrae el discurso que se llama *shijah betela,*[32] para las cosas que no tienen ninguna necesidad, ya sea para el alma o para el cuerpo. Y sus rasgos de carácter son 4: hacer halagos, mentir, *lashon haRa,*[33] y vanagloriarse ante los demás con el fin de llegar a ser grandes frente a ellos.

יסוד המים ממנו תאות התענוגים כי כן המים מצמיחים כל מיני תענוג, ותולדותיה שתים. החמדה, לגזול ממון חברו ואשתו וכל אשר לו להתענג בהן. והקנאה, כי יקנא בחברו, אשר לו ממון רב וכיוצא להתענג בו:

El fundamento del Agua del que viene el ansia de indulgencia, porque es para que el agua haga crecer todo tipo de cosas deleitables. Y sus *Middot* son dos: la

31. *Anaf,* literama», en el sentido de subdivisión.

32. Charla inútil o innecesaria.

33. Maledicencia.

Jemdah,[34] parar robarle el dinero o la esposa a un amigo, y disfrutar de todo lo de ellos, y los celos, estando celoso del amigo que tiene mucho dinero o algo parecido para disfrutar de ello.

יסוד העפר ממנו מדת העצבות בכל פרטיו, ותולדותיה אחת, והוא העצלות לקיים התורה והמצות מפני עצבונו על השגת קניני הבלי העולם הזה, או על היסורין הבאים עליו ואינו שמח בחלקו בשום דבר, גם עינו לא תשבע עושר:

El fundamento de la Tierra ya que de ella proviene la *Middah* de la tristeza en todos sus aspectos. Y sus rasgos son uno solo, la pereza en el cumplimiento de la *Torah* y los preceptos debido a la tristeza producida por querer lograr adquisiciones en las vanidades de este mundo, o en los *Isurim*[35] que vienen sobre él. Y no está contento con su parte en ningún asunto. También «ni su ojo se saciará de riquezas» (*Eclesiastés* IV-8).

נמצא כי אבות כל המדות הרעות הם ארבעה, הגאווה והכעס הנכלל ומתדבק עמה, והשיחה בטילה, ותאוות התענוגים, והעצבון, וארבעתם נמשכות מארבע קליפות היצר הרע שבנפש היסודית. והפכם הם ארבע מדות טובות נמשכות מארבעה יסודות הטוב שבנפש היסודית.

34. Avidez, deseo

35. Sufrimientos.

Realmente los padres de todas las *Middot* malas son cuatro. La arrogancia y la ira que se incluye y se apega a ella, el discurso inútil, el deseo de indulgencias y la tristeza. Los cuatro de ellos están extraídos de las cuatro *Klippot* del *Ietzer haRa*[36] del alma fundamental. Y sus opuestos son las cuatro *Middot* buenas que se extraen de los cuatro fundamentos del alma buenos.

והם, הענוה שהיא תכלית השפלות ומתרחק מכל מיני כעס הבא על ידי גאוה. והשתיקה כאלם לא יפתח פיו לבד בעסק תורה ומצות או בהכרחו לקיום הגוף ולצורך כבוד הבריות, והמיאוס בכל תענוגי הגוף ומותריו המוכרחים. והשמחה התדירית בחלקו, כי כל דעבדין מן שמיא לטב, וגם לזרז עצמו בתכלית השמחה בעבודת קונו וכמו שכתוב (תהלים קי"ט קס"ב) שש אנכי על אמרתך כמוצא שלל רב, וכמו שאמרו רז"ל (אבות א' ט"ו) עשה תורתך קבע ומלאכתך עראי:

Y ellas son: la humildad, que es la humildad completa y el distanciamiento de todas las formas de cólera que vienen a través de la arrogancia. El silencio que, «como un mudo no debe abrir la boca», excepto (en el estudio de) la *Torah* y los preceptos o lo que sea necesario para el mantenimiento del cuerpo y también para honrar al público. La repugnancia de todas las indulgencias del cuerpo que están más allá de lo

---

36. La Mala Inclinación.

necesario. Un contentarse constante en su porción,[37] porque «todo lo que se hace desde el cielo es para bien».[38] Y también para motivarse a ser con gozo absoluto en el servicio a su Creador, como está escrito (*Salmos* CXIX-162): «Me regocijo en tu palabra como el que halla muchos despojos». Y como los rabinos de bendita memoria decían «haz que tu estudio de la *Torah* sea fijo y tu trabajo temporal».[39]

נמצא כי בהיות מדות הרעות קבועות באדם נמנע הוא מל-קיים התורה והמצות, וגם אם יקיימם יהיה שלא לשם שמים ובטורח גדול, ועליו נאמר (משלי י"א כ"ב) נזם זהב באף חזיר וגו', כי עוד טומאתו בו מלובש תוך הקליפות, וכמו שאמרו רבותינו ז"ל (יומא דף ע"ה ע"ב), זכה נעשית לו תו-רתו סם חיים לא זכה נעשית לו סם המות, וכאשר יתגבר על יצרו וילחם בו ויסיר מעליו מדותיו הרעות על ידי טורח ויקיים התורה והמצות יקרא צדיק גמור ירא שמים גבור הכובש את יצרו,

Por lo tanto, encontramos que cuando las malas *Middot* se establecen en un hombre, éste se abstiene de cumplir con la *Torah* y los preceptos. Y aunque los cumpla, no será *leShem Shamaim,*[40] y también con gran

37. Véase *Pirkei Avoth* IV-1 donde se explica que es rico aquel que se contenta con su porción.

38. Véase Talmud, tratado de *Berajoth* 60b.

39. Véase *Pirkei Avoth* I-15.

40. En el nombre del cielo, o sea desinteresadamente.

esfuerzo y molestias. A propósito de él está escrito (*Proverbios* XI-22): «como un anillo de oro en el hocico de un cerdo…». Porque su impureza está todavía en él y está vestido con las *Klippot*. Y también como nuestros rabinos de bendita memoria han dicho (*Iomah* 75b): «si se lo merece, su *Torah* se convertirá en elixir de la vida, pero si no se lo merece, se convertirá en una poción de muerte». Pero si se fortalece a sí mismo sobre su inclinación (יצר) y hace la guerra con ella y se quita las malas *Middot* a través de esfuerzos y cumple la *Torah* y los preceptos, entonces es llamado *Tzaddik Gamur*,[41] temeroso del cielo, una persona poderosa, que conquista su inclinación (יצר).

וכאשר יתנהג ויורגל יותר בזה עד אשר יוסרו מעליו כל מדות הרעות לגמרי ולא תתאוה להם נפשו כלל ויקנה המדות הסובות בקנין בטבע ולא יצטרך ללחום עם היצר הרע כי גופו ונפשו היסודית מנוקים מכל סיג החומר כמו שנאמר במשה (שמות ג' ה') של נעליך מעל רגליך כנזכר בספר התקונים (תיקון ל"א ותיקון מ"ח), אז יתלבשו בו ארבע אותיות ההוי"ה ויהיה כסא קדוש למרכבתו יתברך וזה האיש נקרא אוהב את המקום מאהבה ונקרא חסיד גמור השלם בבכל מיני השלימות:

Y cuando se habitúa más y más en esto, hasta que quita completamente de sí mismo todas las malas *Mi-*

41. Alguien totalmente justo.

ddot y su alma no es tentada por ellas en absoluto y adquiere las buenas *Middot* hasta que se conviertan en una segunda naturaleza y no necesite luchar con la Mala Inclinación en absoluto porque su cuerpo y su alma se han limpiado de todas las impurezas de la fisicalidad, como se le dice a Moisés (*Éxodo* III-5): «quita tus zapatos de tus pies», como se menciona en el libro de los *Tikkunei* (*Tikún* 31 y 48), entonces las cuatro letras del nombre de Dios entrarán y se revestirán en él y se convertirá en un trono sagrado para su carroza, bendita sea. Y de este hombre se dice que «ama a Dios[42] por amor», y se le llama *Hassid Gamur,*[43] perfecto con todas las formas de perfección.

---

42. Literalmente «al Lugar», un nombre de Dios. Señalemos que en el versículo del Éxodo que se acaba de citar está dicho «quita tus zapatos de tus pies, porque el lugar en que estás, tierra santa es». Aquí también el texto hebreo emplea la palabra *Makom*, 'lugar'.

43. Alguien totalmente piadoso.

חלק א שער ג

PRIMERA PARTE, PUERTA TRES

השער השלישי: בביאור שם צדיק או חסיד באר היטב ואיך יקיים האדם שתי בחינות אלו בענין מעשה:

Una explicación detallada de los niveles de *Tzaddik y Hassid* y cómo se debe actuar para alcanzarlos.

הנה האיש אשר נדבה רוחו אותו להיותו בא לטהר ולהת־קדש לקבל עליו עול מלכות שמים על אמתתה, יכין עצמו בכל כחו ויזדרז לקיים כל תרי"ג מצות, כי בקיומם יושלמו תרי"ג איברים וגידים של נפשו השכלית כנזכר (בשער רא־שון) כי אם תחסר ממנו מצוה אחת מן רמ"ח מצות עשה עדיין הוא חסר אבר אחד מנפשו ועליו נאמר (קהלת א' ט"ו) וחסרון לא יוכל להמנות, וזה יותר חמור מכלל כל איש אשר בו מום לא יקרב.

He aquí que si un hombre desea purificarse y santificarse y aceptar verdaderamente el yugo del reino de los cielos sobre sí mismo, que se prepare con todas sus fuerzas para realizar los 613 preceptos con prontitud. A través de su cumplimiento, los 613 órganos y tendones de su alma se perfeccionarán, como se mencionó anteriormente.[44] Esto se debe a que si carece incluso de uno solo de los 248 preceptos positivos, todavía carece de un órgano de su alma. A propósito de tal persona, la Escritura dice (*Eclesiastés* I-15): «lo torcido no puede enderezarse», que es peor que el asunto de «cualquiera que tenga una mancha no puede acercarse».[45]

אך מי שקיימם ועבר על מצוה אחת .משס"ה מצות לא תעשה נקרא בעל מום ממש, כי נתעות הצנור והגיד הממשיך השפע באברים, ועליו נאמר (שם) מעוות לא יוכל לתקון, פרושו אחר פטירתו מן העולם, כי אין קיום מעשה המצות החסרים הנקרא מעשה, ולא תשובה לתקן העברות, כי אם בעולם הזה, כמו שאמר הכתוב (קהלת ט' י') כי אין מעשה וחשבון ודעת וגו', רצונו לומר שאין מעשה על מצות עשה, וחשבון על מצות לא תעשה, ודעת על ידיעת התורה עצמה, בשאול אשר אתה הולך שמה.

Sin embargo, aquel que cumple un precepto positivo, y sin embargo, ha transgredido incluso uno de los 365 preceptos negativos, es llamado «dueño de un defecto» (בעל מום) real, y esto se debe a que la vena que atrae el alimento a los órganos se ha roto. A propósito de esta persona el versículo dice, «irreparablemente torcido».[46] Sin embargo, el significado del versículo es que

44. En la primera puerta.

45. Véase *Levítico* XXI-16.

46. Véase *Eclesiastés* I-15.

sólo es irreparable una vez que el alma se ha apartado de este mundo, porque uno sólo puede realizar el precepto que le falta o arrepentirse y rectificar así las transgresiones que cometió, mientras aún está en este mundo. Así lo dice la escritura: «todo lo que te viniere a la mano para hacer, hazlo con todas tus fuerzas; porque en el sepulcro, adonde tú vas, no hay obra, ni industria, ni ciencia, ni sabiduría».[47] «Obra», se refiere a la realización del precepto positivo, 'industria' se refiere al arrepentimiento de los negativos y "ciencia" se refiere al conocimiento obtenido a través del estudio de la *Torah*. Nada de esto es posible «en la tumba a la que te diriges».

ונמצא כי כל זמן שלא קיים תרי"ג מצות נקרא צדיק שאינו גמור, כי לא על חנם התפלל משה רבינו ע"ה תפילות כמנין ואתחנ"ן ליכנס בארץ אלא להשלים נפשו בקיום כל תרי"ג מצות.

De aquí deducimos que mientras una persona no haya cumplido los 613 preceptos se encuentra en la categoría de *Tzaddik* que no es completo. No es injustificado que Moisés, nuestro maestro, la paz sea con él, haya pedido permiso para entrar en la tierra 515 veces,[48] lo cual es la guematria de la palabra *VaEtjanán*

47. Véase *Eclesiastés* IX-10.

48. En la parashah *Vaetjanán*, cuya guematria, 515, coincide con la de Tefilah, «oración».

(ואתחנ"ן), «y yo rogué por la gracia». Él buscó perfeccionar su alma guardando los 613 preceptos.

וכאשר יקיים כולם אלא שעדיין לא נקנו בו גם כן כל המדות טובות בטבע גמור עד שקיים התרי"ג מצות בשמחה מאהבה בלי גרוי יצר הרע כלל יען נזדכך החומר לגמרי, וכמו שאמר דוד המלך ע"ה (תהלים ק"ט כ"א) ולבי חלל בקרבי, גם אמר (שם קל"א א') ה' לא גבה לבי וגו' נפשי כגמול עלי אמו, יראה כאלו הוטבעו בו כל המדות משיצא מרחם אמו. הנה זה נקרא חסיד גמור, כי כן דוד המלך ע"ה להיותו מוטבע בטבע במדות טובות, ובקיום המצות קרא עצמו חסיד כמו שאמר (שם פ"ו ב') שמרה נפשי כי חסיד אני:

Si uno cumple con todos los preceptos, no ha adquirido plenamente todas buenas *Middot,* hasta que cumple los 613 preceptos con alegría y amor sin ceder a la Mala Inclinación, como dijo el rey David (*Salmos* CIX-22): «porque yo soy pobre y necesitado; y mi corazón está herido dentro de mí». Y también dijo (*Salmos* CXXXI-1): «oh Eterno, mi corazón no se ha envanecido, etc. «Tampoco perseguí asuntos que eran demasiado grandes o maravillosos para mí. ¿Acaso no he calmado y calmado mi alma como un niño amamantando de su madre? Mi alma es como un bebé lactante». Esto quiere decir que parece como si todas sus buenas *Middot* ya estuvieran naturalmente incrustadas en él cuando salió por primera vez del vientre de su madre. Por lo tanto, debido a que las buenas

Middot y el cumplimiento de los preceptos, se habían arraigado tanto en la naturaleza del rey David, que se llamó a sí mismo *Hassid*, como en el versículo (XCVI-2): Guarda mi alma, porque yo soy *Hassid*».

וכן אמרו רבותינו ז"ל (ב"ק דף ל' ע"א) האי מאן דבעי למהוי חסידא לקיים מילי דפרקי אבות, שבהם זכרו קנין מדות הטובות, כמו שאמרו רבותינו ז"ל (אבות ב' א') רבי אומר איזוהי דרך ישרה וכו' עקביא בן מהללאל אומר (שם ג' משנה א') הסתכל בשלושה דברים וכו'.

Además, nuestros rabinos, de bendita memoria, dijeron (*Baba Kama* 30a): «el que quiera ser *Hassid* debe cumplir las palabras de *Pirkei Avoth*, que hablan de la adquisición de buenas *Middot*. Por ejemplo, nuestros rabinos, de bendita memoria, dijeron (*Pirkei Avoth* II-1): Rabbí dijo: «¿cuál es el camino recto que una persona debe seguir? Todo lo que es bello para el hacedor y bello para los demás, etc.». Akiva ben Mehalalel dijo (*Pirkei Avoth* III-1), «contempla tres asuntos y nunca llegarás a la posibilidad de transgredir».[49]

49. Estos tres puntos son: «Sabe de dónde vienes y hacia dónde vas y ante quién estás destinado a dar cuenta. ¿De dónde vienes? De una gota pútrida. ¿Adónde vas? A un lugar de polvo y gusanos. ¿Ante quién estás destinado a rendir cuentas? Ante el Rey, Rey de reyes, el Santo, Bendito sea».

וכן (שם ד' משנה ד') רבי לויטס איש יבנה אומר מאד מאד הוי שפל רוח וכו'. וזהו מה שנתכון עקביא באומרו ואי אתה בא לידי עבירה, רצונו לומר לידי היצר הרע הגורם לך הע־בירה כי היצר הרע עצמו יתבטל ממך, כי אם היצר הרע קיים ומונע עצמו בגבורה שלא לעבור, הוה ליה למימר ואין אתה עובר עבירה:

De la misma manera (*Pirkei Avoth* IV-4), «Rabbí Levitas, hombre de Iavneh, dijo: "sed muy, muy humildes, porque la esperanza del hombre son los gusanos"». Lo que Akaviah quiso decir cuando dijo, «y nunca llegarás a la posibilidad de transgredir» es que nunca estarás en manos de la Mala Inclinación que provoca que una persona transgreda, porque anularás a tu Mala Inclinación. Sin embargo, si la Mala Inclinación todavía existe y uno simplemente se refrena a sí mismo por la fuerza de la voluntad, debería haber dicho, «no transgredirás».

כלל העולה, כי קיום תרי"ג מצות על ידי היות יצר הרע באדם והוא מתגבר עליו, נקרא צדיק. וכשיקיים על ידי בטול היצר הרע, שזה יורה קנין מדות הטובות בטבע גמור, הנה זה נקרא חסיד גמור:

Generalmente, lo que resulta de esto es que un *Tzaddik* es una persona que tiene una Mala Inclinación, pero que cumple con los 613 preceptos para superarla. Por otro lado, una persona que ha adquirido completamente buenas *Middot,* entonces se le llama *Hassid* completo.

עוד יש מדרגת חסידות למעלה מזו שאין למעלה ממנה והאיש הזה נקרא קדוש והיא נזכרת בספר התקונים ובספר הזוהר במקומות הרבה ובפרט בפרשת כי תצא ברעיא מהימנא (דף רפ"א ע"א) וז"ל,

Además, hay un nivel de santidad aún más alto que éste, que es el más alto de todos los niveles. Tal persona es llamada sagrada (*Kaddosh*). Este nivel se menciona a menudo en el *Sefer haTikkunim* y en el Zohar, especialmente en la sección *Ki Tisá* del *Raia Mehemna* (pág. 281 folio a), como sigue:

ולאו למגנא אמר קודשא בריך הוא כל העוסק בתורה ובגמילות חסדים ומתפלל עם הצבור מעלה אני עליו כאילו פדאני לי ולבני מבין אמות העולם וכמה בני נשא דקא משתדלי באורייתא וכו' ולא אתפרק קודשא בריך הוא וגו' אלא וכו' הא אוקמוה דאין חסיד אלא המתחסד עם קונו וכו' דכד חאבו ישראל וכו' קודשא בריך הוא תריך בני מלכא ומטרוניתא עמהון, ומאן דהדר בתיובתא וגמיל חסד לשכינתא באורייתא ובכל פקודין דילה ולאו איהו אלא למפרק לשכינתא, דא עביד חסד עם קונו וכו':

«No es sin razón que el Santo, Bendito sea, dijera: "Aquel que se ocupa de la *Torah,* en realizar actos de bondad (גמילות חסדים) y en orar con la congregación, lo considero como si me hubiera redimido a mí y a mis hijos del exilio de entre los pueblos del mundo"». Ahora bien, ¿cuánta gente se ocupa de la *Torah,* en realizar actos de bondad y en orar con la congregación y, sin embargo, el Santo, Bendito sea, su *Shekinah* e Israel no son redimidos? Sin embargo, el significado aquí es que una persona debe estar ocupada en el estudio de la *Torah* únicamente para unir a la *Shekinah* con el (Santo, Bendito sea). Como hemos establecido, «actos de bondad» significa aquí que un verdadero *Hassid* es aquel que es bondadoso con su creador. Es decir, su intención al cumplir todos los preceptos es liberar a la *Shekinah* de Dios del exilio. Al hacer esto, él actúa bondadosamente hacia el Santo, Bendito sea. Al actuar con bondad hacia la *Shekinah* de Dios, está actuando con bondad hacia el mismo creador.

והנה זהו שאמר הכתוב (דברים ל"ב י"א) צור ילדך תשי וגו', וכתיב (תהלים ס"ח ל"ה) תנו עז לאלהים וגו', וזהו שאמרו, (ברכות דף י"ז) רבי יהודא אומר אשרי מי שעמלו בתורה ועושה נחת רוח ליוצרו וכו'.

Ahora bien, lo anterior es como está escrito (*Deuteronomio* XXXII-11): «tú has hecho que la Roca que te trajo sea removida». Además, dice (*Salmos* LXVIII-35): «él da fortaleza». Y es lo que dijo Rabbí Iehudah (*Bera-*

joth 17a): «bienaventurado el que se esfuerza en la *Torah* y trae satisfacción a aquel que lo formó, etc».

כי מה שעמל בתורה אינו לטול פרס כלל לעצמו, אלא לעשות נחת רוח ליוצרו. וכתיב ביה (ישעיה ס"ג ט') בכל צרתם לו צר. ובכל מקום שגלו ישראל שכינה עמהם היא אמנו שעליה נאמר (שם ג' א') ובפשעיכם שולחה אמכם הנקראת יוצרנו כמו שכתוב צור ילדך תשי. וזהו שאמר נחת רוח ליוצרו ולא אמר להקדוש ברוך הוא:

Porque aquel que no se esfuerza en la *Torah* para recibir una recompensa, su intención es únicamente satisfacer a aquel que lo formó, a propósito de él está escrito (*Isaías* LXIII-9): «en todos sus sufrimientos, Él sufrió». Es decir, en cualquier lugar donde Israel fue exiliado, la *Shekinah* fue con ellos. Ella es nuestra Madre, de la que se ha dicho (*Isaías* III-1): «Así dice el Eterno, ¿qué es de esta carta de repudio de vuestra madre, a la cual yo repudié?». Es «el que nos formó», como en «tú has hecho que la Roca que te dio a luz sea removida». Por eso en lugar de decir «al Santo, Bendito sea» dice «satisfacer a aquel que lo formó».

נמצא כי כשיעסוק בתורה ובמצות ובמדות טובות הנקרא חסיד כנזכר לעיל, אם התערבה בו כונת קבול איזה שכר, הוא חסיד לעצמו. כמו שכתוב (משלי י"א י"ז) גומל נפשו איש חסד. כי בקיימו המצות, גומל חסד לנפשו. ולכן אינו

נקרא חסיד אלא איש חסד, כי החסד הוא אל האיש עצמו הגומל לנפשו, אך הגומל חסד עם קונו נקרא חסיד וקדוש, יען כי נזדכך מכל מיני טומאה וקידש עצמו בקדושתו יתברך. כי לשון קדושה, לשון הכנה והזמנה כמו (במדבר י"א י"ח) התקדשו למחר ואכלתם, כי עושה עצמו מרכבה אל קדושתו יתברך ואינו חושש לכבוד עצמו אלא לכבוד קונו כנזכר לעיל:

De esto vemos que aquel que está ocupado en la *Torah* o en la realización de preceptos o buenas *Middot* se llama *Hassid;* si incluso una pizca de motivación para recibir una recompensa se mezcla en ello, él es un *Hassid* para sí mismo, como está escrito (*Proverbios* XI-17): «a su alma hace bien el hombre misericordioso». Esto se debe a que cuando él cumple los preceptos trae bondad sobre su alma. Por lo tanto, se le llama un «hombre misericordioso» (איש חסד) en lugar de un *Hassid,* porque hace la bondad a su propia alma. Sólo una persona cuya única motivación es hacer una bondad a su Creador puede ser verdaderamente llamada *Hassid* y *Kaddosh.* Esto se debe a que se ha purificado a sí mismo de todas las impurezas y se ha santificado a sí mismo en la santidad de Dios, Bendito sea. Encontramos que el término *Keddushah* significa 'preparación', como en (*Números* XI-18): «preparaos vosotros mismos para mañana y comeréis». Porque aquel que hace de sí mismo un carro

(מרכבה)[50] para la santidad de Dios, bendito sea, no piensa en su propia gloria, sino en la gloria de su Creador, como ya se ha dicho.

ואל זה נתכון רבי פנחס בן יאיר במה שאמר (במשנה סוף סוטה) פרישות מביאה לידי טהרה וכו' וקדושה לידי חסידות וחסידות לידי רוח הקדש, כי זו חסידות שלימה הבאה אחר הקדושה והיא המביאה לידי רוח הקדש כי נתדבק בו דבוק גמור וישיג לגלוי רזי תורה ולהתנבא עתידות כמו שאמר רבי מאיר (אבות פ"ו משנה ה') כל העוסק בתורה לשמה, רצונו לומר לשמה של התורה שהיא היא הקדוש ברוך הוא, כי כל התורה שמותיו של הקדוש ברוך הוא. זוכה לדברים הרבה וכו' ומגלין לו רזי תורה ונעשה כמעין המתגבר וכו':

Cuando Rabbí Pinjas ben Iair dijo (*Mishnah,* final de *Sotah*) «la precaución lleva al celo, el celo lleva a la limpieza, la limpieza lleva a la separación, la separación lleva a la pureza, la pureza lleva a la santidad, la santidad lleva al miedo al pecado, el miedo al pecado lleva a la humildad, la humildad lleva a la bondad, la bondad lleva al Espíritu Santo y el Espíritu Santo lleva a la resurrección de los muertos», él se refería a esto. Éste es específicamente el perfecto *Hassid* que persigue la santidad que conduce al Espíritu Santo, como dice Rabbí Meir (*Pirkei Avoth* VI-5): el que está ocupa-

50. *Merkavah,* literalmente 'carro' o 'carroza', es uno de los temas más importantes de la cábala.

do en la *Torah* por su nombre[51] por el bien del Santo, bendito sea, pues toda la *Torah* es un nombre del Santo, bendito sea,[52] recibe muchas cosas. Los secretos de la *Torah* le son revelados. Se convierte en un manantial desbordante y en un río siempre caudaloso.

51. Es decir, por el bien de la *Torah*, y no por el suyo propio.

52. Véase Zohar (III-89 b).

חלק א שער ד

PRIMERA PARTE, PUERTA CUATRO

השער הרביעי: בביאור מדרגת הצדיק בפרטות

Cuarta puerta, donde se explican los niveles del *Tzaddik* en particular

והוא שיזדרז בכל כחו להשלים כל האפשר מתרי"ג מצות לקיימם בזמן הזה. ולפי שיש סברות רבות במנין המצות, אסדרם תחילה כפי דעת הרמב"ם ז"ל ואחריהם אסדר מה שהוסיפו שאר מפרשים וספר הזוהר בין במנין מצות עשה של תורה בין במצות עשה של דברי סופרים, ואחלקם לחמשה חלקים:

Y debería darse prisa y cumplir con toda su fuerza todos los 613 preceptos que pueda. Y dado que hay muchas opiniones a propósito de los preceptos, he decidido presentar primero aquellos que fueron introducidos por el Rambam,[53] de bendita memoria, y más tarde añadiré los preceptos introducidos por otros comentaristas y los preceptos que aparecen en el *Sefer haZohar,* los preceptos positivos de la *Torah,* y los pre-

53. Acróstico de Rabbí Moshe ben Maimon, más conocido como Maimonides.

ceptos positivos de las palabras de los sabios, y los he dividido en cinco grupos.

הראשון במצות הנוהגות בזמן התפלה בכל ימי החול. השני במצות התלויות בזמן. השלישי במצות שצריך האפשריות להזדמן ליד האדם. הרביעי במצות שצריך האדם לחפש אחריהן לקיימן. החמישי במצות שאין ביד האדם לחפש אחריהם אלא אם כן יזמינם הקדוש ברוך הוא לידו:

El primero incluye los preceptos que hay que observar durante la oración de todos los días de la semana.[54] El segundo los preceptos que dependen del tiempo. El tercero los preceptos que deben darse durante la vida del hombre. El cuarto los preceptos que el hombre debe buscar a fin de observarlos. El quinto los preceptos que el hombre no ha de buscar a fin de que el Santo, bendito sea, los presente delante de él.

הראשון לידע שיש שם אלוה, בפסוק שמע ישראל ה' אלהינו. לייחדו באומרו ה' אחד. לעשות ציצית ולהתעטף בו. לקשור תפילין כסברת רש"י ורבנו תם, ושמושא רבא בשל ראש. לקשור תפילה של יד על דרך הנזכר. לקרות קריאת שמע שני פעמים בכל יום. להתפלל בכל יום תפלת שמונה עשרה. לזכור בכל יום מה שעשה לנו עמלק כשאומר אמן

54. Literalmente «días profanos».

יהא שמיה רבא, כמו שכתוב (שמות י"ז ט"ז) כי יד על כס יה, וכשאומר וקרבתנו מלכנו לשמך הגדול:

El primero para que sepa que hay un Dios allí, según el versículo que dice «escucha Israel el Eterno nuestro Dios...»[55] para unificarlo diciendo «el Eterno es Uno».[56] Haz filacterias (**ציצית**)[57] y cúbrete con ellas. Para atar los Tefilín como Rashi[58] y Rabeinu Tam.[59] Y ata los Tefilín del brazo de la forma mencionada y los de la cabeza a las filacterias del brazo, como se ha mencionado anteriormente. Lee dos veces al día el *Kiriat Shemá*. Recita cada día la oración de las Dieciocho Bendiciones. Recuerda cada día lo que Amalek nos hizo, especialmente cuando dices: «Amén, que su gran nombre...», como está escrito (*Éxodo* XVII-16): «Una mano sobre la bandera del Señor». «...y acércanos, rey nuestro, a tu gran nombre».

להתודות בכל יום אחר העמידה ובברכת שמע קולנו. ולברך הכהנים את ישראל בכל יום:

---

55. *Deuteronomio* (VI-4). Conocida como *Kiriat Shemá*.

56. O sea, lo que se dice al final del *Kiriat Shemá*.

57. En hebreo *Tzitzit*.

58. Acrónimo de Rabbí Shlomo Yitzjaki, el más famoso de los comentaristas de la *Torah* y el *Talmud*.

59. Jacob ben Meir Tam, conocido como Rabeinu Tam fue uno de los autores de las Tosafot, comentarios que aparecen en todas las ediciones del Talmud junto al comentario de su abuelo, Rashi.

Confiésate cada día después de la oración de la *Amidá* y de la bendición: «Escucha nuestra voz» (שמע קולנו). Bendice a los sacerdotes y a Israel todos los días.

השני לקדש על היין בשבת בכניסתו ובהבדלה ביציאתו. לשבות בשבת ממלאכתו. לבטל חמץ בהשבתה בלב ליל ארבעה עשר בניסן. לספר יציאת מצרים בהגדה ליל פסח הראשון. לשבות ממלאכה ביום ראשון של פסח. לאכול מצה בליל ראשון של פסח. לשבות ביום שביעי של פסח. לשמוח בשלש רגלים פסח שבועות וסכות, ולשמח אשתו ובניו והעניים כל אחד כראוי לו. לספור ספירת העומר ארבעים ותשעה ימים שלמים מתחילת ליל ששה עשר של ניסן. לשבות בחג השבועות. לשבות בראש השנה.

El segundo: bendice el vino al comienzo del *Shabbat* y en la *Havdalah*. Descansa en el *Shabbat*. Quita el *Jametz*[60] en la noche del día catorce del mes de Nisán. Cuenta la historia del *Éxodo* de Egipto según la *Hagadah* en la primera noche der *Pesaj*. Descansa durante el primer día de *Pesaj*. Come *Matzah*[61] durante la primera noche de *Pesaj*. Descansa durante el séptimo día de Pésaj. Regocíjate durante las tres fiestas de peregrinación: *Pesaj, Shavuoth* y *Sukkot*. Haz feliz a tu esposa, a tus hijos y a los pobres, cada uno como se merece. Cuenta el Omer durante cuarenta y nueve días, a par-

60. Levadura. Se considera *Jametz* a todo derivado del trigo que ha fermentado y se asocia con la Mala Inclinación.

61. Pan ácimo, sin levadura.

tir del decimosexto día del mes de Nisán. Descansa durante la festividad de *Shavuoth*. Descansa durante *Rosh haShanah*.

לשמוע קול שופר בראש השנה. לשבות ביום הכפורים. להתענות ביום הכפורים. לשבות ביום ראשון של סוכות. לשבות ביום שמיני עצרת. לישב בסוכה שבעת ימי החג. לטול לולב ומיניו כשרים ביום טוב ראשון של סוכות:

Escucha el sonido del *Shofar* en *Rosh haShanah*. Descansa en *Iom Kippur*. Descansa durante el primer día de *Sukkot*. Descansa durante el octavo día de *Sukkot*. Siéntate en la *Sukkah* durante los siete días de la festividad. Toma una rama de palma kosher y las cuatro especies en el primer día de *Sukkot*.

השלישי לכתוב ספר תורה. לקבוע מזוזה. לברך ברכות המזון. ללמוד תורה וללמדה בכל יום. לפרות ולרבות. לבעול על ידי קדושין. למול את הבן. להפריש חלה מן העיסה בארץ ישראל. לתן צדקה. להלוות לעני. להשיב משכון בזמנו. לעשות מעקה. לכבד כהנים. לכבד תלמידי חכמים. לכבד אב ואם. ליראה מאב ואם. לאהוב רעים. לאהוב גרים. לתת שכר שכיר בזמנו. להאכיל השכיר. לבדוק סמני בהמה וחיה. לבדוק סמני עוף. לבדוק סמני דגים וחגבים. להתאבל על הקרובים. הוכח תוכיח. מוצא שפתיך תשמור. לדבקה בו. והלכת בדרכיו. ליראה את ה'. לפרוש מן החטא. לאהוב את ה' בכל הפרטים שזכרו רבותינו ז"ל:

El tercero: escribe un libro de la *Torah*. Pon una *Mezuzah*.[62] Da las gracias antes y después de comer. Estudia la *Torah* y enséñala cada día. Creced y multiplicaos. Cásate con santificación. Circuncida a los hijos. Separa el pan de la masa en Israel. Da en caridad. Presta dinero a los pobres. Retribuye a tu trabajador a tiempo. Hazte una valla.[63] Honra a los sacerdotes. Honra a los sabios. Honra a tu padre y a tu madre. Teme a tu padre y a tu madre. Ama a tus amigos. Ama al extranjero. Paga al trabajador contratado a tiempo. Comprueba los signos de las bestias y los animales. Comprueba los signos de los pájaros. Comprueba los signos de los peces y los insectos. Llora a sus familiares y seres queridos.[64] Dialoga con tu vecino. Ten cuidado y realiza lo que ha pasado por tus labios. Aférrate a él y camina en Sus caminos. Teme al Señor. Abandona el pecado. Ama al Señor según las palabras mencionadas por nuestros rabinos de bendita memoria.

הרביעי להפריש תרומה גדולה. להפריש תרומת מעשר. להפריש מעשר ראשון. להפריש מעשר שני. לתן פאה ולקט ושכחה ופרט ועוללות. לתן לכהן בכור בהמה טהורה. לפדות פטר חמור.

62. En el dintel de la puerta de tu casa.

63. Para proteger la *Torah*.

64. Cuando estos han fallecido.

El cuarto: separa una gran ofrenda (תרומה). Separa la ofrenda del diezmo. Separa el primer diezmo. Separa el segundo diezmo. Separa el diezmo de los pobres. No desnudes tu viña, ni recojas las uvas caídas de tu viña. Dale al sacerdote el primogénito de tu ganado limpio. Redimir cada primogénito de un asno.

לערוף פטר חמור. נטע רבעי. זרוע לחיים וקיבה. ראשית הגז. להשיב אבדה. להשיב גזל. להלות לגוי בריבית. לנגוש לנכ־רי. לאבד עבודה זרה. לצדק מאזנים ומשקלות ומדות. עזוב תעזוב. הקם תקים.

Rompe el cuello del primogénito de asno. *Neta Revai.*[65] Devuelve el objeto perdido. Devuelve lo robado. Cobra intereses sobre préstamos al *Goi.*[66] Destruye toda la idolatría. Mantén pesas, medidas y balanzas precisas. Abstenerse de salir. No abandones al desamparado.[67] Levántalo.[68]

להשבע בשמו בבית דין. לשלח הקן. לשחוט בהמה חיה ועוף. לכסות דם חיה ועוף. לזעוק ולהתחנן בתפלה, ולהריע

65. Los frutos del cuarto años, que son aptos para ser consumidos.

66. Persona que no es judía.

67. Véase *Éxodo* XXIII-3:5: «Si ves el asno de alguien que te odia yace bajo su carga, te abstendrás de dejarlo con él, le ayudarás a levantarlo».

68. Véase *Deuteronomio* XXII-4: «No verás el asno de tu hermano, o su buey, caídos en el camino, y te esconderás de ellos; con él has de procurar levantarlos».

בחצוצרות או בשופר על צרות הצבור ח"ו. לשבות מעבו־
דת הארץ בשביעית. להשמיט פירות הקרקע בשביעית. ובזה
מחלוקת אם מדאורייתא או מדרבנן.

Jurar por su nombre en los tribunales. *LeShiluach Haken.*[69] Matar animales y pájaros vivos. Cubrir la sangre de los animales y pájaros sacrificados. Llorar y rogar en la oración. Tocar las trompetas y el *Shofar* en tiempos de calamidad. Cesar en la tierra en el séptimo año.[70] No comer los frutos que crecen en la tierra en el séptimo año; hay una controversia sobre este precepto, sobre si es un precepto de la *Torah* o es un precepto de los rabinos (דרבנן).[71]

לגרש בגט. לגדל הנזיר שערו. להציל הנרדף. לישא האונס
את אנוסתו. לישב מוציא שם רע עם אשתו כל ימיו. לקדש
את שמו יתברך במסירת נפש. למנות שופטים ושוטרים.

Conceder un acta de divorcio. El nazareno no ha de cortarse el pelo. Salva a los perseguidos. El violador debe casarse con su víctima. Cualquiera que mencione un mal nombre a su esposa sin justificación, debe

69. «Cuando hallares en el camino algún nido de ave...» «Dejarás ir a la madre, y tomarás los pollos para ti; para que te vaya bien, y prolongues tus días» (Véase *Deuteronomio* XXII-6 y 7).

70. Véase *Levítico* XXV-3 y 4.

71. O sea un precepto «dRabbanan», que no aparece en la *Torah*.

estar con ella hasta el fin de su vida.[72] Santifica su nombre, bendito sea, con devoción. Nombrar a los jueces y oficiales.

להשוות בעלי דינים. להעיד בבית דין. לדון עדים זוממים. לחקור העדים. חתן כל שנתו נקי יהיה לביתו. לדון בכל דיני הפרת נדרים. לשלם המזיק ממון חבירו או החובל בחברו, לדון בנזקי בהמה כי יגוף שור ובנזקי השן הבור והאש, ובנזקי שומר חנם ושומר שכר והשואל, וכל מיני מקח וממכר. וכל מיני טוען ונטען, ודיני נחלות. לדון הגנב בתשלומין. לנטות אחרי רבים:

Conceder igualdad de derechos en los juicios.[73] Testificar en el tribunal. Condenar a los testigos falsos. Interrogar testigos. Un hombre recién casado debe estar durante un año en casa sin trabajar. Condenar a todo aquel que rompa sus juramentos. Aquel que agreda a otro hombre pagará por la pérdida de su tiempo. Condenar las heridas causadas por los animales, cuando el buey de un hombre hace daño al de otro. Lesiones de jueces causadas por un hoyo abierto o un incendio. Juzgar a un guardián no remunerado y a un guardián remunerado. Juzgar al prestatario. Juzgar las cuestiones de venta y compra. Cumplir con las

72. Literalmente «todos sus días».

73. Véase *Levítico* XIX-15.

leyes de la herencia. Condenar a quien roba. No seguir a la mayoría (para hacer el mal).[74]

החמישי לפדות בכור אדם. ליבם אשת אחיו. לחלוץ אשת אחיו:

El quinto: redime al primogénito del hombre. Cásate con la viuda de tu hermano. Libera a la viuda de tu hermano.

,סידי תליטנ ,הליגמ ,הכונח רנ ,תבש רנ .ןנברדמ סה ולאו
יבורע ,הוצמ ךרוצל אוה סא ןימוחת יבוריע ,תורצח יבוריע
בא זומת תומוצ העברא תונעתהל ,תואובמ יפותשו ,ןילישבת
:רובצה תורצ לע תונעתהל ,(רתסא סוצו) תבט ירשת

Y éstas son las *Mitzvot* de los rabinos: vela de *Shabbat,* vela de *Janukah,* rollo,[75] lavado de manos, establecimiento de tribunales, establecimiento de límites legales si se hace intencionalmente, establecimientos de alimentos[76] y la introducción compartida.[77] Ayuno cuatro veces al año, en los meses de *Tammuz, Av, Tishri* y *Tevet* (y el ayuno de Ester), y ayuno en tiempo de calamidad.

74. Véase *Éxodo* XXIII-2.

75. *Meguilah,* para ser leída.

76. Para ser consumidos en *Shabbat* o en los días festivos.

77. Ordenanza halájica de las leyes de *Aravin,* atribuida al rey Salomón.

ואלו הם מצוות עשה של תורה כשאר מפרשים וספר הזוהה. לזכור יציאת מצרים בפרשת ציצית ביום ובלילה. לזכור בכל יום את יום השבת. לזכור יום אשר עמדת לפני ה' אלהיך בחורב.

Y estos son los preceptos positivos de la *Torah* según los eruditos y el libro del Zohar: recuerda el *Éxodo* de Egipto día y noche en la *parashah* de los *Tzitzit*.[78] Recuerda cada día el día de *Shabbat*. Recuerda el día que estuviste delante del Eterno tu Dios en Horeb.

לזכור את אשר הקצפת את ה' אלהיך במדבר. לזכור מעשה מרים. לברך על התורה לפניה. להסתכל בציצית בפסוק וראיתם אותו. לשוב בתשובה שלימה. ליראה את ה' בקרב־נות השחר ובזמירות.

Recuerda cómo provocaste la ira del Eterno, tu Dios, en el desierto. Recuerda las obras de Miriam. Bendice la *Torah* delante de ella. Mira los *Tzitzit* cuando dices el versículo: «Y será para ti...».[79] Arrepiéntete y vuelve completamente. Teme a Dios en las ofrendas del alba y en los cantos.

---

78. Véase *Números* XV-37 y 38.

79. Véase *Números* XV-39.

לאהבה את השם בברכת אהבת עולם ובפסוק ואהבת את ה' אלהיך וכו'. לברכו בישתבח וביוצר אור ויוצר המאורות ובכל שבע ברכות של קריאת שמע בבקר ובערב. לקדש את שמו יתברך במסירת נפשו להריגה בכח בפסוק שמע ישראל ה' אלהינו ה' אחד.

Ama a Eterno cuando dices la bendición del amor eterno y cuando dices el versículo: «y amarás al Señor tu Dios…».[80] Bendícelo por la mañana y por la tarde, cuando recites la bendición de la mañana y cuando recites las siete bendiciones del *Kiriat Shemá*. Santifica su nombre bendito, y prepárate para sacrificarte a ti mismo para observar el versículo: «escucha, Israel: el Eterno nuestro Dios, el Eterno es uno».[81]

לקדש שמו בנקדישך. למסור נפשו למיתה וגם לדבקה בו בנפי־לת אפים בפסוק אליך ה' נפשי אשא. לידע כי ה' הוא האלהים, בפסוק שמע ישראל ה' אלהינו ה' אחד. להתענג בשבת.

Santifica Su nombre en la oración *Venakdisheja*[82]. Estate listo para sacrificarte en el versículo: «a ti, oh Señor, levanto mi alma».[83] Has de saber que el Eterno es Dios, como está escrito en el versículo: «escucha,

80. Véase *Deuteronomio* VI-5.

81. Véase *Deuteronomio* VI-4.

82. En el *Musaf* de *Shabbat*.

83. Véase *Salmos* LXXXVI-4.

Israel: el Eterno, nuestro Dios, el Eterno es uno».[84] Deléitate en el *Shabbat*.

להבדיל במוצאי יום טוב. לקרוא ההלל בזמנים הידועים. לשבע בשמו לקיים מצוה. לברך ברכת הנהנין בכל מיני הנאה, להתענות ביום הכפורים בחמשה ענוים. לשרוף החמץ בארבעה עשר בניסן.

Haz la *Havdalah*[85] en los días festivos. Lee el Halel en las ocasiones apropiadas. Jura en su nombre cumplir con la mitzvah. Recita el Birkat Hanehenin antes de participar de una de las cosas maravillosas que Dios creó. Atorméntate en los cinco tormentos de *Iom Kippur.* Quema el *Jametz* el día catorce del mes de Nisán.[86]

והדרת פני זקן תלמיד חכם יניק וחכים ולזקן אשמאי. להיות צנוע בבית הכסא. להצדיק דין שמים על כל המאורע. להפריש תרומה מן היפה. לבנות בית הכנסת להתפלל בו. לאבד שם עבודה זרה.

Y honra el rostro del anciano, al sabio estudiante (תלמיד חכם) y al anciano ignorante. Sé recatado en la casa de baños. Justifica siempre el juicio del cielo. Separa

84. Véase *Deuteronomio* VI-4.

85. Oración al final de la noche de *Shabbat* en la que se separa lo sagrado de lo profano, o sea el paso del *Shabbat* a los días de la semana.

86. Véase *Levítico* XIX-32.

una ofrenda de la parte bella. Construye una sinagoga para rezar allí. Destruye el nombre de la idolatría.

להזכירם לגנאי. לגדע אשירה. לשרוף אשירה. לשבר מצ־בותם להשמיד במותם לנתוץ מזבחותם. לאבד כלי תשמי־שי עבודה זרה. לפרוש מן האשה סמוך לוסתה לפרוש מן האשה מתשמיש כשראתה דם מיד. ליראה מן תלמיד חכם. למול ערלת הלב. לאהוב התוכחות. לעשות לפנים משורת הדין.

Recuerda que has de ser respetuoso. Para quemar a Aserá,[87] romper sus columnas, destruir sus altos lugares de adoración y destrozar sus altares. Destruye los utensilios de la idolatría (עבודה זרה). Abstente de tener relaciones sexuales con una mujer antes de su período establecido. Detén una relación sexual si ves sangre. Teme a un estudiante sabio (תלמיד חכם). No seas obstinado. Ama el castigo. Haz más de lo que exige la estricta letra de la ley.

תמים תהיה עם ה' אלהיך. ולא תחמוד (נ"א תעמוד) על דברי הכלדיים, אהבת רעים ובכללה להכריעו לכף זכות שלא בפ־ניו, ולהביא שלום בין אדם לחברו, וחי אחיך עמך, להחזיר לו רבית קצוצה, ולכל דיני פקוח נפש וכל מיני המצאות שיחיה בהם, להפר נדרי אשתו ובתו, להורות דינים, לקיים הדיין מדבר שקר תרחק, לדון בדיני שותפים ובחלוקת קרקע וכל מיני תובע ונתבע:

87. Deidad femenina cananea que también era adorada en Fenicia y Siria.

Perfecto serás con el Eterno, tu Dios.[88] No sigas las palabras de los caldeos. Ama a tu compañero y quédate a su lado cuando no esté presente. Haz las paces entre un hombre su amigo, y tu hermano vivirá contigo.[89] Págale intereses, protégele y sálvale la vida, y anula los votos de su mujer y de su hija. Enseña las leyes (דינים). De palabra de mentira te alejarás. Juzga las leyes de los socios, las divisiones de la tierra, y todos los asuntos del demandante y del demandado.

ואלו מצות עשה מדברי סופרים, להגעיל כלים. להטביל כלים חדשים, לבדוק חמץ ליל ארבעה עשר בניסן, לאכול מרור ליל ראשון של פסח, לברך על כל המצות ועל כל הני־סים ועל כל המאורעות הבאות עליו, לקרא בספר תורה בז־מנים שתקן משה רבינו ע"ה בשבת וביום טוב וכו':

Y éstos son los preceptos positivos de los rabinos eruditos: enjuaga los utensilios. Purifica los utensilios nuevos. Busca el *Jametz* en la noche del decimocuarto día del mes de Nisán. Come hierbas amargas la primera noche de *Pesaj*. Bendice todas las *Mitzvot* y todos los milagros que te ocurrieron. Lee la *Torah* de acuerdo a las leyes de Moisés, que descanse en paz, en el *Shabbat*, en las festividades, etc.

---

88. Véase *Deuteronomio* XVIII-13.

89. Véase *Levítico* XXV-36.

חלק א שער ה

PRIMERA PARTE, PUERTA CINCO

השער החמישי: בביאור מדרגת החסיד בדרך קצרה כדי שיהיו נגד פני האדם תמיד:

Una breve elucidación de los niveles del Hassid, que siempre ha de estar en frente del hombre.

והוא מבאר הדברים אשר הם מצויים תמיד וצריכים זהירות גדולה, וגם הם דברים שהם יותר חמורים מכל השאר כפי אשר בררתי מפניני אמרי נועם רבותינו ז"ל בתלמוד ובמדרשים ובמסכת יראת חטא ופרקי דרך ארץ ובספר הזוהר.

Y ésta contiene una explicación de las cosas que están siempre y que requieren gran atención. Porque como aprendimos de las palabras de nuestros rabinos, de bendita memoria, y de los *Midrashim* y del tratado del Temor al Pecado[90] y del tratado de *Derej Eretz*[91] y del Zohar.

90. *Tratado del temor divino*, traducción de David ben Isaac Cohen de Lara, Amsterdam, 1633. Se trata de una parte del *Reshit Jojmá*.

91. *Derej Eretz Rabbah* y *Derej Eretz Zuta*, tratados extracanónicos del Talmud.

כבר נתבאר בשערים שקדמו כי שלש מדרגות הן, הראשו־נה בקנין המדות הטובות בנפש היסודית בטבע גמור. השנית בסור מרע שס"ה מצות לא תעשה בנפש השכלית. השלי־שית בקיום רמ"ח מצות עשה הנקרא עשה טוב. והנה עוד יש מדרגה אמצעית שהיא קנין המדות, וגם הם קרובים אל מצות לא תעשה דרך אסמכתא ומדברי קבלה שהוא מהנ־ביאים והכתובים:

Estas cosas son más importantes y más severas que los temas que se explicaron en la puerta anterior. Ya mencioné en las puertas anteriores que la virtud del *Hassid* podía lograrse mediante el cumplimiento de tres pasos. El primer paso: uno debe hacer que las buenas *Middot* formen parte de su naturaleza de su alma (*Nefesh*). El segundo paso: uno debe apartarse del mal observando los 365 preceptos negativos de su alma intelectual. El tercer paso: hay que observar los 248 preceptos positivos, que se llaman «hacer el bien». Y hay otro paso, similar al segundo paso; sin embargo, en este paso uno debe observar los rasgos que se presentan en los libros de los Profetas y en los libros de los Escritos.

א. ענין המדות היותר מגונות ויותר חמורות והמונעות דבי־קות האדם עם השם יתברך, הגאוה הכעס הקפדנות העצבות השנאה הקנאה התאוה בתענוגים החמדה השררה והכבוד והוראת מעשיו הטובים לבני אדם.

l. Incluye rasgos de carácter infame y severo que impiden la conexión entre el hombre y el Eterno, bendito sea: altivez, enojo, impaciencia, tristeza, odio, disfrute de los placeres físicos, lujuria y deseo de dominar a otros, la necesidad de ser enaltecido y el deseo de demostrar las buenas obras de uno.

והפכם הם השפלות עד קצה האחרון, ולא יכעס כלל אפילו על בני ביתו, ולא יקפיד כלל, ויהיה נעלב מן הכל ולא עולב, ויהיה שמח אפילו בעת צרותיו, ויאהב את כל הבריות אפילו גויים, ולא יקנא על שום דבר כי כצל ימינו על הארץ, וישנא ויהביל כל עניני העולם הזה, ופת במלח תאכל וכו', ולא תחמוד שום דבר מהבלי העולם הזה, ותברח בכל כחך מן השררה הקוברת בעליה, ולא תגלה צדקותיך כי תאבד שכרך בעולם הבא וגם יענישוך בגהינום:

Y sus rasgos opuestos: mansedumbre extrema, una persona que nunca muestra ira ni siquiera en su casa, una persona que nunca insulta a nadie, sino que siempre es insultada, una persona que siempre es feliz incluso en tiempos de calamidad, una persona que ama a todo el mundo, incluso a los gentiles, una persona que nunca envidia, porque nuestra vida no es más que una sombra en la tierra, una persona que odia este mundo. «Comed pan con sal, bebed agua a medida y dormid en el suelo».[92] Mantente lejos de los placeres

92. Véase *Pirkei Avoth* VI-4.

mundanos y huye del deseo de dominar a los demás, porque de lo contrario, perderás tu parte en el mundo venidero, y serás castigado en el *Gehinom.*[93]

ב. מדות האסורות. והן לשון הרע, ורכילות, והלבנת פנים, וכנוי שם רע לחברו, וליצנות, והשקר, חנופה, ורמיה, שיחה בטילה, ספור גנות חבירו, מתכבד בקלון חבירו, משלח מד־נים בין אחים, נהנה בכבוד תורה, הסתכלות בעריות:

2. *Middot* prohibidas, que son *Lashon haRa,*[94] chismorrear, avergonzar a otra persona y dañar su reputación, la burla, la deshonestidad, la adulación, el engaño, hablar sin hacer nada, calumniar a un amigo, burlarse cuando un amigo es deshonrado, instigar peleas entre hermanos, reírse de la *Torah* y acercarse a la desnudez (de otro).

ג. במצות לא תעשה בהחמורות שיש בהם כריתות ומיתה בידי שמים ומיתת בית דין, וחלול השם קשה מכולם. וכ־תיב (במדבר ל"ב כ"ב) והייתם נקיים מה' ומישראל ובפרט מעון נדה אפילו בכל מיני קירוב כלל, ושמירת השבת בכל פרטיה יותר מכל המצות, נקור הבשר בתכלית מכל שהוא של חלב ודם, ומכל מיני קרי אפילו באונס, לא ישתמש בש־מות הקדש כלל ודאשתמש בתגא חלף, ומבזה תלמיד חכם

93. Infierno.

94. Maledicencia

כי נקרא אפיקורוס, ומכל מיני מסירות ומלשינות לגויים, ואחריהם הלאוים החמורים כמו שבועה לשם יתברך ואפילו באמת או שבועת שוא וכל מיני שבועה, וכל מיני מאכלות אסורות:

3. Incluye a los preceptos negativos materiales que merecen (la condena de) pena de muerte por parte de Dios o por parte de la corte. Entre estos, el pecado más grave es la profanación del Nombre, como está escrito (*Números* XXXII-22): «y seréis libres de culpa para con el Eterno y para con Israel». Observar la ley del *Shabbat* porque este precepto es más importante que todos los preceptos juntos; quitar la grasa y la sangre de la carne; todos los tipos de contaminación incluso durante la violación. No usar los santos nombres en ninguna circunstancia.[95] Abstenerse de humillar a un estudiante sabio que se llama Epicuro. No denunciar o entregar a sus hermanos en manos de los gentiles. Luego están las prohibiciones severas tales como los juramentos verdaderos en el Nombre, bendito sea, o los juramentos falsos en su nombre y otros tipos de juramentos, y además todo tipo de alimentos prohibidos.

ד. בקיום מצוות עשה. ציצית, תפילין, וקריאת שמע פעמיים בכל יום, כבוד שבת בכל הפרטים, למול הבן, גמילות חסדים ובקור חולים והכנסת אורחים, והבאת שלום, תפלת שמונה

95. Para hacer invocaciones o realizar maldiciones.

עשרה בתכלית הכונה ובשמחה, מזכי לחיביא. משא ומתן באמונה, צדקה, מתן בסתר, קביעות עתים לתורה יומם ולי־לה כנגד כולם:

4. Observa los preceptos positivos: *Tzitzit, Tefilin,* lee el *Shemá* dos veces al día, observa el *Shabbat* y circuncida a los varones. Haz caridad, visita a los enfermos, practica la hospitalidad y haz las paces. Haz la oración de las Dieciocho Bendiciones con devoción y alegría. Enseña la *Torah,* haz negocios honestamente, haz actos de piedad y limosna secretos. Y lo más importante, ocúpate de la *Torah* tanto de día como de noche.

ה. בקיום מנהגות תורה. קריאת שמע שעל המטה בכונה, קימה אחר חצות לילה להתאבל על השכינה והחרבן ולעסוק בתורה, יראת השם תמיד על פניו שלא יחטא, בכל דרכיך דעהו, דביקות נפשו עם השם יתברך לא יבטל אפילו רגע:

5. Observa las costumbres de la *Torah.* Haz el *Kiriat Shemá* en la cama con gran devoción. Despiértate después de la medianoche, llora por la destrucción[96] y por la *Shekinah,* y ocúpate de la *Torah.* Teme siempre al Nombre y «reconócelo en todos tus caminos».[97] No anules la conexión entre tu alma y el Nombre, bendito sea, ni por un instante.

---

96. Del Templo.

97. Véase *Proverbios* III-6.

חלק א שער ו

Primera parte, puerta seis

השער הששי: והוא לכלול בקצרה כל הנזכר בשערים שק-
דמו, ובו יתבאר סדר הנהגת האדם החסיד בדרך קצרה בכל
מעשיו כל ימי חייו למען לא ימוט.

Que incluye brevemente todo lo que se menciona en las puertas anteriores y explica cómo el Hassid debe llevar a cabo su misión todos los días de su vida para evitar su propia caída.

וזה ענינה:
ועתה בני שמע בקולי לכל אשר אני מצוה אותך, הכון לק-
ראת אלהיך ישראל, בכל לילה בלכתך לישן, זכור כי היא
מיתה הקטנה מזכירך המיתה הגדולה האמתית, והסתכל
בכל המעשים שעשית באותו יום, ואם יש בהם רעים התודה
עליהם שכן דרך המומתין מתודים,

Y éste es el asunto: ahora, hijo mío, escucha y obedece mi mandato; prepárate para encontrar a tu Dios, oh Israel. Cada noche cuando te duermas, recuerda que el sueño es la pequeña muerte que debería recordarte la muerte real, la gran muerte. Por lo tanto, piensa en todas las cosas que hiciste durante el día, confiesa tus malas acciones como la gente condenada a muerte lo hace antes de su ejecución.

ותקבל עליך עול מלכות שמים בקריאת שמע שעל המטה להעלות נשמתך באחד, ואחר כך הפקד רוחך בידו יתב־רך בפסוק (תהלים ל"א ו') בידך אפקיד רוחי, כענין המי־תה האמתית שנאמר בה (קהלת י"ב ז') והרוח תשוב אל האלהים וגו', אמנם עתה המיתה הקטנה תנה לו בתורת פקדון להחזירה לך חדשים לבקרים לפגרים מתים, ושכב באימה ויראה כי הנה רוחך עולה לתת דין וחשבון ליוצרך על כל מעשיך ודבוריך ומחשבותיך ביום ההוא, ולכן אל יפנה לבך בדבור או בהרהורים בטלים עד אשר תישן ותרדם בפחד הנזכר:

Recibe sobre ti el yugo del reino de los cielos diciendo el *Kiriat Shemá* en la cama, levanta tu alma (*Neshamah*) en la unidad y después pon tu alma (*Ruaj*) en la del (Santo) bendito sea, como en el versículo (*Salmos* XXXI-6): «más yo en el Eterno he esperado».[98] Cada noche pon tu alma (*Ruaj*) en sus manos exactamente como lo harás cuando llegue el momento de la verdadera muerte «y el espíritu se vuelva a Dios que lo dio» (*Eclesiastés* XII-7). Ahora bien, es verdad que durante la pequeña muerte entregas tu alma (*Ruaj*) como depósito para que te sea devuelto cada mañana, como se dice en las oraciones de la mañana, «gracias Dios

98. Véase *Salmos* XXXI-6.

por devolverle el alma del hombre cada mañana cuando se despierta». Y tú yaces como un payaso con miedo y asombro, pues tu alma (*Ruaj*) se levanta para dar cuenta diariamente de tus acciones, palabras y pensamientos a tu creador. Por lo tanto, no debes volver tu corazón y tu mente a hablar sin hacer nada o a pensar sin hacer nada, porque de lo contrario te quedarás dormido de miedo, como se dijo anteriormente.

וכאשר תקיץ משנתך אחר חצות לילה קום מהר בזריזות, קל כנשר, ורחוץ ידיך כדין וכשורה להעביר רוח רעה מבשרך, ותן לו ברכה ושבח והודאה על נאמנותו יתברך שלא עכב את רוחך על רוב עוניך ולא היתה זו מיתה ארוכה אמיתית, אמנם החזיר נשמות לפגרים מתים ויותר מחודשת וחזקה מבראשונה.

Y cuando te levantes después de la medianoche,[99] levántate rápido, rápido como un águila, lávate bien las manos para eliminar el alma (*Ruaj*) mala de tu carne. Bendícelo y alábalo por no retener tu alma (*Ruaj*) pecaminosa, y por no hacer que esta noche el sueño sea una muerte real y larga, porque ciertamente él restauró tu alma (*Neshamah*) cuando despertaste. La restauró, la renovó y la hizo más fuerte que nunca.

99. Para estudiar.

ולמען לא תהיה כפוי טובה עמו, הצטער על גלות שכינת עזו וחרבן מקדשו בעת שהוא מצטער על זה באשמורות, כי עו־נותיך ועונות אבותיך הטו אלה ועדין לא הקימה מנפילתה, ועם כל זה לא השגיח למעשיך הרעים שגרמו נפילתה, ואתה נפלת על המטה והקימך כבתחילה ביתר שאת, ולא עוד אלא שתזכה לנחמת ציון שישו איתה משוש כל המתאבלים עליה.

Y no serás ingrato para con él, llora por el exilio de la *Shekinah,* por su fuerza y por la destrucción de su Templo sagrado, en la misma hora de la noche en que él los llora. Por tus pecados y los pecados de tus antepasados que trajeron estos males, de los que no se ha repuesto. Y a pesar de todo esto él no ha tenido en cuenta tus malas acciones que la hicieron caer. Y cuando caíste en la cama, él te restauró, más fuerte que antes. Además, vivirás para ver la redención de Sion: «regocíjense con ella con alegría, todos los que la lloran».[100]

אחר כך תעסוק בתורה שבעל פה עד אור הבוקר אם תוכל כי על ידי כן אתה מוריד אליה שפע ומחזיקה בהיותה נפולה:

100. Véase *Isaías* LXVI-10

Entonces deberías estudiar la *Torah* oral, hasta que llegue la luz del día, y haciéndolo le aportarás abundancia (*Shefa*) en su estado caído.[101]

ובעלות השחר רוץ לקראתה אל בית תפילתה כי כבר קדמה היא לך לבא שם לשמוע אל הרנה ואל התפלה אשר תתפלל להקימה מנפילתה ולהחזירה לציון כבתחלה, וגם כי לא תוכל עשוהו לבדך, הנה בהכשלה תעזור עזר מעט ביום ההוא להקימה ולסעדה כפי כחך, ובשכר זאת גם היא תשמע תפלתך ותפיק שאלותיך לטובה.

Y al amanecer corre a encontrarte con ella en la casa de oración porque ella ya está allí para escuchar tus cantos y escuchar la súplica de que sería restaurada en Sion como estaba previsto. Y también porque no puedes hacerlo solo, he aquí que tus esfuerzos ayudan a restaurarla y mantenerla en este día concreto. Como recompensa, ella escuchará tus oraciones y cumplirá con tus peticiones para bien.

על כן בני יהיו רעיוניך נכונים בתכלית הכונה ובשמחה בעת שתתפלל להקימה ולגמול חסד עם קונך, ולא לצורך שאלותיך כי הלא אינם רק להראות לפניו כעבד שאין לו חיים אלא מאדונו, ואם תקראנו באמת יהיה קרוב גם הוא אליך כמו שכתוב (תהילים קמ"ה י"א) קרוב ה' לכל קוראיו וגו'.

101. A la *Shekinah*.

Por lo tanto, hijo mío, cuando rezas para restaurarla y te vuelvas hacia tu creador, hazlo con alegría y gran amor. No has de rezar para recibir una recompensa, sino para demostrar que eres su siervo y que tu vida le pertenece, y si le invocas, estará cerca de ti según ha sido escrito (*Salmos* CXLV-18): «cercano está el Eterno a todos los que le invocan, etc».

וכתוב (דברי הימים א' כ"ח ט') כי כל לבבות דורש ה' וכל יצר מחשבות הוא מבין ויודע חוסי בו אם תדרשנו ימצא לך.

Y está escrito (1 Crónicas XXVIII-8 y 9): «si tú lo buscas, lo hallarás», «porque el Eterno escudriña los corazones de todos», y «entiende toda imaginación de los pensamientos», ya que «conoce a los que en él confían».[102]

ובפרט בעת שתתודה לפניו אחר תפלת שמונה עשרה או בברכת שומע תפלה יהיה בכל לבבך שלא תחזור עוד אליהם כי הלא הנסתרות והנגלות הוא יודע רואה כליות ולב. וכמו כן בנפילת אפים בפסוק אליך ה' נפשי אשא, תגמור בכל לבבך למסור נפשך למיתה על התורה ועל המצות ובכן ימחלו עונותיך כולם אם באמת פיך ולבך שוים:

Especialmente cuando le das las gracias después de la oración de las Dieciocho Bendiciones o después

102. Véase *Nahum* I-7,

de la bendición «Que escucha la oración», debes prometer en tu corazón que nunca repetirás tus pecados. Porque aquel que ve el corazón y la mente conoce los secretos y las cosas conocidas. De la misma manera, cuando te inclinas en el versículo: «Alegra el alma de tu siervo; porque a ti, oh Señor, levanto mi alma».[103] Si decides en tu corazón sacrificar tu vida lejos de la *Torah* y los preceptos, todos tus pecados serán perdonados, pero sólo si tu boca y tu corazón son lo mismo.

ואחר שתתפלל לך מחיל אל חיל, וקבע עת לתורתך לשמה, לא תחליפנו ולא תמיר אותו אפילו על ידי אונס, ובשכר זה יראה אל אלהים בציון, שערים המצוינים במתיבתא דרקי־עא.

Y después de decir tu oración, debes ir de logro en logro y fijar un tiempo en el cual estudiarás la *Torah* por sí misma, y no debes cambiar este tiempo fijo, incluso si estás coaccionado. Como recompensa, el Señor Dios, las bellas puertas y la *Ieshivah*[104] celestial se verán en Sion.

אחר כך תסעוד סעודתך פת במלח ומים במשורה כי צדיק אוכל לשובע נפשו לקיום הנפש, ואף גם זה לשם שמים

103. *Nefesh*, el alma animal. Véase *Salmos* LXXXVI-4.

104. Escuela de estudios de *Torah*.

להיות חזק לעבודתו יתברך, כמו שכתוב (משלי ג' ו') בכל דרכיך דעהו, ועמוד באימה על שלחנך הנמשל אל המזבח כי על שלחן המלך אתה אוכל, ולמען יהיה שלחנך מזבח כפרה לכפר עונותיך בהמעיט מאכלך להחליש הקליפה השורה במזון שנפשך נזונת בו, תעסוק בתורה איזו משנה או מזמור,

Después deberías comer tu comida con sal y beber un poco de agua, porque el *Tzaddik* come para satisfacer y sostener a su alma (*Nefesh*), y también esto por amor al cielo para dar fuerzas a fin de que puedas adorar al bendito según ha sido escrito (*Proverbios* III-6): «reconócelo en todos tus caminos y debes temer a Dios cuando te sientes a comer en tu mesa pues es como un altar y comes en la mesa del rey. Y con más ardor para hacer de tu mesa un altar de expiación en que puedas expiar tus pecados, y para disminuir la *Klippah* en la comida de la que tu alma se alimenta. Deberías ocuparte de la *Torah* mientras comes, ya sea estudiando una *Mishnah* o recitando un salmo».

ויכריזו עליך זה השלחן אשר לפני ה', ויחלש כח היצר הרע מעליך ותתחזק נפש השכלית שבך על ידי התורה שהיא מזון אל הנפש הזו גם היא.

Porque está dicho: «Ésta es la mesa que está delante del Eterno».[105] El poder de la Mala Inclinación dismi-

105. Véase *Pirkei Avoth* III-3.

nuirá mientras que el alma intelectual dentro de ti se hará más fuerte, gracias a la *Torah,* que es el alimento del alma (*Nefesh*).

ואחר שנזונו גופך ונפשך על ידי אכילת מזון שזן ומפרנס אותנו ועל ידי התורה, אל תהיה כפוי טובה לגזול את ה' ותברך לו ברכת המזת בשמחה יתירה כמי שמקבל מתנה מיד זולתו.

Y después de que tu cuerpo y tu alma (*Nefesh*) fueron alimentados por medio del alimento que nos sostiene y por medio de la *Torah,* no seas ingrato con el Eterno y bendícelo con una bendición de gratitud, como alguien que recibe un regalo destinado a otro.

וזהו שאומרים בברכת נודה לך, ועל תורתך שלמדתנו ועל אכילת מזון שאתה זן ומפרנס אותנו. ובשכר זה יפתח אוצרו הטוב אליך ותתפרנס מידו הרחבה תמיד:

Por eso decimos en *Birkat Node Lejá,*[106] por la *Torah* que nos enseñaste y por el sustento con el que nos alimentas y nos mantienes. Como recompensa, él abrirá su buen tesoro y te sostendrá con generosidad.

106. «Te damos gracias», una parte del *Birkat haMazon.*

אחר כך תחפש בלבבך אם תוכל לקיים איזו מצוה חדשה להשלים רמ"ח איברי נפשך או מצוה ישנה להוסיף שכרך. אחר כך לך למלאכתך או למשאך ומתנך באמונה שלימה לא ברמיה או אונאה, ולא תיגע להעשיר רק לקיום ההכר־חי, ועשה תורתך קבע ומלאכתך עראי, כי המרבה לא העדיף והממעיט לא החסיר.

Luego, busca en tu corazón para saber si hay un nuevo precepto que puedas observar para completar los 248 órganos de tu alma (*Nefesh*), o quizás un viejo precepto que puedas observar para añadir a tu recompensa. Entonces dirígete a tu trabajo o hacia tu negocio con fe total, sin indolencia o engaño. No intentes hacerte rico, sino sólo ganar lo suficiente para sostenerte; haz de la *Torah* tu primera prioridad y de tu trabajo una prioridad secundaria. Porque «no sobraba al que había recogido mucho, ni faltaba al que había recogido poco».[107]

ואל תקבל מתנות וכו' כי שונא מתנות יחיה, וה' מוריש ומ־עשיר והוא הנותן לך כח לעשות חיל. לכך השלך על ה' יהבך בכל לבבך והוא יכלכלך. וכל היום תהיה יראתו על פניך לב־לתי תחטא בשום עברה ממצוות לא תעשה, ובפרט מן המ־דות הרעות שהם השאור להחמיץ כל עיסת החומר, ובפרט מהיותר מצויות באדם והוא דש בעקביו:

107. Véase *Éxodo* XVI-18.

Y no aceptes regalos, porque «el que aborrece los regalos, vivirá».[108] Y El Eterno hace al pobre y al rico, y es él quien te da la fuerza para obtener riquezas. Por eso, «echa tu carga sobre el Señor, y él te sustentará»,[109] y el temor de él debe estar presente en tus ojos al día siguiente, para que no peques y transgredas ninguno de los preceptos negativos. El temor de él te alejará de las malas *Middot,* que son la levadura en la masa (קימח) de la materia, y especialmente del precepto común, que un hombre pisotea con sus talones.

ואלו הם מה שצריך ליזהר עד קצה האחרון:

Y estos son los que hay que tener en cuenta hasta el final:

הזהר מכל מיני כעס וקפידה וגאוה, אפילו לבני ביתך. ואם יחרפך איש לא תעננו, והיה נעלב ולא עולב, כי על זה כתיב (שופטים ה' ל"א) ואוהביו כצאת השמש בגבורתו, והעבר על מדותיך לכל מי שחטא, ולא תרגיש צער אפילו בלבבך כי טוב הוא לך, כי כל המעביר על מדותיו מעבירין לו על כל פשעיו ומכל שכן עונות וחטאות, ואם עיני שכל לך היה לך לחפש מי שיצערך כי חיים אתה מבקש לך, וקבל כל האדם בשמחה אף אם הוא שונאך כי על ידי כן יהפך לך לאוהב,

108. Véase *Proverbios* 15-27.

109. Véase *Salmos* 55-23.

והזכות הוא לך. וכל דבריך יהיו בנחת וקול נמוך, ובל תכנס בגבול הכעס. והסר עצבות ודאגה מלבך והעבר רעה מבש־רך כי מוקש הוא לך לסלק רוח קדוש מעליך.

Ten cuidado con todo tipo de ira, impaciencia y vanidad, incluso en tu propia casa. Si un hombre te maldice, no le respondas. Si eres insultado, no insultes a tu vez, como está escrito (*Jueces* V-31): «mas los que te aman, sean como el sol cuando nace en su fuerza». Pasa por alto la injusticia que se ha cometido contra ti sin pena en tu corazón, porque al que pasa por alto la injusticia que se ha cometido contra él, le serán perdonadas sus injusticias en el cielo, por no hablar de sus iniquidades y pecados. Por lo tanto, si eres un hombre sabio que busca la vida, encuentra a aquellos que te hirieron y perdónalos. Acoge a cada hombre, aunque sea tu enemigo, porque él se convertirá en tu amigo y el honor estará contigo. Habla suave y silenciosamente para no enfadarte. Aparta la tristeza y la irritación de tu corazón, y aleja el dolor de tu cuerpo, porque eso sería una trampa para ti que te quitaría el *Ruaj haKoddesh*.

וברח מן הרבנות אשר היא מקצרת שנותיך. והתרחק משי־חה בטילה, ומשקר, וחנופה, וליצנות, ולשת הרע, כי הן כתות אשר אינן מקבלות פני שכינה לעולם הבא. ואחוז בע־נוה המביאה לידי רוח הקדש, והיה כאסקופה הנדרסת לג־דולים וקטנים. ואטום אזנך משמוע רכילות ולשון הרע, והיה כאלם לא יפתח פיו אלא בתורה ובמצות ובמשא ומתן ההכ־

רחי, ובקבול האדם בסבר פנים יפות ולשון רכה, ולא תש־
תבח במעשיך הטובים לבריות כי תפסיד שכרך, ועוד תקבל
עונש על כך:

Huye del rabinato, que acorta tus años.[110] Mantente alejado de la charla ociosa, el engaño, la adulación, la burla y la calumnia al amigo, porque estas *Middot* te impedirán ser bienvenido por la *Shekinah* en el mundo venidero y átate a la humildad que conduce al *Ruaj haKoddesh*. Se como un umbral para los grandes y para los pequeños. Tápate los oídos para que no oigas chismes, calumnias y palabrería, porque como un mudo, uno debe mantener la boca cerrada, decir sólo lo que sea necesario, dar la bienvenida a los hombres cordialmente y hablar sólo de la *Torah* y de los preceptos. No te vanaglories de tus buenas obras, porque perderás tu recompensa y hasta podrías recibir un castigo por ello.

אחר כך הזהר מאד בתפלת המנחה כי לא נענה אליהו זכור
לטוב אלא בתפלת המנחה (ברכות דף ו' ע"ב), ועוד כי שעת
דין גמור הוא כי פנה היום ונטו צללי ערב.

Después de esto has de ser muy prudente en la oración de Minjá, porque el profeta Elías, sea recordado

110. Véase *Pirkei Avoth* (I-10): «Shemaiah dice: ama el trabajo, desprecia el rabinato y no te arrimes al gobierno».

para bien, sólo fue respondido en el servicio de Minjá (*Berajoth* 6b). Además, el tiempo del juicio se acerca «porque el día declina, pues las sombras del atardecer se alargan».[111]

וביותר הזהר בתפלת ערבית אשר כבר החושך יכסה ארץ וכל המזיקים מתעוררים לחנות על גוף האדם ועל נפשו בע־לותה לתת חשבון ליוצרה. עוד יש דברים אחרים כתבתי בשער ה' ע"ש ולאהבת הקיצור לא שניתי פה:

Debes tener aún más cuidado con la oración de Arvit,[112] porque la oscuridad cubre la tierra y los espíritus destructivos despiertan y se asientan en el cuerpo del hombre y en su alma (*Nefesh*) que se levanta para dar cuenta de su creador. Y hay otras cuestiones que están escritas en la puerta 5, sobre el amor hacia la brevedad, que no tiene igual.

ועתה נתקן תרופה כוללת להנצל מכל תחלואי הנפש והם שלשה דברים, לפי שעיקר שגגת האדם וגרמות הנזיקין הם שלשה דברים, האחד כי החומר משכח הטובות מן האדם להחטיאו. השני כי נותן בלבו שיש יתרון ביום טובה היה בטוב. השלישי כי גם אם ישים בלבו לזכור הנה יהיה יותר

111. Véase *Jeremías* VI-4.

112. La oración de la tarde.

במזיד כי יאמר בלבו מה נאכל בשנים שבעים ימי שנותינו בהם וזו קשה משתים הראשונות:

Y ahora prepararemos un remedio general para todas las enfermedades del alma (*Nefesh*), que consiste principalmente en tres cosas para tres enfermedades. La primera porque la materia le hace olvidar la bondad y lo conduce al pecado. La segunda le da la ventaja de tener un buen día es buena.[113] La tercera que mientras piensa en su mente aquí, será más blasfematorio que decir en su corazón «¿qué debemos comer durante nuestros setenta años de vida?». Y la tercera enfermedad es más grave que las otras dos.

לכן עשה נא איפה בני והנצל משלשה פשעי ישראל האלה.

Por lo tanto, hijo mío, sálvate de estas tres transgresiones de Israel.

כי כנגד הראשון שים נגד עיניך תמיד אל תבהל ברוחך לעשות שום מעשה ולדבר שום דבור הקל עד תהיה מתון מתון במחשבתך אם תעשה או תדבר ואם תחדל, כי פרי המהירות חרטה ואין עוד תקנה להחזירה אל נדנה:

113. Véase *Eclesiastés* VII-14: «En el día del bien goza del bien…».

Porque contra la primera transgresión: pon siempre esto delante de tus ojos; no actúes apresuradamente; no hables hasta que hayas calmado tu mente. Porque los frutos de la prisa están llenos de remordimiento, y cuando la sacas de su vaina, es imposible volver a ponerla en su sitio.

וכנגד השני ישים יראת ה' על פניו לא תמוש מנגד עיניו יראת יום המיתה והכנסת הקבר עד ירקב תרווד רקב אחר ההפך בשרו למאכל תולעים, ודין חבוט הקבר, ודינה של גהינם, ויום הדין הגדול לכל באי העולם, כי אפילו שמואל השקול כמשה ואהרן נתיירא ממנו (חגיגה דף ד' ע"ב):

Correspondiendo al segundo, pon el temor de Dios en tu cara. No quites de tu rostro el temor del día de la muerte y del sepulcro hasta que se pudra mientras la carne se convierte en alimento para los gusanos, y el juicio de *Jibut haKever,*[114] y el juicio del *Guehinom,* y el gran día del juicio para todos los que vinieron al mundo. Porque incluso *Samuel,* que era considerado tan grande como Moisés y Aarón, le tenía miedo (*Jaguigah* 4b).

114. Literalmente, los golpes de la tumba.

וכנגד השלישי יקנה מדת הבטחון באמת כי עיניו על כל דרכי איש לתת לו כדרכיו, ואין מעשיו, וגם תחבולותיו, מע־לין ומורידין כלל, כי לא לקלים המרוץ, וישליך יהבו עליו, וכמו שאומרים (בסדר תפילת ר"ה) אשרי איש שלא ישכחך ובן אדם יתאמץ בך כי דורשיך לעולם לא יכשלו ולא יכלמו לנצח כל החוסים בך:

Correspondiendo a la tercera, debe adquirir la *Middah* de Bitajón[115] en la verdad, porque sus ojos están en todos los caminos del hombre para dar a él como sus caminos, y las obras del hombre y también sus estrategias no aumentan ni disminuyen en absoluto porque el camino no es fácil (del Seder de la oración de *Rosh haShannah*). «Dichoso es el hombre que no se olvida de ti, y el hombre que se fortalece en ti, porque los que te buscan nunca caerán, y los que confían en ti no serán avergonzados para siempre».[116]

עד כאן יספיקו דרושים המצטרכים להנהגת האדם להיות צדיק או חסיד, מכאן ואילך נתעסק בדברי תוכחות להכניע את האדם, ובהודעת העונש המגיע לאדם בהתיצבו על דרך לא טוב, ובהודעת השכר הנמרץ המגיע אליו, אם בתורתו ובמצותיו חפץ מאד:

115. Confianza.

116. Véase *Salmos* XXV-3.

Hasta aquí las instrucciones que debe seguir aquel hombre que quiera ser *Tzaddik* o *Hassid*. La parte siguiente tiene que ver con los reproches que pueden someter a los hombres; presentaré el castigo que le espera a cualquier hombre que se desvíe del buen camino y la recompensa que le espera a cualquier hombre que se dedique a la *Torah* y a los preceptos.

חלק ב שער א

SEGUNDA PARTE, PUERTA UNO

השער הראשון: בתוכחות

Primera Puerta: el reproche

ועתה בן אדם פקח עינך מן העורון וראה כי כל הנאות וטו־בות העולם הזה הבל המה מעשה תעתועים. ולמה תתגאה על הבריות, אם בקומה זקופה, כולם נבראו בצלם אלהים כמוך. ואם במשפחה, כולנו בני איש אחד נחנו בני אברהם יצחק ויעקב.

Abre ahora hombre tus ojos y date cuenta de que los placeres de este mundo son vanidad y el engaño. ¿Por qué deberías considerarte mejor que los demás? ¿Es por tu buena estatura? Porque debes recordar que fuimos creados a imagen de Dios (Elohim), y tú también. ¿Es por tu familia? Porque es necesario que recuerdes que todos somos hijos de un solo hombre; somos los hijos de Abraham, Isaac y Jacob.

ואם בעושר, כמה ריקים ופוחזים ממך, עשירים יותר ממך. ועוד כי ה' מוריש ומעשיר ואל יתהלל עשיר בעשרו כי באולי

עושר שמור לבעליו לרעתו. ואם בשררה וכבוד, כמה בזויי משפחה שולטים בעולם, כמו שכתוב (משלי ל' כ"ב) תחת עבד כי ימלוך. ועוד כי העושר והכבוד מלפניו והוא משפיל גאים עדי ארץ.

¿O es por tu riqueza? Porque debes saber que hay gente imprudente e insensata que son más ricos que tú. Además, Dios es el que hace pobre o hace rico y el rico no ha de vanagloriarse de sus riquezas, porque éstas pueden contener un mal para aquel que las posee. Sé generoso en el diezmo porque quizá la riqueza regresa a su propietario. Y, ¿acaso por la dignidad y el honor puede gobernar a los demás? Recuerda cuánta gente despreciable gobierna el mundo, según ha sido escrito (*Proverbios* XXX-22) «por el siervo cuando reinare» y también «porque de ti vienen riquezas y honores».[117] Y «herirá la cabeza sobre mucha tierra».[118]

ואם בחכמה, כמה חכמים גדולים נטרדו מהעולם הזה ומה-עולם הבא, כענין דואג ואחיתופל וירבעם, ובידו יתברך לה-סיר שפה לנאמנים וטעם זקנים יקח, ואל יתהלל חכם בח-כמתו, ואיך תתגאה ותחלתך נולדת מטפה סרוחה ובמעבר השתן נכנסת ויצאת, בושה וכלימה אתה בחייך רמה ותול-עה במותך ואף כי עפר אתה ואל עפר תשוב והיה כלא היה:

117. Véase (1 *Crónicas* XXIX-12).

118. Véase *Salmos* CX-4.

¿Es a causa de tu sabiduría? Muchos grandes sabios fueron expulsados de este mundo y del mundo venidero, hombres de la talla de Doeg Ahitofel y Jeroboam, porque por su mano «él impide el labio a los que dicen verdad, y quita a los ancianos el consejo».[119] Por eso, «no se alabe el sabio en su sabiduría»,[120] y ¿cómo podrías estar orgulloso de ti mismo, tú que naciste de una gota fétida[121] que entra y sale del canal urinario, tú, cuya vida es vergüenza y cobardía y cuya muerte son gusanos y lombrices? Porque «polvo eres y al polvo serás tornado»[122] y no permanecerá nada de ti.

ואיך תכעוס על זולתך ולא תכעוס עליך שאתה בעצמך טורף נפשך באפך ועובד עבודה זרה בכעסך, ואתה מכעיס את קונך ועתיד ליפרע ממך, ואיך תקפיד על הבלי העולם הזה וסופך למות ורוח עברה בו ואיננו ולא יכירנו עוד מקומו רואיו יאמרו איו, ואיך תתעצב על עולם שאינו שלך ולא תתעצב על פרידת נפשך מגופך ברתת וזיע ואימה חשיכה נופלת עליו, ואיך תחמוד לצבור זהב ולבנות בתים ועליות מרווחים, והוא לקברות יובל אמה על אמה ברום אמה בארץ תחתיה ומאומה אין בידך ועזבת לאחרים חילך, ולמה תיגע להעשיר והכל תלוי במזל אפילו ספר תורה שבהיכל, ולמה תצטער על עולם שאינו שלך וכהרף עין תלך לעולם אחר, וכל אשר יגעת היה לאפס ולתוהו ולהבל כחך

119. Véase *Job* XII-20

120. Véase *Jeremías* IX-23.

121. Véase *Pirkei Avoth* III-1.

122. Véase *Génesis* III-19.

כלית, ולמה תמאס תורת חיים חיי עולם לאסוף ממון חיי שעה, וכל אשר גזר אלהים עליך, אם דל ואם עשיר עליו אין להוסיף וממנו אין לגרוע כי ה' מוריש ומעשיר, ואבדת עול-מך עולם החיים וחצי תאותך עלה בידך ולמה תתענג בדשן ועצמותיך תחליץ ומחר על עפר תשכב, תחתיך יוצע רמה ומכסך תולעה:

¿Y cómo puedes estar enojado con los demás pero no contigo mismo si sabes que estar enojado es cometer una transgresión que mata a tu alma (*Nefesh*)? Irritas a tu creador que te castigará. «Que pasó el viento por ella, y pereció, y su lugar no la conocerá más»[123] y «con su mismo estiércol perecerá para siempre; los que le hubieren visto, dirán: ¿Qué es de él?»[124] ¿Por qué te afliges por un mundo que no es el tuyo y no te afliges por la partida de tu alma (*Nefesh*) de tu cuerpo? ¿Qué es lo que no temes de la gran oscuridad que caerá encima de ti? ¿Por qué te empeñas en amasar oro y construir grandes edificios? «Porque él ya será llevado a los sepulcros…»,[125] un codo e en el inframundo, nada en tus manos pues habrás de dejar detrás tuyo todas tus riquezas. ¿Por qué trabajas tanto en hacerte rico cuando todo depende del *Mazal,*[126] incluso el rollo de la *Torah* que está en el templo? Y, ¿por qué te afliges

123. Véase *Salmos* CIV-16.

124. Véase *Job* XX-7.

125. Véase *Job* XXI-32

126. Destino.

por este mundo si el tiempo que te ha sido concedido en él es tan breve? Todos tus esfuerzos son en vano ya que todo aquello por lo que te afanas se irá. ¿Por qué desprecias la *Torah* que te garantiza la vida y el honor eternos en esta vida transitoria en la que puedes obtener riquezas? Debes recordar que sólo el Eterno decide si has de ser pobre o rico, porque «el Eterno empobrece, y él enriquece; abate, y ensalza».[127] Perdiste tu mundo, el mundo de la vida, y dejas el mundo con la mitad de tus deseos sin cumplir. ¿Por qué te deleitas en la grasa y pacificas tus huesos, si mañana te acostarás en el polvo? «Gusanos serán tu cama, y gusanos te cubrirán».[128]

ואיכה תבקש שררה ומעלה רמה ותקות אנוש רימה, ועוד כי אין מלכות נוגעת בחברתה אפילו כמלא נימא כי לה' המלוכה ובידו לגדל ולחזק לכל ומשפיל אף מרומם, ואיך תספר לשון הרע על רעך הטוב ממך וכמה קטיגורים מספרים רעתך ומזכירים עונותיך לפני מי שאמר והיה העולם:

Y, ¡ay!, ¿Y por qué buscas honores cuando lo que te espera son los gusanos? Porque «ningún reino puede superponerse a otro por un pelo de ancho»[129] y porque «de ti proceden la riqueza y el honor...»[130] Y «y él en-

127. Véase 1 *Samuel* II-7.

128. Véase *Isaías* XIV-11.

129. Véase Talmud, tratado de *Iomah* 38b.

130. Véase 1 *Crónicas* XXIX-12.

riquece; abate, y ensalza».[131] Y, ¿cómo podrías hacer *Lashon haRa* a tu compañero, que es mejor que tú mientras tus (ángeles) delatores exponen tus maldades y tus pecados ante el que habló y creó el mundo?

ולמה תשנא אויביך ואין לך אויב גדול ממך גורם רעה לעצמך מענה ומסגף נפשך הנצחית ומענג את גופך רימה וגוש עפר הווה ונפסד, למה תאהב שונאך הוא היצר הרע אשר בקרבך והוא מבקש רעתך צופה בך להמיתך וכמהר צפור אל פח יפלח חץ כבדו ולא ידע כי בנפשו הוא:

¿Y por qué odiarías a tus enemigos, si el mayor enemigo está dentro de ti, dañándote, torturando tu alma eterna mientras disfruta de tu cuerpo, un cuerpo de gusanos y polvo? ¿Por qué amas a aquel que te odia, la Mala Inclinación que está dentro de ti, que busca dañarte, te observa y busca matarte? Como un pajarillo que se precipita en una trampa, hasta que una flecha atraviesa sus entrañas, «no sabe que es contra su vida».[132]

ואיך תחניף ותתביש מילוד אשה שכמותך, ולא תתבייש ממלך אדיר איום ונורא שופט כל הארץ, מלא כל הארץ כבודו, אשר בידו נפש כל חי, ממכון שבתו השגיח על כל

131. Véase 1 Samuel II-7.

132. Véase *Proverbios* VII-23.

יושבי הארץ, ואיך תחטא במסתרים וכל מעשיך ודבוריך בספר נכתבים, כי עיניו על דרכי איש משוטטות בכל הארץ, וכל צעדיך יספור, ועל כל אלה יביאך האלהים במשפט על כל נעלם, ואיך תבטל זמנך בדברים הווים ונפסדים והזמן קצר ומתי תעשה לבית עולמך, כי מי שלא טרח בערב שבת לא יאכל בשבת:

¿Por qué debes adular y por qué debes avergonzarte de un hijo de mujer como tú, cuando no te avergüenzas del gran, horrible y terrible rey que juzga a todos en la tierra? «Toda la tierra está llena de su gloria»,[133] de el que tiene en sus manos el alma (*Nefesh*) de todos los seres vivos. «Desde la morada de su asiento miró sobre todos los moradores de la tierra».[134] Crees que te puedes esconder en lugares ocultos y pecar, pero todos tus actos y todas tus palabras están escritos en un libro: «Porque sus ojos están puestos sobre los caminos del hombre».[135] Sus ojos están «extendidos por toda la tierra».[136] Contempla todos tus pasos «porque Dios traerá toda obra a juicio»[137] toda obra secreta. ¿Por qué deberías perder tu tiempo en cosas vanas y mundanas? El tiempo es breve y tú, ¿qué estás haciendo por el mundo venidero? Porque el que

133. Véase *Isaías* VI-3.

134. Véase *Salmos* XXXIII-14.

135. Véase *Job* XXXIV-21.

136. Véase *Zacarías* IV-10.

137. Véase *Eclesiastés* XII-14.

no se ha preocupado en la víspera de *Shabbat*, no comerá en *Shabbat*.[138]

הביטה וראה כמה מתו בבחרותם וכמה נפלים ויונקי שדים ספו תמו וכראש שבולת ימלו, כי לא ידע האדם את עתו מתי ימות ואבד שמו, ואיך תשכח יום המות ודין הקבר ודינה של גהינם ויום דין הגדול והנורא, ומי יכילנו והתעלמת מהם, ואין דבר מוכרח לבוא כמוהו, כי אין איש משאול נפדה, ונהמת באחריתך ושערי תשובה אז ננעלים בפניך, ותרו־פה לא תעלה למכתך ולעונותיך, ואיך תעלים עיניך מן המות והוא כרוך כנחש על עקבך, ובכל לילה אתה כמת מושכב על מטתך להזכירך המות האמתי והמות קשורה לטוטפות בין עיניך כתנומה על עפעפיך, בשכבך תשמור עליך והקיצו־תה תעיף עיניך ממנו ותביט בהבלי עולם בממון שאינו שלך ובתענוגים שאינם שלך ובשררה שאינה שלך ובעולם שאינו שלך:

Mira y ve cuántos murieron jóvenes y cuántos niños de pecho perecieron cortados como espigas de trigo, «porque el hombre tampoco conoce su tiempo»,[139] cuando morirá y su nombre desaparecerá. ¿Cómo puedes olvidar e ignorar el día de tu muerte, el juicio de la tumba y el día del juicio terrible? La muerte sin duda vendrá y ningún hombre se librará del *Sheol*.[140]

138. Véase *Pirkei Avoth* III-21.

139. Véase *Eclesiastés* IX-12.

140. Lugar oscuro al que van a parar los muertos, ya sean justos o pecadores, a la espera de juicio.

Al final de tu vida gemirás, pero las puertas de la *Teshuvah* estarán cerradas y no habrá remedio para tus pecados. ¿Cómo puedes ignorar la muerte que es como una serpiente sobre tu talón? ¿Cómo puedes ignorarla si cada noche, cuando duermes en tu cama, es un recuerdo de la muerte? La muerte está atada a tu frente, entre tus ojos, como un sueño en tus párpados. Cuando estás durmiendo te observa y cuando despiertas apartas tus ojos de ella y miras los placeres vanos de este mundo, riquezas que no te pertenecen, placeres que no te pertenecen, honores que no te pertenecen y un mundo que tampoco te pertenece.

חלק ב שער ב

Segunda parte, puerta dos

השער השני: בתוכחות הנמצאות בדברי רבותינו ז"ל:

Segunda puerta, reproches de disciplina de nuestros rabinos de bendita memoria

ואלו הן, לעולם יהא אדם (אליהו רבא סוף פרק כ"א) ירא שמים בסתר כבגלוי, אשרי מי שישים כל דבריו וכל דרכיו לשמים. לעולם יהיו עיניך ולבך אצל בוראך כדי שתנצל מכל מיני חטא ועון.

Y por todo esto, el hombre (*Eliahu Rabbah,* final del capítulo 21) debe ser siempre temeroso de Dios tanto para lo oculto como para lo revelado. Bendito sea el hombre cuyos actos y caminos están todos dirigidos al cielo. Y siempre tendrá sus ojos y su corazón en su creador para librarse de todo tipo de pecados e iniquidades.

לעולם יהא פחד יוצרך עליך ואימתו על לבך ובראשך ונגד עיניך ואל תסירם מעיניך אפילו רגע אחד, לעולם אל יליזו מעיניך יום המיתה ויום הקבר ויום הדין הגדול כאילו אתה רואה אותו וכאלו אתה עומד בו וכאלו אתה נכנס לדין כדי

שלא יעלו על לבך דברי הרהורים של חטא שכל איבריך מעידין בך, ועל כרחך אתה עתיד ליתן דין וחשבון לפני מלך מלכי המלכים הקדוש ברוך הוא, בכל יום הוי אומר אוי לי שהלך היום ולא עשיתי בו צדקה עם תלמוד תורה, שכל יום שהלך אינו חוזר לך:

El temor al que te formó ha de estar siempre en tu corazón, en tu cabeza y en tus ojos, y no lo quites de tus ojos ni por un momento. Ten siempre presente el día de la muerte, el día de la tumba y el día del juicio. Ten siempre presente que cuando llegue el día del juicio te salvará de los pensamientos pecaminosos. ¿Delante de quién estás a punto de rendir cuentas? Delante del rey de reyes de reyes, el Santo, bendito sea, y cada día has de decir «desafortunadamente el día se fue y yo no hice *Tzedakah* con el estudiante de *Torah,* y cada día que pasa no regresará nunca».

אמרו בשעה שהאדם נפטר מן העולם שואל לו מלאך המות כלום עסקת בתורה ובגמילות חסדים והמלכת קונך שחרית וערבית והמלכת את חבירך עליך בנחת רוח, אם יש לו דב־רים אלו יוצאת נשמתו בנשיקה ואם לאו וכו':

Ha sido dicho que en el momento en que el hombre abandona este mundo, el ángel de la muerte le pregunta ¿te has ocupado de la *Torah,* has hecho actos de bondad (גמילות חסדים)? ¿Has considerado a tu creador cada mañana y cada noche? ¿Has considerado con alegría a tu compañero? Si contesta afirmativamente a estas preguntas es que su alma (*Nefesh*) se va con un beso, pero si no…

דין שני הוא דין הקבר, קשה יום הקבר יותר מדינה של גהינם וכו' ואפילו צדיקים גמורים שלא חטאו נדונים בו וכו'. ומה יעשה אדם וינצל מחבוט הקבר יעסוק בתורה ויהא אוהב צדקה ותוכחות וגמילות חסדים ויכניס תלמידי חכמים ואור־חים לתוך ביתו ומהנם מנכסיו ויתפלל תפלתו בכונה וינצל מחבוט הקבר ואפילו דינה של גיהנם אינו רואה:

El segundo juicio es el juicio de la tumba; un día de la tumba es más duro que el juicio del *Guehinom*, etc., incluso para un *Tzaddik* completo que nunca pecó, pues tiene que pasar por él, etc. Entonces, ¿cómo puede un hombre escapar del juicio de la tumba? Debe ocuparse de la *Torah*, amar la justicia, escuchar las reprimendas, dar *Tzedakah*, ser hospitalario con los alumnos sabios y los invitados en su casa, y orar con devoción. Así se librará de los golpes de los espíritus malignos en la tumba e incluso evitará el juicio del *Guehinom*.

דין שלישי זה דינה של גיהנם, בשעת הדין שואל לו הקדוש ברוך הוא עסקת בתורה ובגמילות חסדים, אם יש דברים אלו בו פוטרים אותו מדינה של גיהנם וכו'. אשרי אדם שמ־שים עצמו כשור לעול וכחמור למשאוי ויושב וקורא ושו־

נה בדברי תורה בכל יום תמיד, וקורא תורה נביאים כתובים ושונה הלכות ומדרש, וירבה בישיבה וימעט בסחורה מיד רוח הקודש שורה עליו וכו':

El tercer juicio es el juicio del *Guehinom*. En el momento del juicio, el Santo, bendito sea, le pregunta, «¿te ocupaste de la *Torah* e hiciste obras de bondad (גמילות חסדים)?». Y si fue así, queda exento del juicio del *Guehinom*, etc. Bendito sea el hombre que está atado (a la *Torah*) es como un buey a su yugo, y un asno a su carga. Un hombre que se sienta, lee y estudia la *Torah* cada día, un hombre que lee la *Torah*, los Profetas y los Escritos, un hombre que estudia las Halajot[141] y el Midrash, que se dedica mucho al estudio y poco a los negocios. Porque el *Ruaj haKoddesh* (espíritu de santidad) descansará sobre él, etc.

אמר אבא אליהו זכור לטוב (אליהו רבא ט') מעיד אני עלי שמים וארץ בין איש בין אשה בין גוי בין ישראל בין עבד בין שפחה הכל לפי מעשיו של אדם רוח הקדש שורה עליו, אשרי מי ששם כל אלו נגד פניו בכל עת ויזכה להשלים בהם כל ימי חייו ולבלות עצמו בהם כל ימי חייו בכל מעשים האלו, ובלבד שישמור עצמו ואבריו וגופו מכל חטא ועון, זוכה לכל הכבוד הצפון לצדיקים עד שאין מנין ושעור ואין כל עין יכולה לראות ואין כל אוזן יכולה לשמוע כבוד המתוקן לצדיקים ולחסידים, וכן הוא אומר (ישעיה ס"ד ג') ומעו-

141. Leyes.

לם לא שמעו ולא האזינו עין לא ראתה אלהים זולתך יעשה למחכה לו:

Aba Eliahu, sea recodado para bien dijo (*Eliahu Rabbah,* 9): «Soy testigo ante el cielo y la tierra, entre el hombre y la mujer, entre el *Goi*[142] y el de Israel, entre el siervo y el criado que el *Ruaj haKoddesh,* pone frente a su cara el hombre que se comporta de esta manera y guarda a sus órganos y a su cuerpo de cualquier tipo de pecado o iniquidad. Porque recibirá el honor que espera a las *Tzaddikim* y a los *Hassid*im, un honor que ningún ojo puede ver, que ningún oído puede oír, según ha sido dicho (*Isaías* LXIV-4): «ni nunca oyeron, ni oídos percibieron; ni ojo ha visto Dios fuera de ti, que hiciese otro tanto por el que en él espera».

142. Un extranjero, que no pertenece al pueblo de Israel.

חלק ב שער ג

SEGUNDA PARTE, PUERTA TRES

השער השלישי: בשכר קיום התורה והמצות:

Tercera puerta:
El salario de la *Torah* y de los preceptos

ולמען תדע טעם עשית המצות על שרשם כאשר גליתי אזנך בחלק ראשון, אכתוב לך מה שאמרו בספר התקונים תקון י"ח (דף ל"ב) ותקון ע' (דף ק"ל) ואלקוט שרשיו ואסדרנו בתכלית הקצור:

Y por el placer de saber, habéis disfrutado de los preceptos realizados como he explicado en la primera parte, y voy a detallar lo que está escrito en el libro de los *Tikkunim, Tikkún* 18 (folio 32) y en el *Tikkún* 70, (folio 130), y en la antología de raíces y en nuestro *Siddur* del final de la cosecha.

כל נביא וכל בר נש כל חד סליק לאבר דיליה די נשמתיה אתציל מההוא אבר מנהון ברישא דמלכא, מנהון בנימין דשערא, בעינין, באודנין, באנפין, בחוטמא, בפומא, בצואר,

בידין, בקומה דאיהו גופא, בשוקין, בירכין, ברגלין, באות ברית, במוחא, בלבא:

Cada profeta y cada hombre, cada uno de ellos corresponde a un miembro del que emana su alma (*Neshamah*). Entre ellos, la cabeza del rey, el pelo, los ojos, las orejas, la cara, la nariz, la boca, el cuello, las manos, la altura del hombre, que es el cuerpo, los muslos, las rodillas, las piernas, el signo de la alianza,[143] el cerebro y el corazón.

וכל אבר מאלין אית ליה ספירה ידיעא מאינון עשר ספיראן, וכל אלין אברים אינון בדיוקנא דגופא דמלכא ואית מאן דנשמתיה ממלבושין דמלכא:

Cada uno de estos miembros corresponde a una sefirah de las diez Sefirot. Estos miembros están en la imagen del cuerpo del rey. E incluso las almas (*Neshamot*) provienen de las vestiduras del rey.

וכל תרי"ג פקודין דאורייתא אינון תליין בהני אברים דגופא דמלכא. אית פקודין דתליין ברישא דמלכא, ואית בעיינין וכו', ולכל פקודא דשריא על כל אבר ואבר אית ליה שם ידיע, ולגו מיניה איהו שמא דהוי"ה דאיהו נשמתא דההוא אבר, וכלהו אברים אתקריאו כנויין לשמא דהוי"ה דאיהו

143. La señal de la circuncisión.

לגו מכל אבר ואבר, וכל שם וכנוי דכל אבר לית ליה שול-
טנו אלא בההוא אבר דיליה, אבל קודשא בריך הוא שמא
דהוי"ה שלטניה בכל אתר כנשמתא דשלטנותה על כל אבר
ואבר, ודא איהו מלא כל הארץ כבודו:

Y todos los 613 preceptos están conectados con un miembro del cuerpo del rey. Y un precepto está conectado con la cabeza del rey, otro con sus ojos, etc. Y cada precepto que descansa sobre un miembro, tiene un nombre conocido en cuyo centro se halla el nombre *Havaiah,* y es el alma (*Neshamah*) de ese miembro. Y todos los miembros se llaman apodos del nombre *Havaiah,* porque únicamente él se encuentra en todos los miembros, y cada nombre y cada apodo rige únicamente un miembro, pero el nombre del Santo, bendito sea *Havaiah* los rige todos, según ha sido dicho: «la Tierra entera está llena de su gloria».[144]

וכל פקודין דעביד בר נש שלא על מנת לקבל פרס, תליין
בדיוקנא דמלכא באצילות, אבל פקודין דעביד על מנת
לקבל פרס, תליין בדיוקנא דההוא דאקרי נער לעילא.

Y todos los preceptos que el hombre hace (pero que no son) para recibir una recompensa están conectados con la semejanza del rey del mundo de *Atzilut.* Pero los preceptos que se hacen para recibir una recompensa

144. Véase *Isaías* VI-3.

están conectados a la semejanza del que en lo alto es llamado *Naar.*[145]

ובכל אבר ואבר דדיוקנא דמלכא, תליין מנה כמה מלאכין דאיתקריאו עיני ה', אזני ה', ידי ה' וכו', וכלהו תליין מגופא דמלכא כנימין דשערא דתליין מרישא:

Y cada miembro de la semejanza del rey está conectado con un número de ángeles que son llamados «ojos de Dios», «oídos de Dios», «manos de Dios», etc. Todos ellos conectan al cuerpo del rey como el cabello a la cabeza, siendo cada cabello un ángel.

וכל נימא איהו חד מלאך ותרי"ג אברים דבר נש כלהו מסודרים על סדרי בראשית. ובגין דא אקרי בר נש עולם קטן.

Y cada uno de ellos es un ángel bello y todos los 613 miembros del hombre están dispuestos de acuerdo con el orden de la creación. Por esa razón, el hombre es llamado un microcosmos.[146]

ובכל פקודא דעביד בר נש גרים לאמלכא לקודשא בריך הוא על ההוא אבר דנשמתא דבר נש כפום ההוא פקודא,

145. Literalmente «joven», «adolescente». Se puede aplicar a un servidor.

146. En hebreo *Olam Katan*, literalmente «pequeño mundo».

ובכל אבר ואבר דנשמתיה דאיתקריאו אותו אבר של נשמת הבן אדם כפי אותה מצוה. וכל אבר ואבר של הנשמה נקראים נרות כמו שכתוב נר ה' נשמת אדם, בה עביד ההוא מצוה דהכי נמי אתקריאת נר כמו שכתוב (משלי כ' כ"ד) כי נר מצוה:

Y por cada precepto que el hombre cumple, el Santo, bendito sea, es coronado sobre el miembro del alma (*Neshamah*) del hombre correspondiente a su precepto. Con cada miembro del alma (*Neshamah*) que es llamado 'lámpara' según ha sido escrito «Lámpara del Eterno es el aliento del hombre»[147] con el que realiza un precepto, según ha sido escrito (*Proverbios* VI-23): «Porque el precepto es candela...».

בעי בר נש לבערא מכל אבר דיליה כל מחשבין והרהורין בישין דטינופין דאינון קליפין דשריין בבר נש ולתקנא אתר דכיא ונקיה לשריא ליה תמן, דכל אבר דאיהו פגום בחובא דעביד בר נש, לא שריא ביה קודשא בריך הוא בההוא אבר כמו שכתוב (ויקרא כ"א י"ח) כי כל איש אשר בו מום לא יקרב, וכל מאן דפגם בחד פיקודא כאלו פשע בדיוקנא דמלכא.

El hombre tiene que apartar de sus miembros todos los pensamientos y reflexiones malos y sucios, que son las *Klippot* que residen en él, y tiene que crear allí un

147. Véase *Proverbios* XX-27.

lugar limpio y puro para él porque el Santo, bendito sea, no puede residir en un miembro que ha sido manchado por el pecado del hombre, como está escrito (*Levítico* XXI-18): «porque ningún varón en el cual hubiere falta...», porque cuando un hombre daña uno de los preceptos es como si cometiera un crimen contra la semejanza del rey.

וצריך לאוקדא לאינון קליפין דשריין תמן בהנהו פקודין דשריין בכל אבר ואבר ולבערא לון מנהון דאיקרון שאור וחמץ בהנהו נרות דעלייהו אתמר כי נר מצוה וכתיב (משלי כ' כ"ד) נר ה' נשמת אדם חופש כל חדרי בטן, וכדין שריא תמן קודשא בריך הוא דאיהו שם הוי"ה ב"ה, וכינויים דיליה דאתקריאו אברים דיליה וחיילין דמלאכים דתליין מההוא אבר ונטרין ליה לההוא אבר מכל מרעין בישין וקליפין דהוו שריין תמן:

Estas cáscaras tienen que ser apartadas por los preceptos que descansan sobre cada miembro. Y tienen que ser apartadas de ellos porque son llamados *Seor* y *Jametz*[148] por estas lámparas sobre las cuales se dice (*Proverbios* VI-23): «porque el mandamiento es lámpara, y la enseñanza luz»; y está escrito (*Proverbios* XX-27): «candela del Eterno es el aliento del hombre que escudriña lo secreto del vientre». Y entonces el Santo, bendito sea, que es el nombre de *Havaiah*, puede morar allí

148. Fermento y levadura.

con sus apodos, que son llamados sus miembros, y con los ejércitos de ángeles, que están conectados a cada miembro para defenderlo contra las enfermedades y las cáscaras que habitan allí.

אית פקודין דתליין וכו' כל פקודא דיראה ואהבה תליין במו־חא ובלבא, כל פקודא דהליכה תליא ברגלין, כגון הליכה לבי כנישתא ולברית מילה ולמת מצוה או לכל הליכה דמצוה ואינון דקיימין בעמידה על רגלין בצלותא דעמידה בתרין שוקין. פקודא דברית מילה איהו תליא בצדיק דאיהו קשת אות ברית. צלותא בח"י ברכאן דמצלאן בהון וסגדין וכרעין בהון, תליא בצדיק ח"י עלמין, מארי קומה דגופא דזקפי לש־כינתא בצלותא בשמא דהוי"ה ארבע זקיפות בצלותא תליין בעמודא דאמצעיתא, תפילין דיד ביד שמאלא:

«Los preceptos están conectados con, etc.». Cada precepto de amor y de temor está conectado con el cerebro y el corazón. Y todos los preceptos que dependen del caminar están conectados con las piernas, como: ir a la sinagoga, a la circuncisión, a enterrar a los muertos; o cualquiera que camine por un precepto, como los que se ponen de pie durante la oración, porque se apoyan en dos piernas. El precepto de la circuncisión depende del *Tzaddik*, que es el arcoíris, la señal del pacto; la oración de las dieciocho bendiciones y su inclinación y doblado, depende del *Tzaddik* que da la vida. Los que se levantan durante la oración elevan a la *Shekinah* con el nombre de *Havaiah* se levantan cuatro veces durante la oración, lo cual depende de la columna vertebral. Las filacterias, que dependen del brazo izquierdo.

כל פקודין דעשיה תליין בידין כגון נתינת צדקה וקשירת תפ־לין ביד ימינא על שמאלא, וצדקה לקודשא בריך הוא דאיהו צ' אמנים, ד' קדושות, ק' ברכות, ה' חומשי תורה בכל יומא, פתוח תפתח, נתון תתן, הענק תעניק.

Todos los preceptos en los que se realice un acto con las manos, como: dar *Tzedakah* y atar las filacterias con el brazo derecho en el izquierdo. La *Tzedakah* con el Santo, bendito sea, es 90 veces amén,[149] cuatro *Keddushoth,*[150] 100 bendiciones[151] y 5 libros de la *Torah* todos los días. «Abrirás tu mano»,[152] «darás»,[153] «te bendecirá con abundancia».[154]

ואינון עשר מיני מתנין וכו', ציצית על כתפין, עונג שבת בא־כילה ושתיה, וקרבנין דאכילה ושתיה דקודשא בריך הוא כגון את קרבני לחמי וכו' וצלותין דדמיין לקרבנין ודי מבר־

---

149. Pues el valor numérico de *Tzadi*, la inicial de *Tzaddik*, es 90.

150. Santificaciones.

151. Que hay que realizar todos los días (Véase Talmud, tratado de *Menajoth* 43b).

152. Véase *Deuteronomio* XV-8.

153. Véase *Números* XXVII-7.

154. Véase *Deuteronomio* XV-4 y *Tikkunei haZohar* 40b.

כין לקודשא בריך הוא בכל מאי דאכלין ושתאן בתר דמצלו צלותא ולא קודם, כולהו תליין בצואר:

Y diez tipos de regalos, etc. *Tzitzit* en los hombros; el gozo del Sabbat con comida y bebida, y los sacrificios del Santo, bendito sea, con comida y bebida, como ha sido dicho: «Mi ofrenda, mi pan con mis ofrendas encendidas»,[155] y oraciones que son comparables a los sacrificios; y los que bendicen al Santo, bendito sea, por todo lo que comen y beben, después de la oración y no antes, todo esto depende del cuello.

מצות ללמוד וללמד וצלותין וקלין ודיבורין דקראן לקודשא בריך ה״א שמע ישראל תרין זימנין ביומא, ובזמירות ותושבחות והודאות כלהו תליין בפומא, והכי תקיעת שופר ברוחא דנשיב בפומא מצוה של ברית מילה היא תלויה בצדיק שהוא קשת אות ברית.

El precepto de aprender y enseñar, las oraciones, los sonidos y las palabras, que llaman al Santo, bendito sea, *Kiriat Shemá* dos veces al día; los cantos, las alabanzas y las acciones de gracias dependen todos de la boca; y así el soplar el con el aire que sale de la boca que se convierte en una voz; el precepto de la circuncisión que depende del *Tzaddik* que selló el signo del pacto.

155. Véase *Números* XXVIII-2.

תפלה בח"י ברכות שמתפללים בהם ומשתחוים וכורעים בהם תלויים בצדיק ח"י העולמים שהוא עמוד השדרה, בעלי קומת הגוף הזוקפים לשכינה בתפלה בשם הוי"ה בארבע זקיפות בתפלה תלויים בגוף. תפילין של יד ביד שמאל. כל מצוה של עשיה תלויים בידים כגון נתינת צדקה וקשירת תפילין ביד ימין על שמאל.

La oración de las dieciocho bendiciones que se reza inclinándose y doblándose, depende del *Tzaddik* de 18 mundos, que es la columna vertebral, señor de la elevación del cuerpo. Los que se levantan durante la oración elevan la Shekhinah con el nombre de *Havaiah* se levantan cuatro veces durante la oración, lo cual depende de la columna vertebral. Los *Tefilin,* que dependen del brazo izquierdo. Todos los preceptos en los que se realiza algo con las dos manos como dar *Tzedakah* o atar las filacterias con la mano derecha a la mano izquierda.

וצדקה להקדוש ברוך הוא שהוא תשעים אמנים, ארבע קדושות, מאה ברכות, חמשה חומשי תורה בכל יום, פתוח תפתח, נתון תתן, הענק תעניק, והם עשר מיני מתנות וכו'. ציצית על הכתפין, עונג שבת באכילה ושתיה, וקרבנות שהם כביכול אכילה ושתיה של הקדוש ברוך הוא כגת את קרבני לחמי וכו'. ותפילות הדומים לקרבנות ומה שמברכים לקב"ה בכל מה שאוכלים ושותים, אחר שמתפללים תפלה ולא קודם, כולם תלויים בצואר.

La *Tzedakah* con el Santo, bendito sea, es 90 veces amén,[156] cuatro *Keddushoth,*[157] 100 bendiciones[158] y 5 libros de la *Torah* todos los días. «Abrirás tu mano»,[159] «darás»,[160] «te bendecirá con abundancia».[161] Y diez tipos de regalos, etc. *Tzitzit* en los hombros; el gozo del Sabbath con comida y bebida, y los sacrificios del Santo, bendito sea, con comida y bebida, como ha sido dicho: «mi ofrenda, mi pan con mis ofrendas encendidas»,[162] y oraciones que son comparables a los sacrificios; y los que bendicen al Santo por todo lo que comen y beben, después de la oración y no antes, todo esto depende del cuello.

מצות ללמוד וללמד ותפילות בקול ודיבור להקדוש ברוך הוא, שמע ישראל שני פעמים ביום ובזמירות ותושבחות והודאות כולם תלויים בפה וכן תקיעת שופר בהבל היוצא מהפה ואותו ההבל נעשה קול, כל דיני הבית וההוא רוחא אתעביד קלא,

156. Pues el valor numérico de *Tzadi*, la inicial de *Tzaddik*, es 90.

157. Santificaciones.

158. Que hay que realizar todos los días (Véase *Talmud*, tratado de *Menajoth* 43b).

159. Véase *Deuteronomio* XV-8.

160. Véase *Números* XXVII-7.

161. Véase *Deuteronomio* XV-4.

162. Véase *Números* XXVIII-2.

El precepto de aprender y enseñar, las oraciones, los sonidos y las palabras, que llaman al Santo, bendito sea, *Kiriat Shemá* dos veces al día; los cantos, las alabanzas y los agradecimientos dependen todos de la boca; y así el soplar el *Shofar* con el aire que sale de la boca que se convierte en una voz; y todas las declaraciones legales de la casa y él se atará a mi trabajo.

כל דינין תלין בדבורא דפומא, וכן בעיינין כמו שאמרו (סנה־דרין דף ד' ע"ב) אין לו לדיין אלא מה שעיניו רואות:

Y así todas las declaraciones legales que dependen del habla de la boca, como se dice (*Sanhedrín* 6b): «el juez decide sólo según lo que ve».

קרבנין דאינון ריח ניחוח לה' ואעי בוסמין דאבדלתא תליין בחוטמא. קריאת שמע ושמיעת שופר וכל פקודין דאת־מר בהון אם השמיע לאזנו יצא תליין באודנין. תפילין תליין ברישא, וכל פקודין משלבאן דא בדא:

Los sacrificios que tienen un olor agradable al Eterno y las especias para la ceremonia de la *Havdalah* dependen de la nariz. El *Kiriat Shemá*, el soplar el *Shofar* y cualquier precepto sobre el que se diga: «si uno lo escucha, queda libre de su deber religioso», dependen de los oídos. Los *Tefilin* dependen de la cabeza, y todos los preceptos están unidos entre sí.

ובספר הזוהר פרשת נשא (דף קכ"ד) כד בר נש עביד פקודא חדא ולא יתיר בדחילו ורחימו דקודשא בריך הוא בגין ההוא פקודא שריין עליה עשר ספיראן וכל מאן דקיים פקודא חדא כדקא יאות כאילו מקיים רמ"ח פקודין דעשה דלא אית פקו־דא דלאו איהו כלילא מכלהו רמ"ח, ע"כ:

Y en el libro del Zohar, en la *parashah* Nassó (folio 124)[163] se afirma que cuando un hombre cumple aunque sea un solo precepto con el temor y el amor del Santo, bendito sea, le trae las diez sefirot. Y si alguien realiza un precepto correctamente, es como si hubiera realizado 248 preceptos positivos, porque cada precepto contiene todos los 248 (preceptos).

אגרא דבר נש דאמליך לקודשא בריך הוא על כל אבר ואבר אתחשיב כאלו אמליך ליה על כל עלמא, דבר נש עולם קטן אקרי, ולא אתיהיב רשו לגלאה אגרייהו דטעמי מצות בגין דלא יפלח בר נש לקודשא בריך הוא על מנת לקבל פרס, אבל תא חזי ההיא דין תלויים בדיבור של הפה וכן בעיניים כמ"ש רז"ל אין לו לדיין אלא מה שעיניו רואות.

Una persona que impone el dominio del Santo, bendito sea, en cada uno de sus miembros es recompensada como si hubiera puesto su reinado sobre el mundo entero, porque el hombre es llamado microcosmos. Pero el permiso para revelar la recompensa

163. Véase Zohar, vol. XXIII, pág. 28 (folio 124a) de nuestra edición.

de los mandamientos no fue concedido, de modo que el hombre no debe servir al Santo, bendito sea para recibir una recompensa. Pero ven y ve: esto depende tanto de la boca como de los ojos como han dicho nuestros maestros, de bendita memoria, «el juez decide sólo según lo que ve».

קרבנות שהם ריח ניחוח לה' ועצי בשמים של הבדלה תלויים בחוטם. ק"ש ושמיעת שופר וכל המצות שנאמר בהם אם השמיע לאזנו יצא תלויים באזניים.

Las ofrendas que ofrecen un aroma agradable al Eterno y las esencias de la *Havdalah* que se elevan en el cielo penden de su nariz. El *Kiriat Shemá* y la audición del *Shofar* y todos los preceptos que hemos dicho a propósito del oído penden de sus oídos.

תפילין תלויים בראש, וכל המצות קשורות זו בזו. ובספר הזוהר פרשת נשא, כאשר בן אדם עושה אפילו מצוה אחת ולא יותר ביראה ובאהבת הקדוש ברוך הוא.

Los *Tefilin* están atados a la cabeza, y todos los preceptos están relacionados entre sí. Y en el libro del Zohar, en la *parashah Nassó*[164] se afirma que cuando un

164. Véase Zohar III-123 b, pág. 24 del volumen XXIII de nuestra edición.

hombre cumple aunque sea un solo precepto, lo ha de hacer con temor y amor al Santo, bendito sea.

בעבור אותה מצוה שורים עליו העשר ספירות וכל מי שמ־ קיים מצוה אחת כמו שצריך כאילו מקיים רמ"ח מצוות עשה, לפי שאין מצוה שאינה כלולה מכל הרמ"ח ע"כ.

Y a causa de este precepto, hay diez príncipes de las diez sefirot sobre él y todo el que cumple con un precepto es como si cumpliera con los 248 preceptos positivos. Pues no hay ningún precepto que no está incluido en todos los demás preceptos.

השכר של בן אדם שממליך להקדוש ברוך הוא על כל אבר ואבר נחשב כאילו המליך אותו על כל העולם לפי שבן אדם נקרא עולם קטן.

La recompensa de un hombre que corona al Santo, bendito sea, recae sobre todos sus miembros y un miembro se puede aplicar al mundo entero ya que el hombre es llamado pequeño mundo (microcosmos).

ולא ניתן רשות לגלות שכר של טעמי המצוות בעבור שלא יעבוד הבן אדם לקב"ה על מנת לקבל שכר. אבל בא וראה אותה נשמה שהיא בדיוקן של אדונה נשמתא דאיהי בדיוקנא דמאריה דמקיים כל פקודין דיליה אלין כד סלקת

לעילא כל חילין דמלאכיא דתליין מאלין פקודין וכל תקו־
נין ומשריין דגופא דמלכא סלקי עמה וכד נחתת כלהו נחתי
עמה ואיהי סולם דאתמר בה (בראשית כ"ח י"ב) והנה מלא־
כי אלהים עולים ויורדים בו, וקלא נחית בכל רומי רקיעים
הבו יקר לדיוקנא דמלכא:

Y no está permitido divulgar la recompensa por los preceptos para que el hombre trabaje para el Santo, bendito sea y no por la recompensa. Pero ven y ve: cuando el alma (*Neshamah*) sube hacia arriba, los ejércitos de ángeles que están conectados a estos preceptos con todas las correcciones y los ejércitos del cuerpo del rey se levantan con él. Y cuando desciende, ellos también bajan. Ésta es la escalera sobre la cual está escrito (*Génesis* XXVIII-12): «y he aquí los ángeles de Dios que suben y bajan por ella». Y una voz baja por todo el cielo: ¡dadle honor a la semejanza del rey!

ברית מילה כמה דאעבר מההוא אבר הנהו קליפין, ותקין
אתר לשריא שכינתא, הכי נמי כד נשמתיה סליקת לעילא
סליקת בשמא דהוי"ה ואעבר מינה כל קליפין ומלאכי חבלה
דלא יקרבון לגביה.

La circuncisión es como cuando alguien quita las *Klippot* de ese miembro y prepara un lugar para que habite la *Shekinah,* así cuando su alma (*Neshamah*) asciende, va con el nombre de *Havaiah,* el cual quita todas las *Klippot* y destruye a los ángeles y los mantiene alejados de él.

וכמו דאשתדל באורייתא ובמצוה דאקרון אור ונר, הכי כד אזיל לההוא עלמא (שמות י"ג כ"א) וה' הולך לפניהם, דנש־מתיה ורוחיה ונפשיה בעמוד ענן ועמוד אש לנחותם הדרך להאיר להם. וכמה דנטר שבת ונח ואתענג ביה ליקרא דקו־דשא בריך הוא, הכי יהיב ליה לעילא אתר בנייחא ונח תמן מכל מה דטרח בהאי עלמא:

Y así como uno se ocupa de la *Torah* y cumple los preceptos que se llaman 'luz' y 'candela', así cuando uno va al mundo, Dios va delante de su *Neshamah,* su *Ruaj* y su *Nefesh*[165] (*Éxodo* XIII-21): «y el Eterno iba delante de ellos de día en una columna de nube, para guiarlos por el camino; y de noche en una columna de fuego para alumbrarles». Y así como uno observa *Shabbat,* descansa y se deleita en él en honor al Santo, bendito sea, así le da un lugar tranquilo en lo alto para descansar de todas las labores de este mundo.

מאן דמיחד לקודשא בריך הוא בשכינתיה קודשא בריך הוא מזוג ליה בבת זוגיה בההוא עלמא, מאן דקריב בשכינתיה לגביה, הכי שמקיים כל מצוותיו האלה.

165. Tres niveles del alma.

Aquel que une al Santo, bendito sea, a la *Shekinah*, el Santo, bendito sea, lo une a su esposa en el mundo porvenir. Negarse a acercarse a recibir la *Shekinah* es como rechazar todos los preceptos.

כאשר היא עולה למעלה. כל חיילות המלאכים שתלויים באותם המצות וכל התיקונים וההשראות , וכאשר יורדת כולם יורדים עמה והיא הסולם שנאמר בה, והנה מלאכי אלהים עולים ויורדים בו.

Así asciende un peldaño. Todas las fuerzas angélicas que dependían de este precepto y de todos los tikkunim y todas las inspiraciones sacadas del cuerpo del rey de los mundos y cuando desciende todo desciende y es la escalera, y «he aquí que los ángeles de Dios bajaban y subían por ella».[166]

וקול עובר בכל מרומי הרקיעים הבו כבוד לדיוקן המלך. ברית מילה כמו שמעביר מאותו אבר אותן הקליפות והתקין מקום להשראת השכינה, כך גם הנשמה כאשר עולה למעלה עולה בשם הוי"ה ומעביר ממנה כל הקליפות ומלאכי חבלה שלא יתקרבו אליו.

Y la voz atravesaba todo el firmamento haciendo honor a la imagen del rey. La circuncisión: así como

166. Véase *Génesis* XXVIII-11.

uno quita las *Klippot* de este miembro y prepara un lugar para la *Shekinah,* también así el alma (*Neshamah*) cuando ascienda lo hará con el nombre *Havaiah,* que elimina todas las *Klippot* y todos los ángeles manteniéndolos alejados de ella.

וכמו שמשתדל בתורה ובמצוה הנקראים אור ונר, כך כאשר הולך לאותו עולם אז ה' הולך לפני נשמתו רוחו ונפשו בע־מוד ענן ועמוד אש לנחותם הדרך להאיר להם.

Y como está dicho en la *Torah,* que es llamada luz, el precepto es llamado candela. De este modo, cuando entras en ese mundo, entonces el Eterno va delante de tu alma (*Neshamah, Ruaj* y *Nefesh*) en una columna de nubes y una columna de fuego para tranquilizarla e iluminarla.

וכמו ששומר שבת ונח ומתענג בה לכבוד' הקדוש ברוך הוא, כך תקבל הנשמה למעלה מקום מנוחה ותנוח שם מכל מה שטרח בעולם הזה.

Y del mismo modo que aquel que observa *Shabbat* descansa y lo disfruta en honor del Santo, bendito sea, así también el alma (*Neshamah*) recibirá un lugar en el que reposar de todo lo que le ha acaecido en este mundo.

מי שמיחד לקב"ה ושכינתיה, הקדוש ברוך הוא מזווג לו את בת זוגו בעולם הבא. מי שמקרב השכינה לגביו כך מקרב לו בבת זוגו.

Aquel que une al Santo, bendito sea, y a su *Shekinah,* el Santo, bendito sea lo une con su pareja en el mundo porvenir. Aquel que acerca a él la *Shekinah,* será llevado cerca de su pareja.

ומי שעושה מקרב ליה בבת זוגיה, ומאן דעביד ליה מקדשא הכי יעבד ליה בית דקדש קודשין דדייר תמן. מאן דעביד סוכה קודשא בריך הוא יסכך ויגין עליה מכל מלאכי חבלה ומקטרגים כד נפק מהאי עלמא. מאן דמברך שבע ברכאן דקריאת שמע ומקדש ליה בקדוש קדוש קדוש ומיחד ליה בקריאת שמע, הכי יברך ליה ומקדש ליה בעשר חופות דקדושין בגן עדן ומייחד ליה בכלה דיליה.

Y el que será llevado cerca de su pareja, así como uno hace un santuario para el Santo, así también le hará el Santo, bendito sea uno en el cual él morará. Así como uno hace una *Sukah,*[167] así el Santo, bendito sea lo cubrirá y lo protegerá de todos los ángeles destructores y acusadores, cuando deje este mundo. Así como uno pronuncia las siete bendiciones del *Shemá* y lo santifica con «Santo, Santo, Santo» y lo unifica con el *Ki-*

167. Cabaña.

riat Shemá, así lo bendecirá y lo santificará con diez *Jupot*[168] de santidad con su novia en el jardín del Edén.

מאן דתקין כורסייא לקודשא בריך הוא בעטופא דמצוה ומעטר ליה בתפלין וקרי ליה בשמע ישראל דישרי על כורסייא, הכי מתקן ליה בההוא עלמא כורסייא ועטרא דכתר מלכותא וימליך ליה על כל מלאכים ומשריין דתמן. וכמה דאנחית ליה בזמירות שירות תשבחות והודאות, הכי סליק תמן כל חיות דמרכבות ומשריין דמלאכין חיות שרפים ואופנים פרשי גדפיהו לקבלא ליה בחדוה בנגונא:

Así como uno repara el trono del Santo, envuelto en un precepto, coronado con filacterias y lee el *Shemá* Israel para sentarlo en su trono, así le fijará un trono y una corona real en el mundo venidero y lo hará gobernar sobre todos los ejércitos de ángeles que se encuentran allí. Y tanto como un trajo con himnos, canciones, alabanzas y acciones de gracias, así que cuando llegue arriba, todas las *Jaiot* de las Merkavot, los ejércitos de los ángeles, las *Jaiot*, los Serafines y los *Ofanim*[169] extenderán sus alas para darle la bienvenida alegremente con melodías.

168. Plural de *Jupah*, palio nupcial.

169. Ruedas.

סוף דבר לית פומא דיכיל למימר אגרא דיליה בההוא עלמא לדרי דרין. זכאה איהו מאן דישרי לקודשא בריך הוא בכל אברים לו מקדש, כך יעשה לו בית של קודש קודשים שיגור שם. מי שעושה סוכה, הקדוש ברוך הוא יסכך ויגין עליו מכל מלאכי חבלה ומקטרגים כאשר יצא מזה העולם.

Finalmente, ninguna boca puede decir la magnitud de su recompensa en su mundo por la eternidad. Dichoso es aquel que hace que el Santo, bendito sea, se aferre a todas sus extremidades para que haga de él una casa del santo de los santos para que habite en ella. A cualquiera que haga una *Sukkah,* el Santo, bendito sea, lo protegerá de todos los ángeles destructores y de todos los acusadores cuando salga de este mundo.

מי שמברך שבע ברכות של קריאת שמע ומקדש להקדוש ברוך הוא בקדוש קדוש קדוש ומיחד אותו בקריאת שמע. כך יברך הקדוש ברוך הוא לו ויקדש אותו בעשר חופות של קידושין בגן עדן וייחד אותו בכלה שלו.

Así como se bendice con las siete bendiciones del *Kiriat Shemá* y lo santifica con Santo, Santo, Santo y lo unifica en el *Kiriat Shemá*. De este modo, el Santo, bendito sea lo ha santificado con diez Jupot de santidad en el jardín del Edén junto con su novia.

מי שמתקן כסא להקדוש ברוך הוא בעטיפה טלית של מצוה ומעטר לו בתפילין וקורא לו בשמע ישראל כדי שישב הקדוש ברוך הוא על כסאו. כך יתקן לו הקדוש ברוך הוא בעוה"ב כסא ועטרה של כתר מלכות וימליך אותו על כל המלאכים והמחנות ששם.

Aquel que repara el Trono del Santo, bendito sea, envuelto en un precepto, coronado con los tefilin y le lee el *Shemá* Israel para que el Santo, bendito sea esté en su Trono, el Santo, bendito sea, le hará reinar sobre los todos los ángeles y campamentos que hay allí.

וכמו שעושה נחת רוח להקדוש ברוך הוא בזמירות שירות והשבחות וגורם שישרה בעוה"ז כך כאשר יעלה לשם כל חיות של המרכבות והמחנות של מלאכים חיות שרפים ואופנים יפרשו כנפיהם לקבל אותו בשמחה ובניגון.

Y así como un llevó su espíritu (*Ruaj*) al Santo, bendito sea con himnos, canciones, alabanzas y acciones de gracias, así, cuando llegue arriba, todas las *Jaiot* de las Merkavot, los campamentos de ángeles, las *Jaiot,* los Serafines y los Ofanim desplegarán sus alas para darle la bienvenida con alegría y melodías.

סוף דבר אין פה שיכול לומר את השכר שלו באותו עולם לדורי דורות, זכאי הוא מי שמשרה את הקדוש ברוך הוא בכל האברים שלו שאם חסר דיליה, דאי חסר חד אבר פנוי

מניה דלא שריא עליה, אצטריך בגין ההוא אבר לאחזרא בגלגולא בעלמא עד דישתלים בכלהו איברים בדיוקנא דצלם ה', דאי חסר חד לאו איהו בצלמו.

Finalmente, ninguna boca puede expresar la magnitud de su recompensa eterna en la eternidad de las eternidades. Feliz es aquel que hace que el Santo habite en todos sus miembros. Pero incluso si falta un solo miembro, uno tendrá que reencarnarse en este mundo hasta que perfeccione sus miembros, a semejanza de la imagen del Eterno. Porque mientras le falte un solo miembro, no es a su imagen.

סוף סוף כל מה דישתדל בר נש הוי בגין קודשא בריך הוא ושכינתיה כד עביד פקודוי, והכי מדה כנגד מדה ישתדל קודשא בריך הוא בגיניה ובת זוגיה בההוא עלמא:

Finalmente, todo lo que hace el hombre ha de ser por el bien del Santo, bendito sea y su *Shekinah* cuando realiza preceptos y así, medida por medida, el Santo, bendito sea, le corresponderá a él y a su pareja en el otro mundo.

יש מהם בראש המלך מהם בחוטי השער, בעינים, באזנים, בפנים, באף, בפה, בצואר, בידים, בקומת האדם שהוא הגוף, בשוקיים, בירכים, ברגלים, באות ברית, במוח, בלב.

וכל אבר מאלה יש לו ספירה ידועה מאותם עשר ספירות וכל האברים האלה הם תלויים בדיוקנא דגופא דמלכא, ויש מי שנשמתו ממלבושי המלך.

Hay en él cabezas de rey, hilos arremolinados, ojos, oídos, rostros, nariz, boca, cuello, manos, piernas, en el hombre que es un cuerpo, muslos, piernas, signo de la alianza, cerebro, corazón. Y en cada miembro de estos hay una sefirah conocida de las diez sefirot y todos estos miembros dependen del cuerpo del rey y hay algunos que son las almas (*Neshamot*) de los vestidos del rey.

וכל תרי"ג מצות התורה הם תלויים באלה האברים דגופא דמלכא יש מצות שתלויים בראש המלך ויש בעינים, וכל מציה ששורה על כל אבר ואבר יש לה שם ידוע ובתוכה הוא שם הוי"ה שהוא נשמה של אותו אבר, וכל האברים נקראים כינויים לשם הוי"ה שהוא בתוך כל אבר ואבר וכל שם וכינוי של כל אבר ואבר אין לו שליטה אלא באותו אבר שלו.

Y todos los 613 preceptos de la *Torah*, dependen de los miembros del cuerpo del rey; hay preceptos que dependen de la cabeza del rey y los hay que dependen de los ojos, y todo precepto se aplica a un miembro y hay un nombre conocido en el interior del nombre *Havaiah*, que es el alma (*Neshamah*) de este miembro. Y todos los miembros llamados con el nombre *Havaiah* que está en medio de cada miembro y en todo nombre y apodo de cada miembro y no tiene control más que sobre ese mismo miembro.

אבל הקדוש ברוך הוא שם הוי"ה שליטתו בכל מקום כנשמה ששולטת על כל אבר ואבר, וזה הוא מלא כל הארץ כבודו.

Pero el nombre del Santo, bendito sea *Havaiah* domina en todos los lugares como un alma que gobierna todos los miembros, y toda la tierra está llena de su gloria.

וכל מצות שעושה בן אדם שלא על מנת לקבל פרס תלויים בדיוקן המלך באצילות, אבל מצות שעושה על מנת לקבל פרס תלויין בדיוקנא של אותו הנקרא נער למעלה.

Y todos los preceptos que cumple el hombre que no son para recibir una recompensa, dependen del rostro del rey, pero un precepto realizado para recibir una recompensa está vinculado arriba con el rostro del llamado joven.

ובכל אבר ואבר דדיוקן המלך תלויים ממנו כמה מלאכים שנקראים עיני ה' אזני ה' ידי ה' וכו' וכולם תלויים מגופא דמלכא כחוטי שער שתלויים מהראש. וכל חוט שער הוא מלאך אחד.

Y de cada miembro que está en el rostro del rey dependen los ángeles mismos como ángeles llamados ojos del Eterno, oídos del Eterno, manos del Eterno, etc. Y todos dependen del cuerpo del rey como los cabellos están atados a la cabeza. Y cada cabello es un ángel.

רתרי"ג אברים של בן אדם כולם מסודרים על סדרי בראשית ובעבור זה נקרא בן אדם עולם קטן, ובכל מצוה שעושה בן אדם גורם להמליך את הקדוש ברוך הוא על אותו אבר של נשמת הבן אדם כפי אותה מצוה.

Y los 613 miembros del hombre están todos dispuestos en orden según el orden del *Génesis* por lo cual el hombre es llamado «pequeño mundo» y cada precepto que cumple un hombre para bendecir al Santo, bendito sea, está sobre el mismo miembro del alma (*Neshamah*) del hombre que el precepto.

וכל אבר ואבר של הנשמה נקראים נרות כמו שכווב נר ה' נשמת אדם, בזה הוא עושה את אותה המצוה, דכך גם המצוה נקראת נר כמו שכתוב כי נר מצוה:

Y todos los miembros del alma son llamados 'velas' como está dicho «vela del Eterno es el aliento del hombre»[170] porque realiza el precepto, de modo que el precepto también es llamado 'vela' según está escrito «porque vela es el precepto».

צריך בן אדם להסיר מכל האברים שלו כל מחשבות רעות, שהם קליפות השורים בבן אדם, וצריך לתקן מקום זך ונקי להשרות את הקדוש ברוך הוא שם.

El hombre debe retirar de todos sus miembros los malos pensamientos, que son las *Klippot* en el hombre, y debe encontrar un lugar adecuado y limpio para que en él more el Santo, bendito sea.

לפי שכל אבר שהוא פגום בחטא שעושה בן אדם אין הקדוש ברוך הוא שורה באותו אבר כמ"ש כי כל איש אשר בו מום לא יקרב. וכל מי שפוגם במצוה אחת כאילו פשע בדיוקן המלך.

Si un miembro es defectuoso a causa del pecado en el hombre, el Santo, bendito sea no tiene un hilo que lo una a ese miembro, según se ha dicho «ninguno que tenga defecto se le acercará.[171] Y cualquiera que viola un precepto es como si cometiera un crimen contra el rostro del rey.

---

170. Véase *Proverbios* XX-27.

171. Véase *Levítico* XXI-18.

וצריך לשרוף לאותם קלי' השורות שם באותם מצות השו־רות בכל אבר ואבר ולהסיר אותם מהם שנקראו שאור וחמץ, על ידי אלה הנרות שנאמר עליהם כי נר מצוה, וכתוב נר ה' נשמת אדם חופש כל חדרי בטן.

Y es necesario quemar estos hilos de *Matzah* en todos los miembros y sacar de ellos las cosas agrias y ácidas porque a propósito de estas velas está dicho que «el precepto es candela del Eterno» y está escrito que «Candela del Eterno es el aliento del hombre que escudriña lo secreto del vientre».[172]

וכאשר שורה שם הקדוש ברוך הוא שהוא שם הוי"ה ב"ה וכינויים שלו הנקראים אברים שלו, אז חיילות המלאכים התלויים מאותו אבר שומרים לאותו אבר מכל דברים רעים וקלי' שהיו שורים שם.

Y cuando el nombre del Santo, bendito sea, es bendecido es entonces el nombre *Havaiah,* bendito sea, y sus apodos llamados «miembros»; entonces los ángeles que dependen de este miembro lo protegen de todos los males y de todas las calamidades que moran en él.

172. Véase *Proverbios* XX-27.

יש מצות שתלויים וכו' כל מצוה של יראה ואהבה תלויים במוח ובלב, כל מצוה של הליכה תלויה ברגלים, כגון הלי־כה לבית הכנסת ולברית מילה ולמת מצוה או לכל הליכה של מצוה. ואותם דעומדים בעמידה על רגליהם בתפילה של עמידה, בשתי שוקיים:

Hay preceptos que cuelgan, etc. Cada precepto de amor y de temor está conectado con el cerebro y el corazón. Y todos los preceptos que dependen del caminar están conectados con las piernas, como: ir a la sinagoga, a la circuncisión, a enterrar a los muertos; o cualquiera que camine por un precepto, como los que se ponen de pie durante la *Amidá*, porque se apoyan en dos piernas.

חלק ב שער ד

SEGUNDA PARTE, PUERTA CUATRO

השער הרביעי: בעונש מדות הרעות ובשכר קנין הטובות:

Cuarta puerta: el castigo por las malas *Middot* y la recompensa por las buenas

הגאוה היא שורש להרבה עבירות אם בין אדם למקום ואם בין אדם לחבירו, כי גורם להזיק לחבירו ולשנאתו ולדבר לשון הרע עליו, וכאלה רבות, ואם בינו למקום שכן כתיב (דברים ח' י"ד) ורם לבבך ושכחת את ה' אלהיך, ואמרו רבותינו ז"ל (סוטה דף ה' ע"א) כל שיש בו גסות הרוח נקרא תועבה שנאמר (משלי ט"ז ה') תועבת ה' כל גבה לב.

El orgullo es la raíz de muchos pecados, tanto entre el hombre y el *Makom*,[173] como entre el hombre y el hombre, porque hace que una persona dañe a otra, la odie, hable mal de ella, y muchas cosas similares. Entre el hombre y el *Makom*, como está escrito (*Deuteronomio* VIII-14) «y se eleve luego tu corazón, y te olvides del Eterno tu Dios...». Y nuestros rabinos, de bendita memoria, dijeron (*Sotah* 5b): «el que tiene soberbia es llamado abominación (תועבה), como está di-

173. Literalmente «el lugar», una manera de referirse a Dios.

cho (*Proverbios* XVI-5) «abominación es al Eterno todo altivo de corazón…».

ואמרו (שם) בשמתא מאן דאית ביה, וראוי לגדעו כאשי־רה ואין עפרו ננער ושכינה מיללת עליו ושקול כעובד עבו־דה זרה וככופר בעיקר, וכאלו בא על כל העריות כולם וכא־לו בנה במה, ואפילו שיקנה להקדוש ברוך הוא שמים וארץ כאברהם אבינו שלא ינקה מדינה של גהינם וסופו מתמעט ונאסף מן העולם שלא בזמנו, ואפילו ירבעם שכל חכמי דורו היו לפניו כעשבי השדה (סנהדרין דף ק"א ע"ב) ולא היה בתורתו דופי והיה שונה ק"ן פנים בתורה.

Y dijeron (allí) que el que es orgulloso debe ser excomulgado;[174] y merece ser cortado como un Aserá; que su polvo no será resucitado; y «la *Shekinah* se lamenta por él».[175] Se le considera como alguien que adora a los ídolos y niega la existencia de Dios. Es como si tuviera relaciones prohibidas y erigiera un altar. Aunque proclamara que el cielo y la tierra pertenecen al Santo, bendito sea, como nuestro padre Abraham, no escaparía al juicio del infierno y al final, sería disminuido y sacado del mundo antes de tiempo. Incluso Ieroboam, que cuando los sabios de su generación fueron comparados con él, fue considerado como mera cizaña (*Sanhedrín* 101b), (aquel)

174. En el tratado de *Sotah* folio 5b.

175. Véase *Talmud*, tratado de *Sotah* 4b.

cuya *Torah* era impecable, y que aprendió ciento cincuenta rostros[176] de la *Torah*.

סוף סוף כל מה שישתדל הבן אדם בעבור קב"ה ושכינתיה כאשר עושה מצותיו, כך מדה כנגד מדה ישתדל הקדוש ברוך הוא בעבורו ובעבור בת זוגו באותו עולם.

Finalmente, todos los esfuerzos de hombre han de ser por el Santo, bendito sea, y su *Shekinah* y así, medida por medida, el Santo corresponderá a él y a su pareja en el otro mundo.

נענש ונטרד מן העולם הזה והעולם הבא אלא מפני גסות הרוח וכאלו דוחק רגלי השכינה ומסתלקת מן העולם ואומרת אין אני והוא יכולים לדור יחד בעולם, ומורד במלכות שמים, ומתעטף בטליתו של מלך מלכי המלכים הקדוש ברוך הוא שנאמר בו (תהלים ל"ג א') ה' מלך גאות לבש, ובמה יתגאה האדם והויתו מטפה סרוחה ויצירתו בדם נדה ובחייו טנוף וסרחון ואחר מותו רמה ותולעה ואחרית גופו גוש עפר ונפשו יורדת לגיהנם:

El orgulloso es castigado y privado de este mundo y del mundo venidero. Es como si le pisara los pies a la *Shekinah* que le dice: «No podemos vivir juntos en el mundo», y por eso él es apartado del mundo. Se suble-

176. En el sentido de explicaciones.

va contra el reino de los cielos y se viste con el Talit[177] del rey de reyes, el Santo, bendito sea, «el Eterno reina, se vistió de magnificiencia» (*Salmos* XCIII-1). ¿Por qué un hombre ha de ser orgulloso? Su vida comienza en una fétida gota, su creación en la sangre menstrual, su vida es escoria y hedor, después de su muerte gusanos y lombrices; su cuerpo se convierte en polvo y su alma (*Nefesh*) desciende al infierno.

אמנם הענוה והשפלות, אין מדה גדולה ממנה כי משה רבינו ע"ה רבן של כל הנביאים בתורה ובמצות ויראת חטא לא נשתבח אלא בענוה שנאמר (במדבר י"ב ג') והאיש משה ענו מאד, צא ולמד מן הקב"ה שהניח שמי מרום ויורד לשכון אצל השפלים שנאמר (ישעיה נ"ז ט"ו) מרום וקדוש אשכון ואת דכא ושפל רוח, וכתיב (תהלים ל"ד כ') קרוב ה' לנשברי לב, וכתיב (תהלים ט"ו א') מי יגור באהליך וכו' נבזה בעיניו נמאס,

Ciertamente, la modestia y la humildad son las *Middot* más grandes, porque Moisés nuestro maestro, que descanse en paz, maestro de todos los profetas de la *Torah*, los preceptos y el temor al pecado, fue bendecido con mansedumbre, como se dice (*Números* XII-3): «y aquel varón, Moisés, era muy manso». Has de saber y aprender que el Santo, bendito sea Él, que dejó el lugar alto para habitar con los humildes según ha sido dicho

177. Manto de oración.

dice (*Isaías* LVII-15): «tengo por morada la altura y la santidad; y con el quebrantado y abatido de espíritu habito». También ha sido dicho que (*Salmos* XXXIV-20) «Cerca está el Eterno de los quebrantados de corazón», y (*Salmos* XV-1 a 4) «¿Quién habitará en tu tienda? ¿Quién morará en tu santo monte?».

ואף על פי שהיראה כתיב בה (איוב כ"ח כ"ח) הן יראת ה' היא חכמה, וכתיב (ישעיה ל"ג ו') יראת ה' היא אוצרו, אמרו רבותינו ז"ל (ירושלמי שבת פ"א ה"ג) כי היא עקב אל הענוה כמו שכתוב (משלי כ"ב ד') עקב ענוה יראת ה', ומי שדעתו שפלה עליו כאלו הקריב כל הקרבנות שנאמר (תהלים נ"א י"ט) זבחי אלהים רוח נשברה, ולא עוד אלא שאין תפלתו נמאסת וכו' ואין תפילתו של אדם נשמעת אלא אם כן משים עצמו כבשר (סוטה דף ה' ע"א) שנאמר (ישעיה ס"ו כ"ג) והיה מדי חדש בחדשו וגו' יבא כל בשר להשתחוות וגו', וכתיב (ישעיה ס"ו ב') ואל זה אביט אל עני ונכה רוח.

Aunque está escrito a propósito del temor del Eterno (*Job* XXVIII-28) «he aquí que el temor del Eterno es la sabiduría» y está escrito (*Isaías* XXXIII-3:6), «el temor del Eterno será su tesoro», nuestros rabinos, de bendita memoria, dijeron (Talmud de Jerusalén, tratado de *Shabbat* 1,3) que es sólo el temor de la humildad, como está escrito (*Proverbios* XXII-4), «riquezas, y honra, y vida, son la remuneración de la humildad y del temor del Eterno». También decían que cualquiera que es humilde es como si hubiera traído todos los sacrificios, según ha sido dicho (*Salmos* LI-17), «Los sacrificios de Dios son un espíritu quebrantado». Además, su oración no es rechazada... Y ellos dijeron (*Sotah* 5a): la oración de una persona no es aceptada a menos que se ablande como la carne, según ha sido dicho (*Isaías* LXVI-23): «y será que de luna nueva en luna nueva... vendrá toda carne a adorar delante de mí». También dijeron (*Isaías* LXVI-2), «a aquél pues miraré que es pobre y abatido de espíritu».

וכל מי שהוא ענו גורם להשרות שכינה על האדם בארץ, שנאמר (שמות כ' י"ח) ומשה נגש אל הערפל, מי - גרם לו זה ענותנותו, שנאמר (במדבר י"ב י"ג) והאיש משה ענו מאד:

Cualquiera que sea humilde hace que la *Shekinah* descanse sobre el hombre en la tierra, según ha sido dicho (*Éxodo* XX-21): «y Moisés se acercó a la oscuridad en la cual estaba Dios...». ¿Qué le permitió hacer esto? Su humildad, según ha sido dicho (*Números* XII-3), «el varón Moisés era muy humilde».

ותנא רבי פינחס בן יאיר אומר (סוף סוטה) זהירות מביאה לידי זריזות וזריזות מביאה לידי נקיות, ונקיות מביאה לידי טהרה, וטהרה מביאה לידי פרישות, ופרישות לידי קדושה, וקדושה לידי ענוה וכו' וענוה גדולה מכלם, שמביאה לידי

רוח הקדש, שנאמר (ישעיה ס"א א') רוח ה' אלהים עלי יען משח ה' אותי לבשר ענוים:

Fue enseñado que Rabbí Pinjas ben Iair dijo (Final del tratado de *Sotah*): la prudencia conduce al celo, el celo conduce a la limpieza, la limpieza conduce a la pureza, la pureza conduce a la abstinencia, la abstinencia conduce a la santidad, la santidad conduce a la humildad…. Y la humildad es la mayor de todas porque conduce *Ruaj haKoddesh,* según ha sido dicho (*Isaías* LXI-1), «el espíritu del Señor Dios estaba sobre mí, con carne humilde, me ha ungido para dar buenas nuevas a los afligidos».

ושלחו מתם (סנהדרין פ"ח ע"א) איזהו בן העולם הבא ענו־תן ושפל ברך שיף עייל ושייף נפיק וגריס באורייתא תדירא ולא מחזיק טיבותא לנפשיה. (מגילה דף ט"ו ע"ב, סנהדרין דף ק"א ע"ב) ועתיד הקדוש ברוך הוא להיות עטרה בראש כל צדיק וכו', יכול לכל תלמוד לומר (ישעיה כ"ח ה') לשאר עמו, למי שמשים עצמו כשירים:

Y enviaron un mensaje desde allí (*Sanhedrín* 88b): «¿Quién está destinado al mundo venidero? Aquel que es manso, humilde, que se inclina al entrar y al salir, y que estudia la *Torah* constantemente sin reclamar méritos». Además (*Meguilah* 15b y *Sanhedrín* 111b): «Y el Santo, bendito sea, será una corona sobre la cabeza de todo hombre justo, etc.». Y el Talmud enseña (a propósito de) «al remanente de su pueblo» (*Isaías* 28:5), es decir, aquellos que son humildes y mansos.

ובספר הזוהר פרשת שלח (דף קס"א) הכי פתח רב מתיב־תא, זכאה איהו מאן דאזעיר גרמיה בהאי עלמא, כמה איהו רב בההוא עלמא, מאן דאיהו זעיר איהו רב ומאן דאיהו רב איהו זעיר, עוד שם פרשת תרומה (דף קס"ו) אמאי אקרי יחזקאל בן בוזי, על דהוה מבזה גרמיה לגבי מאן דגדול מי־ניה, ועל דא זכה לאתקרי בן אדם מה דלא אקרי הכי בר נש אחרא ואקרי רם כדכתיב (איוב ל"ב ב') ברכאל הבו־זי ממשפחת רם וכו', ואמרו רבותינו ז"ל (תענית דף ז' ע"א) למה נמשלה התורה למים, מה המים אינם הולכים אלא למ־קום נמוך, כך אין התורה שורה אלא במי שרוחו נמוכה.

En el Zohar en la *parashah* de *Shlaj* (pág. 161),[178] se dice: «así es como abrió el director de la *Ieshivah*: dichoso es aquel que se disminuye en este mundo. Cuán grande y elevado es él en ese mundo. Aquel que es pequeño es grande y aquel que es grande es pequeño». Y también, en la *parashah* de *Terumah* (fol. 166)[179] se dice: «¿Por qué se llama hijo de Buzi? Es porque se avergüenza ante alguien que es más grande que él. Por eso se le llama hombre, porque fue completo en todo, como nadie fue llamado; también fue llamado

---

178. Errata en el original: Véase vol. 24 de nuestra edición, pág. 67 del fol. 168a.

179. Vol. 14 de nuestra edición, pág. 185 fol. 116a.

«sublime»,[180] que significa «más alto que todo», como está escrito (*Job* XXXII-2): «entonces Eliú hijo de Baraquel, buzita, de la familia de Ram, se enojó con furor contra *Job*». Y nuestros rabinos, de bendita memoria, dijeron (*Taanith* 7a): «¿Por qué se comparan las palabras de la *Torah* con el agua? Porque así como el agua deja un lugar más alto para otro más bajo, así las palabras de la *Torah* no pueden ser retenidas por quienes no se comportan de manera humilde».

אשרי מי שאינו קוצף ורוחו נמוכה ושפלה הרבה, וכן הוא אומר (תהלים נ"א י"ט) זבחי אלהים רוח נשברה. אשרי מי שמאריך הכל ונושא הכל לרצון בוראו ועושה עצמו כשירים וכן הוא אומר (מיכהז' י"ח) נושא עון ועובר על פשע לשא־רית נחלתו, למי שמשים עצמו שיריים, אשרי אדם שישים עצמו עפר שהכל ירמסוהו ויהיה כאסקופה התחתונה שהכל דשין בה וכיתד הנמוכה שהכל נתלים בה וכו'

Bendito sea el hombre que nunca se enoja, cuyo espíritu es contrito y humilde, porque también ha sido dicho (*Salmos* LI-19): «los sacrificios de Dios son el espíritu quebrantado». Bendito sea el hombre que muestra paciencia, el hombre que lleva la carga como su creador desea y el hombre que se hace a sí mismo como el remanente. Porque Dios perdona a quien se hace como remanente, como está escrito (*Miqueas* VII:18)

180. En hebreo Ram, «sublime», «elevado».

«que perdonas la maldad, y que pasas por la rebelión con el remanente de su heredad...». Bendito sea el hombre que actúa como polvo, sobre el cual todas las personas caminan, un hombre que actúa como el umbral más bajo, sobre el cual todas las personas pisan, un hombre que actúa como el clavo en la pared que está al alcance de todos para colgar su ropa.

הכעס הוא ענף הגאוה ושקול כמוהו. ואמרו רבותינו ז"ל (נדרים דף כ"ב ע"א) כל הכועס כל מיני פורעניות של גיהנם שולטין בו. ואמרו רבותינו ז"ל (שבת דף ק"ה ע"ב) המקרע בגדיו והמפזר מעותיו והמשבר כלים בחמתו יהא בעיניך כעובד עבודה זרה, שנאמר (תהלים פ"א י') לא יהיה בך אל זר, ואמרו רבותינו ז"ל (נדרים דף כ"ב ע"ב) כל הכועס אין שכינה חשובה כנגדו ומשכח תלמודו ומוסיף טפשות ובידוע שעונותיו מרובים מזכיותיו שנאמר (משלי כ"ט כ"ב) ובעל חימה רב פשע,

La ira es una rama del orgullo. Nuestros rabinos, de bendita memoria, dijeron que (*Nedarim* 22a) «el que pierde la calma está expuesto a todos los tormentos del infierno». Además, nuestros rabinos, de bendita memoria, dijeron que (*Shabbat* 105b) «el que rasga sus vestidos en su ira, el que rompe sus vasos en su ira, y el que esparce su dinero en su ira, se le considera como un idólatra», y según ha sido dicho (*Salmos* LXXXI-10): «No habrá entre vosotros dioses extraños». Nuestros rabinos, de bendita memoria, añadieron que (*Nedarim* 22b) «para el que pierde los estribos, incluso la *Shekinah* no tiene importancia a sus ojos», «se olvida de su erudición y se vuelve cada vez más estúpido» y «es cierto que sus pecados superan sus méritos» como se dice (*Proverbios* XXIX-22): «el hombre iracundo levanta contiendas; y el furioso muchas veces peca».

ואמרו רבותינו ז"ל (פסחים דף ס"ו ע"ב) כל הכועס אם חכם הוא חכמתו מסתלקת ממנו, מנלן ממשה ומאלישע וכו', ואמר ליה אליהו זכור לטוב (ברכות דף כ"ט ע"ב) לרב יהודה לא תרתח ולא תחטא, ובזוהר פרשת תצוה (קפ"ב א' רס"ג ב') אי בר נש כעיס עקר מניה נשמתא עילאה קדישא למשרי באתרה סטרא אחרא ודא איהו בר נש דמריד במאריה ואסיר לאתקרבא בהדיה, ודא איהו טורף נפשו באפו, דטריף נפשיה ואשרי באתרה אל זר, כי במה נחשב הוא, עבודה זרה אקרי, ומאן דאשתעי עמיה כאלו אתחבר לעבודה זרה ממש, דעבודה זרה ממש שריא בגויה, ואסיר לאסתכלא באנפוי ועליה כתיב (ויקרא י"ט ד') אל תפנו אל האלילים, ועל דא כתיב (שמות ל"ד י"ז) אלהי מסכה לא תעשה לך.

Nuestros rabinos, de bendita memoria, dijeron (*Pesajim* 66b): «todo aquel que se enoja, si es un erudito de la *Torah*, lo que aprendió lo abandona, etc. Le dijo Elías, de bendita memoria: Rabbí Iehuda, no te enojes y no pecarás (*Berajoth* 29b). En el Zohar, en la *parashah* de *Tetzaveh* (182 a 263b),[181] dice: si un hombre se enoja, arranca de sí mismo su alma excelsa y santa y pone al *Sitra Ajra*[182] en su lugar. Es una persona que se rebela contra su amo y está prohibido acercarse a él. Y éste es el que «despedazas tu alma con tu furor,...»,[183] porque su alma llora y en su lugar pone a un dios extraño... «Porque ¿de qué es él estimado?» (*Isaías* II-22) Se le llama ídolo, y quienquiera que se asocie con él es como si se uniera a un ídolo real, porque la idolatría real descansa sobre él. Está prohibido mirarlo a la cara. Y de él está escrito (*Levítico* XIX-4): «no os volveréis a los ídolos...». Y sobre esto está escrito (*Éxodo* XXXIV-17): «no harás dioses de fundición para ti».

וכל מסאביא אתדכיין בר מהאי, בגין דמסאיב גופא מגו ומבר, ונפשא כולא מסאב.

Todas las impurezas pueden ser purificadas excepto por esto, porque esta persona se impurifica por dentro y por fuera, y toda su alma se impurifica.

ואפילו כד אתי האי בר נש ועקר לההוא זר מגויה מכל וכל לעלמין ולבתר אשתדל לאתקדשא ולאמשכא ההיא קדושא

181. Véase volumen 15 de nuestra edición.

182. El Otro Lado.

183. Véase *Job* XVIII-4.

דנשמתא קדישא עליה, כדין, ולואי דאתקדש דכיון דערקת מניה זמנא חדא כמה יעביד בר נש עד די תיתוב לאתרה:

Y aunque esta persona venga y arranque de raíz de su interior a ese extranjero[184] completa y permanentemente, y luego se esfuerce por santificarse a sí misma y por atraer sobre sí misma esa santidad del alma santa, entonces tal vez pueda santificarse a sí mismo. Porque como esta persona desarraigó su alma de sí misma, ha de esforzarse por devolverla a su lugar.

הקפדנות היא ענף מן הגאוה ומן הכעס. ואמרו ז"ל (ר"ה דף י"ז) מאן דקפיד קפדין ליה ואין מוחלין לו עונותיו, שנאמר (מיכה ז' י"ח) נושא עון ועובר על פשע, למי נושא עון למי שעובר על פשע, אבל המעביר על מדותיו וכו'. אמרו ז"ל (שבת דף ל"ב ע"א) לעולם יבקש אדם רחמים בכל יום ובכל עת, יתן בעפר פיהו, יתן למכהו לחי ישבע בחרפה, אשרי מי ששומע הרפתו ואינו משיב, וכן ישעיה אומר (ישעיה ג' ו') גוי נתתי למכים.

El temperamento irascible y el rigor son una rama del orgullo y de la ira. Nuestros sabios, de memoria bendita (*Rosh haShannah* 17a), dijeron que Dios es estricto con aquellos que son estrictos y que sus pecados no son perdonados, como ha sido dicho (*Miqueas* VII-18): «perdonando la iniquidad y pasando por alto la transgre-

184. El enfado.

sión». ¿De quién quita la iniquidad? De aquel que perdona la transgresión. Los de bendita memoria, dijeron (*Shabbat* 32a), «que uno siempre ore por la misericordia», cada día y cada hora. Y «pondrá su boca en el polvo, si por ventura habrá esperanza. Dará la mejilla al que le hiriere; se llenará de afrenta»,[185] según ha sido escrito: «bendito sea el hombre que escucha sus insultos y no responde»; como dijo *Isaías* (*Isaías* L-6): «di la espalda a los que me herían».

כך אמרו חכמים (ר"ה דף י"ז ע"א) כל המעביר על מדותיו מעבירים לו על כל פשעיו שנאמר (מיכה ז' י"ח) נושא עון ועובר על פשע וכו', ואמרו בחופת אליהו ז"ל (סוף ראשית חכמה שער ג') שלשה הקדוש ברוך הוא אוהבם, מי שאינו מתכעס ומי שאינו משתכר ומי שאינו עומד על מדותיו:

Así dijeron los sabios (*Rosh haShannah* 17a), el que renuncia a la venganza y perdona, sus pecados le son perdonados, como ha sido dicho «perdonando la iniquidad y pasando por alto la transgresión» (*Miqueas* VII-18). Está escrito, En el *Jupat Eliahu*,[186] de memoria bendita, (Final del *Reshit Jojmah*, puerta 3a)[187] hay tres a quienes ama el Santo, bendito sea: el que no

185. Véase *Lamentaciones* III-29 y 30.

186. Véase *Reshit Jojmah*.

187. Existe traducción española de una parte de este gran clásico de la cábala: Rabbí Eliyahu de Vidas, *El Portal del Amor*, Ediciones Obelisco, Barcelona 2014.

se enoja, el que no se emborracha, y el que no se inmuta por los insultos.

ושאל רבי עקיבא (מגילה כ"ח ע"א) לרבי נחוניא הגדול במה הארכת ימים ואמר לו מימי לא קבלתי מתנות ולא עמדתי על מדותי. ואמרו ז"ל (ר"ה דף י"ז ע"א) רב הונא בר יהושע חלש אמרו ליה מאי חזית אמר להו הכי אמר קב"ה הואיל ולא מוקי במילתיה לא תוקמו בהדיה שנאמר (מיכה ז' י"ח) נושא עון ועובר על פשע ואמרו ז"ל רב נחמן חפר תל אחד והיה רב אחאי בר יאשיה קבור וראהו קיים בעצמותיו אמרו ליה מאי האי אמר להו מימי לא עמדתי על מידותי ולא תפסתי בלבי קנאת חברי שנאמר (משלי י"ד ל') ורקב עצמות קנאה.

Rabbí Akiva le preguntó a Rabbí Nehunia el Grande la razón de su longevidad, y él le respondió (*Meguilah* 28a): «nunca acepté en mi vida regalos y nunca fui obstinado». Y nuestros sabios de bendita memoria dijeron (*Rosh haShannah* 17a): «Rabbí Huna ben Rabbí Iehoshua enfermó, etc., pero el Santo, bendito sea, dijo que como siempre fue indulgente, será perdonado», según ha sido escrito (*Miqueas* VII-18): «perdonando la iniquidad y pasando por alto la transgresión». Nuestros sabios, de memoria bendita, dijeron: «Rabbí Nahman estaba cavando la tierra donde fue enterrado Rabbí Ajai ben Josías, cuando vio que Rabbí Ajai todavía estaba presente en sus huesos; le preguntó: ¿Quién eres? Rabbí Ajai respondió: siempre traté con indulgencia a los que me agraviaron, y nunca tuve envidia de mi compañero», según ha sido escrito (*Proverbios* XIV-30): «pero la envidia es la podredumbre de los huesos».

ואמרו ז"ל (תענית דף כ"ה ע"ב) מעשה ברבי אליעזר שירד לפני התיבה ולא נענה וכו', ירד רבי עקיבא ונענה ויצאה בת קול ואמרה מפני שזה מעביר על מדותיו.

Nuestros sabios, de bendita memoria, dijeron (*Taanith* 25b): sucedió que Rabbí Eliezer recitó las veinticuatro bendiciones en la oración, pero no recibió respuesta etc. Rabbí Akiva lo siguió y una voz celestial salió y dijo: porque él siempre se rinde ante otro.

ואמרו ז"ל (חולין דף פ"ט ע"א) אין העולם מתקיים אלא במי שבולם פיו בשעת מריבה, שנאמר (איוב כ"ו ז') תולה ארץ על בלימה, רבי אבהו אומר על מי שמשים עצמו כמי שאינו וכו', ותנו רבנן (שבת דף ס"ח ע"א) הנעלבין ואינם עולבין שומעין חרפתן ואינן משיבין עליהם הכתוב אומר (שופטים ה' ל"א) ואוהביו כצאת השמש בגבורתו, ואמר אליהו זכור לטוב (אליהו זוטא פ"ד) לעולם הוי עלוב לבני אדם ולבני ביתך יותר מכולם. ואמר אבא אליהו זכור לטוב (כלה רבתי ספ"ה) לעולם אין התורה מתפרשת אלא במי שאינו קפדן ואף אני איני נגלה אלא למי שאינו קפדן:

Y dijeron (*Julin* 89a): el mundo continúa existiendo sólo por el mérito de aquel que retiene su boca durante una discusión... según ha sido dicho (*Job* XXVI-7) «él suspende la tierra en la nada». Rabbí Abahu dijo (*Shabbat* 88b:) los que son insultados y no insultan, los que son avergonzados y no responden, a propósito de ellos está escrito (*Jueces* V-31): «mas los que te aman, sean como el sol cuando nace en su fuerza». Y Eliahu, de bendita memoria, dijo (*Eliahu Zutá* 84): «sed siempre indulgentes con la gente, y sobre todo con los niños». Y Abba Eliahu, sea recordado para bien, dijo (*Kalah Rabbati,* final del capítulo 5): «la *Torah* sólo puede ser interpretada por aquellos que no tienen mal genio y sólo me revelo a aquellos que no son puntillosos».

העצבות גורמת מניעת העבודה וקיום המצות ובטול עסק התורה וכונת התפילה ומבטל מחשבה טובה לעבוד את ה', והיא שער התחלת גרוי הסתת היצר הרע אפילו אם הוא צדיק, בהראותו כי אין לו תועלת בעבודה בהיות יסורים עליו וכו'.

La tristeza obstaculiza el servicio y la realización de preceptos y anula el ocuparse de la *Torah*, la atención concentrada en la oración, y elimina los buenos pensamientos para servir al Eterno. Es la puerta de entrada al estímulo de la Mala Inclinación, incluso si se trata de un *Tzaddik,* incluso se ve que no tiene ningún beneficio de su servicio al Eterno, incluso cuando está sufriendo.

וגם כי בא עליו בדרך חסידות באמור לו איך יעלה בדע־
תך עפר רמה ותולעה להתקרב להתקדש בקדושת מלכו של
עולם, וכמו שכתוב (משלי כ"ה ז') ראמות לאויל חכמות וגו'
וכמו שכתוב (איוב ל"ה ז') ואם צדקת מה תתן לו:

Esto incluso si el que está atrapado por la tristeza estaba estudiando el camino de la *Hassidut* que le dice que nunca podrá acercarse a la santidad del Rey del mundo porque es polvo, gusano y lombriz, según ha sido dicho (*Proverbios* XXIV-7), «alta está para el loco la sabiduría» y (*Job* XXXV-7) «si fueres justo, ¿qué le darás a él?».

גם גורמת סלוק רוח הקודש מעליו, וההפך בהיותו עובד ה'
יתברך בשמחה כמו שכתוב (תהלים ק' ב') עבדו את ה' בש־
מחה, כי השמחה מוסיפה חשק רב ואהבה להתדבק בו ית־
ברך וכתיב (דברים כ"ח מ"ז) תחת אשר לא עבדת את ה'
אלהיך בשמחה ובטוב לבב וגו'.

La tristeza elimina el *Ruaj haKoddesh*, y anula el servicio al Eterno, bendito sea, mientras que la alegría es lo contrario, según ha sido escrito (*Salmos* C-2), «servid al Eterno con alegría», porque la alegría añade gran deseo y un gran amor de aferrarse al Bendito, según ha sido escrito (*Deuteronomio* XXVIIII-47): «porque no has servido al Eterno tu Dios con alegría y gozo de corazón».

כי העבודה אם היא בעצבון דומה לעבד העובד לרבו בפנים עצבות וזועפות. וכתיב (משלי י' כ"ב) ברכת ה' היא תעשיר ולא יוסיף עצב עמה.

Porque el que sirve a Dios así se parece dolorosamente a un siervo que sirve a su amo con un rostro triste y enfurruñado. Y está escrito (*Proverbios* X-22): «la bendición del Eterno es la que enriquece, y no añade tristeza con ella».

כי העצבון הוא נמשך מזהמת סמא"ל ונחש שהטילו באדם וחוה כמו שכתוב באדם (בראשית ג' י"ז) בעצבון תאכלנה וכתיב (שם ט"ז) בעצב תלדי בנים, ועל ידי כך הקדוש ברוך הוא ושכינתו מסתלקים מעליו:

Porque la tristeza fue sacada de la inmundicia de Samael y de la serpiente, y se apegó al hombre, según ha sido escrito (*Génesis* III-17), «con dolor comerás», y (*Génesis* III-16) «con dolor parirás a tus hijos»;[188] y por eso el Santo, bendito sea, y su *Shekinah* lo abandonan.

188. *Etzbon* (עצבון), «tristeza» y *Etzev* (עצב) «dolor» comparten raíz. De ahí que la tristeza sea considerada el dolor del alma.

והראיה מיעקב בחיר האבות שנתסלקה ממנו שכינה ורוח הקדש עשרים ושתים שנים שפרש יוסף ממנו, וכששמח בבשורתו נתיב ותחי רוח יעקב, ששרתה עליו רוח הקדש. ואמרו רבותינו ז"ל (פסחים דף קי"ז ע"א) אין שכינה ואין נבואה שורה לא מתוך עצבות וכו'.

Hemos aprendido de la historia de Jacob, el elegido de los patriarcas, que la *Shekinah* y el *Ruaj haKoddesh* (espíritu de santidad) lo abandonaron cuando su hijo José le fue arrebatado durante veintidós años. Sin embargo, cuando se enteró de que su hijo aún vivía, se alegró, y está escrito (*Génesis* XLV-27), «El *Ruaj* de su padre Jacob revivió», lo que significa que el *Ruaj haKoddesh* (espíritu de santidad) estaba de nuevo sobre él. Y nuestros sabios de bendita memoria dijeron (*Pesajim* 117a): «La profecía y la *Shekinah* no descansan sobre alguien que está en un estado de tristeza».

וכן מצינו באלישע ובבני הנביאים דכתיב (מלכים ב' ג' ט"ו) והיה כנגן המנגן וכתיב (שמואל א' י' ה') ולפניהם תוף וחליל וכנור והמה מתנבאים, ואפילו בכל עבודת מצוה ותהלה צריך שיהיה בתכלית השמחה כמו שמצינו באביי (ברכות דף ל' ע"א) דהוה בדיח טובא ואמר תפילין קא מנחנא. וכן רב ברונא משום דסמך גאולה לתפלה לא פסק חוכא מפומיה כל ההוא יומא:

Lo mismo aprendimos del relato de Eliseo y los hijos de los profetas, como está escrito (2 *Reyes* III-15), «y mientras el tañedor tocaba», y (1 *Samuel* X-5) «pandereta, flauta y lira delante de ellos, profetizando». Todos los preceptos deben ser observados con alegría, como aprendimos de Abaie, que estaba sentado frente a Rabba, quien observó que parecía muy alegre. (*Berajoth* 30a) «Dijo: "está escrito, y regocíjense con temblor". Respondió: "me estoy poniendo filacterias". Y del rabino Berona: "ya que logró unir la redención con la oración, y una sonrisa no dejó sus labios ningún día"».

שנאה, על ידי כך חוטא לחבירו להרע לו בכל מיני רעה. ואמרו רבותינו ז"ל (אבות פ"ד) שנאת הבריות מוציאה את האדם מן העולם, והנה שונא כביכול להקדוש ברוך הוא על שברא אותו, והנה כולנו בנים לה' אלהינו, ושונא את אברהם יצחק ויעקב שיצא מהם זה. והנה כל הנשמות נאחזות בשם יתברך וצורך גבוה הם, אשר בהם יתפאר ואיך תשנאהו:

El odio hace que un hombre dañe a su compañero. Nuestros sabios de bendita memoria dijeron (*Pirkei Avoth* 2:11): «el odio a las criaturas pone a un hombre fuera del mundo». Es como si uno odiara a Dios por haberlo creado y, dado que todos somos hijos del Santo, bendito sea, por lo tanto odia a Abraham, Isaac y Jacob que descienden de él. ¿Cómo puedes odiar a Dios, cuando todas las almas (*Neshamot*) están atrapadas en él, cumplen sus propósitos y lo glorifican?

ואמרו רבותינו ז"ל (יומא דף ט' ע"ב) בית שני היו בו צדי־
קים וחכמים גדולים ולא נחרב אלא בעון שנאת חנם ולא
נתארך הקץ ולא נעלם אלא לסיבת שנאת חנם, ולא עוד,
ששאר העבירות אינו עובר עליהם אלא בשעתם אבל שנאת
חנם בלב, היא תמיד, ובכל רגע עובר על לא תשנא, וב־
טול מצות עשה (ויקרא י"ח י"ט) ואהבת לרעך כמוך, ולא
עוד אלא שעל מצוה זו אמרו (תו"כ פ' קדושים) שזה כלל
גדול שבתורה שכולה תלויה בה, ולא זכה משה לכל מעלו־
תיו אלא שהיה אוהב לישראל ומצטער בצרתם כמו שאמרו
ז"ל (מדרש רבה שמות פ"א) על וירא בסבלותם, ועל פסוק
(שמות ל"ב ל"ב) ועתה אם תשא חטאתם ואם אין מחני נא,
ולכן היה שקול ככל ישראל כמו שכתוב (ישעיה ס"ג י"א)
ויזכור ימי עולם משה עמו:

Nuestros rabinos, de bendita memoria, dijeron que (*Iomah* 9b) «el segundo Templo, donde los *Tzaddikim* y los grandes sabios se ocupaban del estudio de la *Torah,* los deberes religiosos y la caridad no cayó y no desapareció más que a causa de un odio gratuito», y que el Mesías se retrasa a causa del mismo odio gratuito. Además, mientras que los hombres transgredan los demás preceptos de vez en cuando, el odio gratuito siempre habitará en el corazón. Así que constantemente transgredes el precepto (*Levítico* XIX-17), «no odiarás a tu hermano en tu corazón», y constantemente anulas el precepto positivo (*Levítico* XIX-18) «amarás a tu prójimo como a ti mismo». Además, se dijo con respecto a este precepto (Tanaj, *parashah* de Keddoshim): «Ésta es la gran enseñanza de la *Torah*», de la cual depende todo. Nuestros rabinos, de bendita memoria, enseñaron que Moisés ganó sus méritos porque amaba a Israel y porque se apiadó de sus aflicciones, y el versículo (*Éxodo* XXXII-32) explica por qué Moisés pesaba más que todo Israel, según ha sido escrito (*Isaías* LXIII-11): «y se acordó de los días pasados, de Moisés su siervo».

הקנאה, היא גרמא לבא לידי שנאה, וגם היא יותר קשה כי מורד על הקדוש ברוך הוא למה השפיע טובה לחבירו יותר ממנו, ואמרו ז"ל (אבות פ"ד כ"א) הקנאה והתאוה והכבוד מוציאין את האדם מן העולם,

Los celos conducen al odio; los celos son peores que el odio, pues un hombre celoso se rebela contra el Santo, bendito sea, porque le ha dado más a su compañero. Y los de memoria bendita dijeron (*Pirkei Avoth* 4:21): «los celos, la lujuria y la ambición, sacan al hombre del mundo».

צא ולמד כי כל הראשונים לא נענשו אלא בשביל הקנאה, כי הנה קין המדבר פה אל פה עם השם יתברך נטרד מן העולם הוא וזרעיותיו על שקנא לתאומתו של הבל ועל ידי כן עבר כל אותם העבירות, ועשרת השבטים לא גלו למצרים אלא בעון ויקנאו בו אחיו וסוף סוף נענשו בעשרה הרוגי מלכות, וירבעם שכל חכמי דורו לפניו כעשבי השדה נטרד מן העולם בקנאתו ממלכי בית דוד, גם שאול בחיר השם כבן שנה שלא

טעם טעם חטא ולא היה במלכותו שום דופי כמו שאמרו ז"ל (יומא דף כ"ב ע"ב), נטרד ממלכותו ונהרג הוא ושלשת בניו ונהרגו נוב עיר הכהנים וגלו ישראל ביד פלשתים ונחרב משכן שילה, והכל על שקינא לדוד בענין גולית סרה מעליו רוח הקדש ונחה עליו רוח עועים:

Tenéis que aprender que todos los *Rishonim* fueron castigados por ser celosos. Caín, quien habló cara a cara con el Eterno, bendito sea, fue sacado del mundo, él y sus descendientes, por estar celoso de su hermano gemelo Abel, cometiendo así todas las ofensas, y las diez tribus fueron llevadas al exilio por estar celosas de su hermano «Y sus hermanos tenían celos de él»;[189] además, fueron castigados por los diez reyes. Jeroboam, ante el cual todos los eruditos de su generación eran como las hierbas del campo, fue apartado del mundo por sus celos de los reyes de la dinastía de David. Incluso Saúl, que fue elegido por el Eterno, que era tan inocente como un niño de un año y cuya familia entera no se manchó, como dijeron (nuestros sabios) de memoria bendita (*Iomah* 22b), fue expulsado de su reino y fue asesinado junto con sus tres hijos. Además, los habitantes de Nob, la ciudad de los sacerdotes, fueron asesinados; Israel fue llevado al exilio por los filisteos y el templo de Silo fue destruido; y todo porque estaba celoso de David, que mató a Goliat; el *Ruaj*

189. Véase *Génesis* XXXVII-11.

haKoddesh (espíritu de santidad) lo abandonó, y en su lugar un espíritu de confusión descansó sobre él.

ואין בן דוד בא עד שתוסר הקנאה כמו שכתוב (ישעיה י"א י"ג) אפרים לא יקנא את יהודה, ולא עוד כי אפילו מלאכי מרום נפלו מקדושתם על זה כמו שכתוב בפרקי דרבי אלי־עזר (פרק י"ג-י"ד) על סמא"ל שהיה גדול מן השרפים שאין להם רק שש כנפים והוא היו לו שנים עשר כנפים ונעקר מן הקדושה בשביל קנאה על האדם, וכן הנפילים עז"א ועזא"ל נטרדו מן העולם על שנתקנאו באדם, וכל מי שיש בו קנאה עצמותיו מרקיבין, ולכן ראוי לאדם להיות שמח בחלקו אף אם מעט הוא, כי לא טוב הוא מהלל הזקן ורבי חנינא בן דוסא ורבי יהודה בר אלעאי ורבי אלעזר בן פדת וזולתם:

Y el hijo de David[190] no llegará hasta que los celos se hayan disipado, como está dicho (*Isaías* XI-13): «Efraím no tendrá celos de Judá». Incluso los ángeles del cielo cayeron de la gracia a causa de los celos, como está escrito en los Pirkei Rabbí Eliezer (Capítulo 13, 14): Samuel, que era más grande que los Serafines, que tenía seis alas mientras que ellos tenían doce, fue desarraigado de la *Keddushah* por sus celos de Adán. Lo mismo sucede con los Nefilín[191] Aza y Azael, que fueron apartados del mundo por sus celos del hombre. Y los huesos de un hombre celoso se pudren. Por lo tan-

190. O sea el Mesías, hijo de David.

191. Literalmente «gigantes».

to, un hombre debe alegrarse de su porción, aunque sea pequeña, porque no es mejor que Hillel el anciano, Rabbí Janina Ben Dosa, Rabbí Iehudah bar Ilai, Rabbí Eleazar Ben Pdat y otros.

החמדה, אב הטומאה, כי היא מביאה לשנאה וקנאה ומ־ביאה לידי גזל ושבועת שקר ולידי רציחה, והיא העשירית שבעשרת הדברות שקולה ככולם, כי עינו לא תשבע עושר כעין הנחש שנאמר בו (ישעיה ס"ה כ"ה) ונחש עפר לחמו, וכתיב (משלי כ"ח כ"ב) נבהל להון איש רע עין וגו', ואמרו רבותינו ז"ל התאוה מוציאה את האדם מן העולם כי מט־רידתו מעסק התורה ומקיום מצותיה, והוא כופר בהשגחה שאינו מאמין שהכל על ידי השגחת השם יתברך וכמו שא־מרו ז"ל (סוטה דף מ"ח ע"ב) כל מי שיש לו פת בסלו ואומר מה אוכל למחר הרי זה מקטני אמנה ועליו אמר (זכריה ד') כי מי בז ליום קטנות, מי גרם לצדיקים שיתבזבז שלחנן לע־תיד לבא, קטנות אמנה שהיתה בהן:

La codicia es el padre de la impureza, porque conduce al odio y a los celos, al robo, al falso juramento y al asesinato; es el último de los diez preceptos, pero los supera a todos. Porque sus ojos nunca se sacian con las riquezas, como el ojo de la serpiente sobre el que se dice (*Isaías* LXV-25), «y el polvo será el alimento de la serpiente», y está escrito (*Proverbios* XXVIII-22): «se apresura a ser rico el hombre de mal ojo; y no conoce que le ha de venir pobreza». Dijeron nuestros rabinos, de bendita memoria «la lujuria saca al hombre del mundo»; porque lo perturba y no puede estudiar la *Torah* ni observar los preceptos. Él niega la providencia divina al no creer que todo sucede de acuerdo a la providencia del Eterno, bendito sea, como dijeron (nuestros sabios) de bendita memoria (*Sotah* 48b): «aquel que tenga un pedazo de pan en su canasta y diga: "¿Qué comeré mañana?", pertenece a los que son pequeños en la fe», a propósito de los cuales se dice (*Zacarías* IV-10): «quién ha menospreciado el día de los pequeños comienzos», como aquellos *Tzaddikim* que perdieron su mantenimiento futuro por su poca fe.

אבל הבטחון אין מעלה כמוהו וכמו שכתוב (תהלים ב' י"ב) אשרי כל חוסי בו, כי מאמין שיש בעולם אלוה יכול ומשגיח, וכתיב (ירמיה י"ז ז') ברוך הגבר אשר יבטח בה' והיה ה' מבטחו, ומובטח הוא שלא יחסרו מזונותיו כמו שכתוב (תהלים נ"ה נ"ג) השלך על ה' יהבך והוא יכלכלך, ובתנאי שיהיה באמת ובכל לבו בלי שום פקפוק, ועוד כי בהיותו בוטח בה' יעסוק בתורה ובמצות בכל לבו בלי הרהור כלל:

Pero no hay nada mejor que la confianza (בטחון) en Dios, como está escrito (*Salmos* II-12), «bienaventurados todos los que en él se refugian», porque cree que hay un Dios posible en el mundo, un Dios que cuida de sus creyentes, como está escrito (*Jeremías* XVII-7): «bendito el varón que confía en el Eterno, cuya confianza es el Eterno». El pan del que confía en Dios no faltará nunca, como está escrito (*Salmos* LV-23): «echa tu carga en el Eterno y él te sostendrá», a condición de confiar en él de todo corazón y sin dudar. Además, debe ocuparse de la *Torah* y observar los preceptos con todo su corazón y sin ninguna sombra de duda.

תאות התענוגים, רעה מכל הנזכרים לעיל, כי בהיותו גרגרן יבא לידי חמדה וגזל, שבועת שקר, שנאת הבריות, וקנאה, ודומה לעשו שנאמר בו (בראשית כ"ה ל') הלעיטני נא, ועליו נאמר (משלי כ"ג ב') ושמת סכין בלועך אם בעל נפש אתה, כי על ידי כן יאכל נבלות וטרפות וכל מאכלות אסורות, וכתיב (קהלת ו' ז') כל עמל האדם לפיהו, וכתיב (משלי י"ג כ"ה) ובטן רשעים תחסר, וכתיב (דברים ל"ב ט"ו) וישמן ישורון ויבעט, ויטוש אלוה עשהו כי מביאו לכחש בשם יתברך, כמו שאמר הכתוב (משלי ל' ט') פן אשבע וכחשתי ואמרתי מי ה', ועל כל העבירות אין הקטן נענש ובן סורר ומורה שאכל תרטימר בשר וחצי לוג יין, נסקל.

Sin embargo, el peor rasgo de carácter de todos ellos es el amor a placeres, pues la gula lleva a la codicia, el robo, el falso juramento, el odio y los celos. El glotón se parece a Esaú, a propósito de quien se dice (*Génesis* XXV-30), «dame de comer, te lo ruego», y (*Proverbios* XXIII-6) «no comas pan de hombre de mal ojo, ni codicies sus manjares», pues de lo contrario el glotón es capaz de comer de un cadáver muerto, o de lo que fue desgarrado, o de otra comida prohibida. Además, está escrito (*Eclesiastés* VI-7) «todo el trabajo del hombre es para su boca», y está escrito (*Prover-*

bios XIII-25): «el justo come hasta saciar su alma; mas el vientre de los impíos tendrá necesidad». También está escrito (*Deuteronomio* XXII-15): «y engrosó Jesurún y tiró coces… y dejó al Dios que le hizo» porque La glotonería lleva a un hombre a negar al Eterno, bendito sea, según ha sido está escrito (*Proverbios* XXX-9): «para que no me sacie, y te niegue, y diga, ¿quién es el Eterno?». A un joven que comete ofensas no se le castigan, mientras que un obstinado y el hijo rebelde que come un trozo de carne y bebe medio log de vino es apedreado.

ואמרו רבותינו ז"ל (תענית דף י"א ע"א) מנהג הרשעים אכול בשר ושתה יין וכו' וכתיב (ישעיה כ"ב י"ד) אם יכופר העון הזה לכם עד תמותון, ואמר אליהו זכור לטוב לרבי יהודה (ברכות כ"ט ע"א) לא תרוי ולא תחטא:

Nuestros rabinos, de bendita memoria, dijeron (*Taanith* 11a), «los malvados comen carne y beben vino, etc.», y está escrito que (*Isaías* XXII-14): «este pecado no os será purgado hasta que muráis». Además, Eliahu, de bendita memoria, dijo a Rabbí Iehudah (*Berajoth* 29a): «no bebas en exceso y no pecarás».

אבל המסתפק בהכרחי נקרא צדיק כמו שאמר הכתוב (משלי י"ג כ"ה) צדיק אוכל לשובע נפשו, ודוד אמר (תה־לים קי"ט ע"א) טוב לי כי עניתי למען אלמד חקיך, ולא שאל

יעקב אלא (בראשית כ"ח כ') ונתן לי לחם לאכול ובגד
ללבוש, וכתיב (בראשית מ"ט י"ד) יששכר חמור גרם וכו'
ויט שכמו לסבול.

Pero aquel que el que se contenta con poco se llama *Tzaddik,* como está escrito (*Proverbios* XIII-25): «el justo (*Tzaddik*) come hasta saciar su alma», y David dijo (*Salmos* CXIX-71): «bueno me es haber sido humillado, para que aprenda tus estatutos». Además, está escrito que Jacob pidió sólo pan (*Génesis* XXVIII-20), «y me dará pan para comer y ropa para vestir», y que (*Génesis* XLIX-14) «Isacar, asno huesudo echado entre dos líos, etc.», por lo que inclinó su hombro para soportar.

ואמרו ז"ל (אבות פ"ו משנה ד') כך היא דרכה של תורה, פת
במלח תאכל וכו' אם עשית כן אשריך בעולם הזה וטוב לך
לעולם הבא, ואמרו ז"ל (ברכות ס"ג ע"א) אין התורה מת-
קיימת אלא במי שממית
עצמו עליה.

(Nuestros sabios) de memoria bendita dijeron (*Avoth* 6:4), «éste es el camino de la *Torah*: un bocado de sal, comerás, y si sigues ese camino serás bendecido en este mundo y feliz en el venidero. Y (nuestros sabios) de memoria bendita dijeron (*Berajoth* 63a): «la *Torah* sólo existe por aquel que se mata a sí mismo por ella».

ואמרו ז"ל (אבות פ"ב משנה ז') מרבה בשר מרבה רמה. ואמרו רבותינו ז"ל (תענית דף י"א) לעולם יראה אדם כאלו קדוש בתוך מעיו שנאמר (הושע י"ב ט') בקרבך קדוש, ולא זכה משה רבינו ע"ה לקבל התורה עד שהתענה ארבעים יום וארבעים לילה, ולא עלה אליהו זכור לטוב למרום עד שה־תענה ארבעים יום וארבעים לילה, ולא זכה רבי אלעזר ורבי עקיבא ורבי ישמעאל לכל אותה החכמה והנבואה בעליתן לפרד"ס עד אשר התענו ימים רבים בכל מיני סגופים ופרי־שות.

Y (nuestros sabios) de bendita memoria dijeron (*Avoth* 2, 7): «cuanta más carne, más gusanos». Y (también) dijeron (*Taanith* 11, 1-2): «el hombre debe comportarse siempre como si el Santo estuviera dentro de sus entrañas», como ha sido dicho (*Oseas* XI-9): «el Santo en medio de ti». Moisés, nuestro maestro, que en paz descanse, recibió la *Torah* sólo después de haber sido atormentado durante cuarenta días y cuarenta noches. Eliahu, de bendita memoria, no subió al cielo antes de ser atormentado durante cuarenta días y cuarenta noches. Rabbí Eleazar, Rabbí Akiva y Rabbí Ismael, que subieron al Pardes, recibieron su sabiduría sólo después de haber sido atormentados por muchos días en todo tipo de ascetismo y celibato.

ולא זכה שלמה שנאמר בו (מלכים א' ה' י"א) ריחכם מכל האדם עד שהתענה ארבעים יום וארבעים לילה, כמו שאמרו על מ' של משלי שהיא מ"ם רבתי:

Salomón no fue considerado como (1 *Reyes* V-11) «más sabio que todos los demás hombres» antes de ser atormentado durante cuarenta días y cuarenta noches; así se dijo que la letra Mem (ם) de *Proverbios* es una Mem grande.[192]

ובספר הזוהר (ח"א דף י"א ע"א) אמר רבי שמעון בר יוחאי לרבי פינחס כד חזייה דגופיה מלא חלודין בצאתו מן המערה אלו לא חמיתני בכך לא הייתי בכך.

En el libro del Zohar (I-11a)[193] se dice que, cuando Rabbí Shimon bar Iojai le dijo a Rabbí Pinjas «¡Ay, haberte visto así!» cuando vio que su cuerpo estaba lleno de cicatrices y llagas al salir de la cueva.

ובפרשת תרומה (קמ"א ע"א) גופיהון דצדיקייא דלא אתמשכו בהאי עלמא בתר הנאות דההיא קליפה, לא שלטא עלייהו רוח מסאבא כלל, דכיון דלא אתענגו בהאי עלמא אלא מתענוגי דמצוה שבתין וחגין ההוא רוח מסאבא לא יכול לשלטאה עלייהו כלל כיון דלא אתענגו מדיליה כלום, ואי אתהני מדיליה ביומין דחול עליה אתמר (מלאכי ב' ג') וזריתי פרש על פניכם. ותנא דבי אליהו (א"ר פכ"ו) לא זכה אדם לתורה יבקש רחמים על אכילה ושתיה יתירה שלא תבא לתוך מעיו:

192. EL valor numérico de la letra *Mem* es 40. La primera letra de *Mishlei*, «proverbios» en Proverbios I-1 es una letra *Mem* más grande que las demás.

193. Véase pág. 166 y 167 de nuestra edición.

Además, en *Parashat Terumah* (141a)[194] se dice: «los cuerpos de los justos que, estando en este mundo, no fueron tras las seducciones y placeres de esa poderosa *Klippah* impura, y el espíritu de impureza no ejerce dominio sobre ellos en absoluto. Pues no se asociaron a él, yendo detrás de él en este mundo en absoluto». Así como el cuerpo de los malvados es atraído en este mundo tras esa fuerte *Klippah* y tras sus placeres, deleites y adornos, así es él contaminado después de que su alma (*Nefesh*) lo abandone. Ese espíritu de la impureza no puede dominar los cuerpos de los *Tzaddikim* que no tienen ningún placer en este mundo, excepto el placer de cumplir un precepto y las comidas del *Shabbat* y de las festividades, porque no han obtenido ningún placer de ello y no han tomado nada de ello. Los tiene dominados. Dichoso aquel que no ha obtenido ningún placer de ello en absoluto. Como está dicho (Malaquías II-3), «y esparcí estiércol sobre vuestros rostros», y en *Tana Devei Eliahu* (200, 26) se dice que ningún hombre adquirió la *Torah* si una cantidad excesiva de comida y bebida entra en sus entrañas.

[תרגום - אמר רבי שמעון בן יוחאי לרבי פנחס כאשר ראה שגופו מלא פצעים בצאתו מן המערה, אילו לא ראיתני בכך, לא הייתי כך. ובפרשת תרומה גופם של הצדיקים שלא נמשכו בעוה"ז אחר הנאות דאותה קליפה, לא שולטת עליהם

194. Véase volumen 13 pág. 175 de nuestra edición.

רוח טומאה כלל לפי שמאחר ולא התענגו בעוה"ז אלא מת־
ענוגי מצוה שבתות וחגים אותו רוח טומאה לא יכול לשלוט
עליהם כלל כיון שלא נהנו משלו כלום. ואם נהנה משלו בי־
מות החול עליו נאמר וזרתי פרש על פניכם]:[195]

Traducción: Rabbí Shimon bar Iojai le dijo a Rabbí Pinjas cuando vio al salir de la cueva que su cuerpo estaba cubierto de heridas: no lo hubiera visto si no estuviera aquí. Y en la *parashah* de *Terumah*: los cuerpos de los *Tzaddikim* que no se saciaron con los placeres de las cortezas, no los controla el espíritu de impureza porque saborearon los placeres del *Shabbat* y las festividades que el espíritu de impureza no puede controlar, y porque no disfrutaban de nada más.

השררה והכבוד היא קשה מאד כי היא מביאה לאדם לידי הגאוה שהיא הקשה מכלם. ועל ידי כן יטיל אימה יתירה על הצבור שלא לשם שמים אשר סופו נעקר מן העולם וזרעו לא יצליח אחריו כלל, כמו שאמרו רבותינו ז"ל (סנהדרין דף ק"א), וכמו שמצינו בירבעם החכם הגדול שעל ידי בקשת השררה נטרד הוא וזרעו מן העולם הזה ואין לו חלק לעולם הבא, ושאול בחיר ה' כבן שנה במלכו שלא טעם טעם חטא והיה נחבא אל הכלים בורח מן השררה וסופו נלכד ברש־ תה, ואמר (שמואל א' ט"ו ו') כבדני נא נגד זקני עמי, ורדף אחריה ואבד המלוכה ונהרג הוא ושלשת בניו, כנזכר לעיל במדת הקנאה:

195. Esta reiteración no aparece en algunas versiones del *Shaarei Kedushah*.

מן העולם ואמרו רבותינו ז"ל (ברכות דף נ"ה ע"א) הרבנות מקפחת וקוברת בעליה כי מביאתו לרום לבבו על קונו.

La búsqueda del honor y el poder es una de las *Middot* más duras,[196] ya que lleva al orgullo, que es la peor de todas. Así, un hombre que busca el honor y el poder, un hombre que intimida a la comunidad no por el bien público, será apartado del mundo, él y sus descendientes, como dijeron nuestros rabinos, de bendita memoria (*Sanhedrín* 100a): como hemos descubierto que el gran y sabio Jeroboam fue apartado del mundo y del mundo venidero, él y su descendencia, porque persiguió el poder. Y Saúl, que era tan inocente del pecado como un niño de un año, que era tímido y que huyó de los honores, en que fue finalmente capturado, dijo (1 *Samuel* XV-30): «mas te ruego que me honres delante de los ancianos de mi pueblo». Persiguió el poder y así perdió su reino, y él y sus tres hijos fueron asesinados, como ya mencioné durante la explicación de la altivez. Nuestros rabinos, de bendita memoria dijeron (*Berajoth* 55a): el rabinato perjudica y entierra a su propietario que enaltece su corazón ante su creador.

כמו שכתוב (דברים י"ז ז') לבלתי רום לבבו וגו' למען יאריך ימים על ממלכתו. ואמרו רבותינו ז"ל (יומא דף פ"ו ע"ב, וס־

196. En el sentido de penosa y difícil de cumplir.

נהדרין דף ז' ע"ב) רב כד הוה נפיק לדינא הוה אמר ברעות נפשאי לקטלא נפיק וכו'.

Como está escrito (*Deuteronomio* XVII-7): «para que no se eleve su corazón sobre sus hermanos, etc.». Para que se alargue su reino. Y dijeron nuestros rabinos, de bendita memoria (*Iomah* 86b y *Sanhedrín* 7b): Rav solía decir: «antes de entrar en la Corte, mi alma (*Nefesh*) está llena de problemas cuando hay un veredicto de muerte, etc.».

ואמרו רבותינו ז"ל (מד"ר שמות פכ"ז) בני אם ערבת לרעך (משלי ו' א'), רב הונא פתר ליה במי שמתמנה פרנס על הצבור, מה כתיב בתריה, נוקשת באמרי פיך נלכדת באמ־רי פיך עשה זאת איפה בני והנצל, ואם לאו עליו כתיב (שם ל"ב) נואף אשה חסר לב משחית נפשו וגו' ואין מרחמים עליו בגיהנם, אמר הקדוש ברוך הוא אני קדוש אני חסיד וכו' אם יש בך כל המדות האלו קבל עליך שררה ואם לאו אל תקבל. ודוד המלך ע"ה אמר (תהלים קל"א א') ה' לא גבה לבי וגו' נפשי כגמול עלי אמו:

Nuestros rabinos de bendita memoria dijeron (*Midrash Rabbah* sobre *Éxodo* XXVII): «si prometiste al extraño» (*Proverbios* VI-1); Rabbí Huna explica que un jefe designado de la comunidad debe respaldar sus palabras, como está escrito: «enlazado eres con las palabras de tu boca, y preso con las razones de tu boca».[197] En cuanto al que no cumple su promesa, está escrito (*Proverbios* VI-32): «mas el que comete adulterio con la mujer, es falto de corazón; corrompe su alma el que tal hace», y no recibirá ningún mérito en el *Guehinom*. El Santo, bendito sea, dijo: «Yo soy *Kaddosh*, yo soy *Hassid*, etc», y si posees estas *Middot*, acepta el poder, pero si no, no lo aceptes. El Rey David, que en paz descanse, dijo (*Salmos* CXXXI-1 y 2): «oh Eterno, mi corazón no se ha envanecido, ni mis ojos se enaltecieron; ni anduve en grandezas, ni en cosas maravillosas más de lo que me pertenecía. Sino que me puse en silencio, e hice callar mi alma, sea yo como el destetado de su madre...».

לכן הוי בורח מן השררה עד קצה האחרון וכמו שהארכתי במדת הגאוה, וכמו שאמרו בספר הזוהר (ח"ג קס"ה ע"א) זכאה איהו מאן דאזער גרמיה בהאי עלמא, ומי לנו גדול ממשה רבן של כל ישראל שסרב עם הקדוש ברוך הוא שבעת ימים ולא רצה ואמר (שמות ד' י"ג) שלח נא ביד תשלח עד שנאמר בו (שם י"ד) ויחר אף ה' במשה, ועשה בו רושם כמו שאמרו רבותינו ז"ל (שמות רבה פ"ג) ואחר כך נתרצה ולסוף נענש בעבורם במי מריבה ולא הועילו לו כל זכיותיו.

Por lo tanto, huye del poder hasta el confín de la tierra, como se explicó anteriormente y como se dice

197. Véase *Proverbios* VI-2.

en el libro del Zohar (*Parashat Schlaj Lejá* 165 a): «alabado sea el que se rebaja en este mundo».[198] ¿Quién es más grande que Moisés, el maestro de todo Israel, que se negó a hacer la voluntad del Santo, bendito sea, durante siete días? El que dijo (*Éxodo* IV-13): « ¡ruego oh Eterno! Envía por mano del que has de enviar», hasta (*Éxodo* IV-14) «La ira del Eterno se encendió contra Moisés». La ira de Dios afectó a Moisés y cumplió su deseo. Y como dijeron nuestros rabinos, de bendita memoria (*Shemot Rabbah* 3), al final, Moisés fue castigado en las aguas de la Meribá y todos sus méritos no pudieron salvarlo.

כי כל המשתרר על הצבור אפילו לשם שמים כמשה סופו ליענש כי הוא ערב על כל מעשיהם כמו שאמרו רבותינו ז"ל (ספרי דברים פיסקא י"ג) על ואשימם בראשיכם. קל וחומר ליתמי כמונו שחס ושלום לא תהיה לנו תקומה:

Porque aquel que ejerce el dominio, aunque sea para el bien de la comunidad como lo hizo Moisés, está condenado a ser castigado. Porque él se comprometió por todas sus acciones, como dijeron nuestros rabinos de la memoria bendita con respecto al versículo (*Deuteronomio* I-13): «para que yo los ponga por cabeza».

198. En realidad, esta cita se encuentra en la página 168a. Véase nuestra edición III-Zohar-168a, pág. 67.

Más aún, los destituidos como nosotros, que, a pesar de la defensa del cielo, no podrían resucitar.

הוראת מעשיו לבריות. ידעת מה שאמרו רבותינו ז"ל (ירו־שלמי חגיגה פ"א) ענין אותה האשה שהיתה נענשת בגיהנם על שהיתה מספרת לחברתה היום התעניתי וכו'. ולא די שאינו מקבל שכר אלא שנדון בגיהנם כי הרי מגלה דעתו שאין מעשיו כלל לשם שמים והוא מכלל הפרושים (סוטה כ"ב ע"ב) פרוש נקפי, פרוש קזאי, ואמרו רבותינו ז"ל (אליהו רבא פכ"א) לעולם יהא אדם ירא שמים בסתר ויהיו כל דר־כיו לשם שמים ואם יכול אדם שיעשה כל דרכיו לשם שמים ולא יפרש לבריות אפילו אחד מהם, שכרו כפול ומכופל מפני שכבוד אלהים הסתר דבר:

Enseña sus acciones a la gente. Ya sabes lo que nuestros rabinos, de bendita memoria, dijeron (Talmud de Jerusalén, *Jaguigah* 81) sobre la mujer que fue castigada en el *Guehinom* por decirle a su compañero: «hoy fui atormentada, etc.». No sólo que no recibe una recompensa, sino que es castigada en el infierno, porque reveló que todas sus obras no eran para el cielo, y que es uno de los fariseos (*Sotah* 22b). El fariseo Nikpi, el fariseo Ketzi, y dijeron nuestros rabinos, de bendita memoria (*Eliahu Rabbah* 20:1), que el hombre siempre debe temer al cielo en secreto incluso si está solo y que todas sus obras deben estar dirigidas a la santificación del nombre de Dios.

חלק ב שער ה

SEGUNDA PARTE, PUERTA CINCO

השער החמישי: במדות האסורות:

Puerta quinta: sobre las Middot prohibidas

לשון הרע אמרו רבותינו ז"ל (ערכין דף י"ד ע"ב) שקשה מע-בודה זרה גלוי עריות ושפיכות דמים שהן החמורות מכל העברות, ואמרו רבותינו ז"ל (שם ט"ו ע"ב) כל המספר לשון הרע כופר בעיקר כמו שכתוב (תהלים י"ב ה') אשר אמרו ללשוננו נגביר שפתינו אתנו מי אדון לנו:

La maledicencia (לשון הרע): nuestros rabinos, de bendita memoria, dijeron que (*Arakin* 14b) la maledicencia es peor que la idolatría, el incesto y el derramamiento de sangre, que son las más severas de todas las ofensas. Nuestros rabinos, de bendita memoria, dijeron que el que habla mal de su prójimo niega la existencia de Dios, como está escrito (*Salmos* XII-5): Los que dicen: «por nuestra lengua prevaleceremos; nuestros labios están con nosotros, ¿quién nos es señor?»

רכילות הורג שלשה ושקול כשפיכות דמים ואינו נכנס בגן עדן, כמו שכתוב (תהלים ט"ו א') מי יגור באהליך וגו' לא רגל על לשונו. והנה דואג האדומי אביר הרועים ראש הסנה־דרין, מפני הרכילות נטרד מן העולם הבא ונכרת בחצי ימיו וגרם הריגת אנשי נוב עיר הכהנים ומיתת שאול ובניו ובני ביתו:

El chisme mata tres veces y por lo tanto pesa como el derramamiento de sangre. El que chismorrea no entrará en el Gan Eden, como está escrito (*Salmos* XV-1 a 3): «¿Quién habitará en tu tienda? ¿Quién habitará en tu santo monte? El que anda en integridad, y obra justicia, y habla verdad en su corazón; El que no revolvió con su lengua, ni hizo mal a su prójimo, ni levantó vergüenza contra su prójimo». A causa del chisme, Doeg el edomita, el jefe de las tribus de Saúl perdió su lugar en el mundo venidero y murió joven a causa de los chismes; además sus chismes fueron los causantes de la muerte de la gente de Nob, la ciudad de los sacerdotes y la muerte de Saúl, sus hijos y su casa.

הלבנת פנים, ומכנה שם רע לחבירו, והמתכבד בקלון חבירו, יורדין לגיהנם ואינם עולים ואין להם חלק לעולם הבא:

El que avergüenza a su compañero, el que difunde un informe maligno sobre él o el que se eleva a sí mismo degradando a su compañero, no tiene ninguna participación en el mundo venidero.

והם בכלל לא תרצח, כמו שאמרו רבותינו ז"ל בפרק הזהב (ב"מ דף נ"ח ע"ב) במערבא במאי זהירי טפי, באזיל סומקא ואתי חורא:

Porque estas ofensas pesan como un precepto, como dijeron nuestros rabinos, de bendita memoria en el capítulo a propósito del oro (*Baba Metzia* 58b), Abaie le preguntó a Rabbí Dimi: ¿Qué es lo que la gente evita con más cuidado en Occidente? Él respondió: «avergonzar a los demás».

ליצנות היא אחת מארבע כתות שאינם מקבלות פני שכינה, ואמרו רבותינו ז"ל (עבודה זרה דף י"ח ע"ב) כל המתלוצץ נופל בגיהנם, ואמרו רבותינו ז"ל (אבות פ"ג משנה ב') אפילו ישב בטל הרי זה מושב לצים וכמו שכתוב (תהלים א' א') אשרי האיש אשר לא הלך בעצת רשעים ובמושב לצים לא ישב וסמיך ליה כי אם בתורת ה' חפצו וגו', מה כתיב בתריה והיה כעץ שתול על פלגי מים וגו' לא כן הרשעים וגו', ואמרו רבותינו ז"ל (אבות פ"ו משנה ב') בכל יום בת קול יוצאת ואומרת אוי להם לבריות מעלבונה של תורה שכל מי שאינו עוסק בתורה נקרא נזוף, רצונו לומר מנודה לשמים.

El desprecio es una de las cuatro ofensas que rechaza el rostro de la *Shekinah*, y nos dijeron nuestros rabinos, de bendita memoria (*Avodah Zarah* 18b), «aquel que se burla caerá en el infierno»; también, dijeron que (*Avoth* III-2) «dos que se sientan juntos sin palabras de la *Torah* son una sesión de escarnecedores», pues ha sido dicho (*Salmos* I-1): «bienaventurado el hombre que no anda en el consejo de los malvados, ni se interpone en el camino de los pecadores, ni se sienta en la silla de los escarnecedores, sino que su deleite está en la ley del Señor». Además, está escrito en la *Torah* «y será como el árbol plantado junto a arroyos de aguas, que da su fruto en su tiempo; y su hoja no cae, y todo lo que hace, prosperará»[199] y dijeron nuestros rabinos, de bendita memoria (*Avoth* VI-2) cada día sale una voz y dice: ¡ay de aquellos que desprecian la *Torah* y que no se ocupan de ella! Son llamados culpables.

ואמרו רבותינו ז"ל (סנהדרין דף ל"ט ע"ב) כי דבר ה' בזה וגו' (במדבר ט"ו ל"א) הכרת תכרת הנפש ההיא וגו', רבי נחמיה אומר זה כל מי שאפשר לו לעסוק בתורה ואינו עוסק, ואמר רב כל הפורש מדברי תורה ועוסק בדברי שיחה אש אוכלתו, וכל מי שמרפה עצמו מדברי תורה נופל בגיהנם ומאכילים אותו גחלי רתמים שנאמר (איוב פרקל' ד') הקוטפים מלוח עלי שיח, ואמרו רבותינו ז"ל (אבות פ"ג מ"ה) המפנה לבו לבטלה הרי זה מתחיב בנפשו שנאמר (דברים ד' ט') רק השמר לך וגו':

Y dijeron nuestros rabinos, de bendita memoria (*Sanhedrín* 39b): «porque ha despreciado la palabra del Eterno y ha quebrantado su precepto, etc». (*Números* XV-31).

199. Véase *Salmos* I-3.

Rabbí *Nehemías* dijo que el alma (*Nefesh*) que todo aquel que no se ocupa de la *Torah* y pueda hacerlo será completamente cortado y es consumido por el fuego, y como ha sido dicho (*Job* XXX-4): «recogen la malva y las hojas de los arbustos». Y nuestros sabios de bendita memoria dijeron que (*Avoth* 3:5) «el que vuelve su corazón a la ociosidad, es culpable de muerte, como se dice (*Deuteronomio* IV-9), "sólo cuida", etc.».

ואמרו רבותינו ז"ל (סנהדרין דף ז' ע"א) אין תחלת דינו של אדם אלא על דברי תורה שנאמר (משלי י"ז י"ד) פוטר מים ראשית מדון, וכתיב (יהושע א' ח') והגית בו יומם ולילה כי אז תצליח את דרכך ואז תשכיל, וכל רגע, שעה, ויום שאדם בטל מדברי תורה עליו נאמר (קהלת א' ט"ו) וחסרון לא יוכל להמנות, ואמרו רבותינו ז"ל (פאה פ"א משנה א') אלו דב־רים שאדם עושה אותם אוכל מפירותיהם בעולם הזה והקרן קימת לו לעולם הבא וכו' ותלמוד תורה כנגד כולם, ולא עוד אלא שהעוסק בתלמוד תורה פטור מכל המצות שהיא שקו־לה ככל המצות:

Nuestros rabinos, de bendita memoria, dijeron (*Sanhedrín* 7a), «una persona es juzgada primero por el tiempo que pasó estudiando la *Torah*», como se dice (*Proverbios* XVII-14): «el principio de la contienda es hablar precipitadamente»; está escrito que (*Josué* I-8) «día y de noche meditarás en él, para que guardes y hagas conforme a todo lo que en él está escrito; porque entonces harás prosperar tu camino…». Por otra parte, se dice que cada momento, hora o día que el hombre no estudie, «lo que falta no se puede contar» (*Eclesiastés* I-15). Además, nuestros rabinos, de bendita memoria, dijeron que (*Peá* 1,1) aquel que estudia la *Torah* disfruta de sus frutos en este mundo, y lo principal le queda para el mundo venidero, etc. Decían que el estudio de la *Torah* pesa más que todo, y que aquel que estudia la *Torah* está exento de todos los preceptos, ya que el estudio de la *Torah* pesa más que todos los preceptos.

ותנא דבי אליהו זכור לטוב (עבודה זרה דף ה' ע"ב) אשרי אדם שמשים עצמו כשור לעול וכחמור למשאוי ויושב וקורא ושונה בתורה בכל יום תמיד ומיד רוח הקודש שורה עליו, ואם היושב בטל נענש כל כך, קל וחומר למי שמתלוצץ ממש:

Y enseñó Rabbí Eliahu, sea recordado para bien (*Avodah Zarah* 5b): dichoso el hombre que es como un buey para su yugo y como un asno para su carga, que se sienta y lee y estudia la *Torah* todo el día constantemente porque el *Ruaj haKoddesh* descansará sobre él, y si el ocioso es castigado severamente, más lo será aquel que se burla.

שיחה בטלה גורמת לידי עבירות גדולות, כי הרי אפילו ישב בטל הרי זה מושב לצים ונענש ענשים גדולים, כנזכר לעיל בענין הליצנות, מכל שכן השח שיחות בטילות בפועל, :

La charla ociosa conduce a grandes ofensas, pues la charla ociosa conduce a la maledicencia, al chismorreo, al desprecio y a la calumnia. Porque incluso aquel que se sienta en silencio es reprendido con grandes castigos como se recordó al hablar de los burladores.

ואמרו רבותינו ז"ל (יומא דף י"ט ע"ב) השח שיחה בטלה עובר בעשה שנאמר (דברים ו' ז') ודברת בם, ואמרו על רבן יוחנן בן זכאי (סוכה דף כ"ח ע"א) ועל רב (רמב"ם פרק ב' מהלכות הלכה ט') שמימיהם לא שחו שיחת חולין, ואמרו רבותינו ז"ל (אבות פ"א מי"ז) לא מצאתי לגוף טוב אלא שתיקה, וכתיב (מיכה ג' כ"ח) ישב בדד וידום יתן בעפר פיהו, וכתיב (משלי י"ח כ"א) מות וחיים ביד לשון, ואמרו רבותינו ז"ל (אבות פ"ג מי"ג) סיג לחכמה שתיקה, ואמר שלמה (קהלת ה' א') אל תבהל על פיך ולבך אל ימהר להוציא דבר לפני האלהים כי האלהים בשמים ואתה על הארץ על כן יהיו דבריך מעטים:

Y dijeron nuestros rabinos, de bendita memoria (*Iomah* 19), «el que se dedica a la charla ociosa transgrede un precepto positivo», como está dicho (*Deuteronomio* VI-7): «Y hablarás de ellos cuando te sientes en tu casa, y cuando camines por el camino, y cuando te acuestes, y cuando te levantes». Y (*Sukkah* 28a) «se dijo de Rabbí Johanan Ben Zakai que nunca en su vida habló de asuntos profanos (חולין)» (Rambán *Hiljot ha-Halajah* 9).[200] Y dijeron nuestros rabinos, de memoria bendita, (*Avoth* I-7), «no he encontrado nada bueno para el hombre sino el silencio», y está dicho (*Lamentaciones* III-28 y 29), «que se siente solo en silencio cuando lo haya puesto sobre él; que ponga su boca en el polvo, todavía puede haber esperanza», y (*Proverbios* XVIII-21) «la muerte y la vida están en poder de la lengua». Además, nuestros rabinos, de bendita memoria, dijeron (*Avoth* III-13) que el silencio es un cerco alrededor de la sabiduría. Y Salomón dijo (*Eclesiastés* V-1): «no te precipites con tu boca, ni se apresure tu corazón a pronunciar una palabra ante Dios, porque Dios está en el cielo y tú en la Tierra; por tanto, que tus palabras sean pocas».

ואמרו רבותינו ז"ל (חולין דף פ"ט) האמנם אלם צדק תדברון (תהלים נ"ח) מה אומנותו של אדם בעולם הזה ישים עצמו אלם, ואמרו רבותינו ז"ל (חגיגה כ"ג ע"א) רבי כד הוה מטי להאי קרא הוה בכי (עמוס ד') כי הנה יוצר הרים ובורא רוח ומגיד לאדם מה שיחו, אפילו שיחה קלה שאדם משיח עם אשתו ואפילו דברים שאין בהם ממש הם נכתבים על פנקסו של אדם וקוראים לפניו בשעת מיתתו:

200. Sobre el estudio de la *Torah*, en *Obras Filosóficas y Morales*, Ed. Obelisco, Barcelona 2006.

Nuestros rabinos, de bendita memoria, dijeron (*Julin* 89a) a propósito del versículo (*Salmos* L-2): «¿pronunciáis en verdad justicia?», (*Salmos* LVIII) «¿Qué es la fe del hombre en este mundo que se hará a sí mismo como un mudo?».[201] Nuestros rabinos de memoria bendita dijeron que (*Jaguigah* 3a) «Rabbí solía llorar cuando se le leía el siguiente versículo: "porque he aquí, el que forma los montes, y crea el viento, y denuncia al hombre su pensamiento"» (*Amós* IV)[202] porque incluso una conversación ordinaria entre un hombre y su mujer e incluso cosas que no se han llegado a escribir están registradas en el cuaderno del hombre, y serán leídas ante él en el momento de su muerte.

ואמרו רבותינו ז"ל שתיקתו של אדם מביאתו לידי ענוה, והענוה היא ראש ליראת שמים, ובשעה שאינו עוסק בתורה יהיה דומם ומדביק שפתותיו זו לזו כשתי ריחים ששוכבות זו על זו מפני שצדקותיו וזכיותיו של אדם כולם אינם מספיקות במה שיוציא בשפתיו, אשרי מי שישים עצמו אלם וחרש חגר וסומא, וכל כך למה כדי שלא יחטא ויחייב עצמו ואת איבריו לגיהנם, וכן דוד הוא אומר (תהלים ל"א י"א) ואני כחרש לא אשמע וכאלם לא יפתח פיו:

Nuestros rabinos de memoria bendita dijeron que el silencio lleva al hombre a la humildad, y la humil-

201. Véase *Maguen Avoth* I-17.

202. Véase *Amós* IV-13.

dad lleva al temor del cielo. Por lo tanto, un hombre debe mantener sus labios sellados como dos piedras de molino que se colocan una encima de la otra, cuando no estudia la *Torah*, porque la justicia de un hombre y todos sus méritos no son suficientes para equilibrar las cosas que puede decir de sus labios. Bendito sea el hombre que actúa como un mudo, sordo, cojo y ciego, porque al hacerlo se abstendrá de pecar y así salvará sus miembros del castigo del infierno. Como dijo David (*Salmos* XXXVIII-14): «fui pues como un hombre que no oye, y que en su boca no tiene reprensiones».

ובספר הזוהר (ח"ב נ"ט ע"א) לית לך הבל דלית ליה קלא, וכל אנון מלין דאשתדל בהו בר נש דלאו אינון לפלחנא דקודשא בריך הוא ההיא מלה אתעביד מנה הבל ושטאת בעלמא, וכד נפקא נשמתיה ההוא הבל מגלגלא ליה בעלמא, ודא איהו (שמואל א' כ"ה) ואת נפש אויביך יקלענה בתוך כף הקלע, ואמרו שם (ח"ג קפ"ג ע"ב) ותלבש אסתר מלכות אוליפנא כל מאן דנטיר פומיה ולישניה זכי לאתלבשא ברוח קודשא:

En el libro del Zohar está escrito que (Segunda parte, 59a):[203] «y todos y cada uno de los asuntos en los que la persona se esfuerza y no tienen que ver con el Santo, bendito sea, se convierten en un aliento (הבל) que va y vuela por el mundo». Y cuando su alma (*Ne-*

203. Véase volumen X de nuestra edición, pág. 276.

fesh) se va, ese aliento lo hace rodar por el mundo como una piedra en una honda, según ha sido escrito (1 *Samuel* XXV-29): «y él arrojará el alma de tus enemigos como de en medio de la palma de una honda». También ha sido dicho (Tercera parte, 183b):[204] «Ester vistió su vestido real, significa que se vistió del Santo Malkut supremo, por lo que se nos enseñó que "aquel que cuida su lengua y sus labios, merece revestirse del *Ruaj haKoddesh*"».

[תרגום - אין לך הבל שאין לו קול וכל אותן מילים שמשתדל בהם בן אדם שאינם לעבודת הקדוש ברוך הוא אותה מילה נעשה ממנה הבל ומסתובבת בעולם, וכאשר יוצאת נשמתו אותו הבל מגלגל אותו בעולם. וזה הוא מה שנאמר ואת נפש אויבך יקלענה בתוך כף הקלע. ואמרו שם ותלבש אסתר מלכות למדנו שכל מי ששומר פיו ולשונו זוכה להתלבש ברוח הקודש]:

(Traducción: no hay vanidad (הבל) que no tenga voz, y todas las palabras que pronuncia un hombre que no están al servicio del Santo, bendito sea, estas palabras se convierten a sí mismas en vanidad y dan la vuelta al mundo. Y cuando su alma (*Nefesh*) se va, ese aliento lo hace rodar por el mundo como una piedra en una honda». También ha sido dicho «Ester vistió su vestido real», significa que se vistió del Santo Maljut supremo,

---

204. Véase volumen XXIII de nuestra edición, pág. 144.

por lo que se nos enseñó que «aquel que cuida su lengua y sus labios, merece revestirse del *Ruaj haKoddesh*»).

המסתכל בעריות אפילו יהיה כמשה יד ליד לא ינקה מדינה של גיהנם. וסופו לחטוא בעריות ומגרה יצר הרע בעצמו ויבוא לידי קרי החמור כמו שיתבאר בשער ו :

«El que mira un cuerpo desnudo, no escapará al castigo del infierno», porque mirar un cuerpo desnudo puede llevar al pecado. Porque excita al *Ietzer haRa* y conduce a una grave contaminación, como se explicará en la sexta puerta.

הנהנה בכבוד התורה נוטל חייו מן העולם ומתחייב בנפשו, ומעשה דרבי טרפון יוכיח (נדרים דף ס"ב ע"א) שהיו משליכין אותו ליאור להורגו ולא רצה ליהנות מדברי תורה, כמו שאמרו רבותינו ז"ל (אבות פ"ד מ"ה) אל תעשם עטרה להתגדל בהם ולא קרדום וכו', שכל הנהנה מכבוד תורה נוטל חייו מן העולם וסופו יורש גיהנםן:

Aquel que antepone el honor de la *Torah* a asuntos profanos es apartado del mundo y pone en peligro su alma (*Nefesh*), como nos enseña la historia de Rabbí Tarfon (*Nedarim* 62a): «aunque estaban a punto de arrojarlo al río, no quiso hacer un uso profano de las palabras de la *Torah*». Como dijeron nuestros rabinos de la memoria bendita (*Avoth* IV:5): «no conviertas a la

Torah en corona para enorgullecerte mediante ella y no...» porque aquel que haga un uso profano de la corona de la *Torah* será apartado del mundo porque merece el *Guehinom*.

השקר. המדבר שקרים כופר באלהי ישראל ומודה באל אחר שהוא שקר. והוא מכת שאינו רואה פני שכינה כמו שכ־תוב (תהלים ק"א ז') דרבר שקרים לא יכרן לנגד עיני, ראינר בכלל ישראל שכתוב בהם (צפניה ג' י"ג) שארית ישראל לא יעשו עולה ולא ידברו כזב, וימיו מתקצרים, אך הדובר אמת מאריך ימים כמו שאמרו במסכת סנהדרין (דף צ"ז ע"א) על רב טביומי דאילו הוו יהבי ליה כל חללי דעלמא לא הוה משני בדבוריה.

La mentira: aquel que habla mentiras niega al Dios de Israel[205] y adora al Dios de la mentira. Además, la *Shekinah* no se revela ante aquel que miente, como está escrito (*Salmos* CI-7): «no habitará en medio de mi casa el que hace engaño; el que habla mentiras no se afirmará delante de mis ojos». Aquel que miente está en realidad separado de la comunidad de Israel, como está escrito (*Sofonías* III-13): «el remanente de Israel no hará iniquidad, ni dirá mentira, ni en boca de ellos se hallará lengua engañosa». Los años del que miente se acortarán mientras que la vida del que dice la verdad se alargará, como se dice en el tratado de (*Sanhe-*

---

205. En *Salmos* XXXI-5, el Eterno es llamado «Dios de la verdad».

drín 97a): «Rabba dijo: "al principio pensaba que no había verdad en el mundo"». Por lo que uno de los rabinos, Rabbí Tabiomi, que, aunque se le diera todos los tesoros del mundo, no mentiría.

זמנא חדא איקלע לההוא אתר דקושטא שמיה דלא הוו משנו בדבורם ולא הוה מיית איניש בלא זמניה וכו' שכיבו ליה תרתין בנין, אמרו ליה, במטותא מינך פוק מהכא ולא תגרי בנא מותנא. וכתיב (ירמיה ט' ד') למדו לשונם דבר שקר וגו' העל אלה לא אפקד בם נאם ה' אם בגוי אשר כזה לא תתנקם נפשי.

ולא נענשו המרגלים ודור המדבר אלא מפני עדות שקר, ואמרו רבותינו ז"ל (סנהדרין צ"ב ע"א) כל המחליף בדבורו כאלו עובד עבודה זרה.

Me dijo que en cierta ocasión fue a un lugar llamado Kushta, donde nadie decía mentiras, y donde ningún hombre murió antes de tiempo. Se casó con una de sus mujeres y tuvieron dos hijos. Un día su esposa estaba sentada lavándose el cabello, cuando apareció un vecino y llamó a la puerta. Pensando para sí mismo que no sería de buena educación decirle que su esposa se estaba lavando el cabello, gritó: «No está aquí». Como castigo por esto sus dos hijos murieron. Entonces la gente de ese pueblo se le acercó y le preguntaron por qué. Y él les contó lo que había sucedido. Te rogamos, le dijeron, que dejes este pueblo y no incites a la muerte contra nosotros. Y está escrito (*Jeremías* IX-4): «enseñaron su lengua a hablar mentira, etc. ¿No los castigaré por estas cosas?, dice el Eterno; ¿y no me vengaré de una nación como ésta?». Además, los espías y la generación del desierto fueron castigados por ser testigos falsos. Y nuestros rabinos, de bendita memoria, dijeron que (*Sanhedrín* 92a) «el que disimula en sus palabras es como si se hubiera dedicado a la idolatría».

וכתיב (משלי ו' ט"ז) שש הנה שנא ה' וגו' עינים רמות, לשון שקר ויפיח כזבים וגו', וכתיב (תהלים ל"ד) מי האיש החפץ חיים וגו' נצור לשונך מרע.

También está escrito que (*Proverbios* VI-16 a 19) «hay seis cosas que el Eterno odia, siete que son abominación para él: ojos altivos, lengua mentirosa y manos que derraman sangre inocente, el corazón que maquina pensamientos inicuos, los pies presurosos para correr al mal, el testigo falso que habla mentiras, y el que enciende rencillas entre los hermanos». Además, está escrito (*Salmos* XXXIV-12 y 13): «¿Quién es el hombre que desea vida, que codicia días para ver el bien? Guarda tu lengua del mal».

גחזי לא נטרד אלא מפני ששקר בשם אלישע. אמנון כזב לתמר ונהרג, רוחו של נבות נטרד ממחיצתו על שדיבר כזב שנאמר (מלכים א' כ"ב) מי יפתה את אחאב וגו' צא, צא

ממחיצתך, ואמר רב הונא לא גלו ישראל מארצם אלא על שעברו על פסוק (שמות כ"ג ז') מדבר שקר תרחק.

Giezi fue sacado del mundo por mentir en el nombre de Eliseo.[206] Amnón engañó a Tamar[207] y por eso fue matado y el espíritu (*Ruaj*) de Nabot lo abandonó por decir mentiras como está dicho (1 *Reyes* XXII-20), «Quién inducirá a Ajab, para que suba, etc.», Rabbí Huna dijo que Israel fue al exilio por transgredir el versículo (*Éxodo* XXIII-7): «de palabra de mentira te alejarás».

ואמרו רבותינו ז"ל (שבת דף קי"ט ע"ב, חגיגה דף י"ד ע"ב) לא חרבה ירושלים אלא על שפסקו ממנה בעלי אמנה שנאמר (ירמיה ה' א') שוטטו בחוצות ירושלים. ובספר הזוהר בזמנא דשקר דאיהו סמא"ל שלטא כתיב (דניאל ח' י"ב) ותשלך אמת ארצה.

Además, nuestros rabinos, de bendita memoria, dijeron que (*Shabbat* 119b y *Jaguigah* 14b) "Jerusalén fue destruida sólo porque los hombres de fe se acabaron en ella", como está dicho (*Jeremías* V-1): «discurrid por las plazas de Jerusalén, y mirad ahora, y sabed, etc.». Y en el libro del Zohar está escrito que «un juez que no da un veredicto veraz equivale a haber entregado a

---

206. Giezi era el criado de Eliseo. Véase 2 *Reyes* V-20.

207. Véase 2 *Samuel* 13.

Samael el dominio del mundo»,[208] como está escrito (Daniel VIII-12) «Y echó la verdad por tierra».

ודא גרים חרבן בית ראשון ושני. ואמרו רבותינו ז"ל (אבות פ"א מי"ח) על שלשה דברים העולם עומד על הדין ועל האמת ועל השלום, וכתיב (תהלים ט"ו א') ה' מי יגור באהליך וגו'. ודובר אמת בלבבו, אף מה שחשב בלבבו צריך לאמת אותו במעשה, כמו שאמרו רבותינו ז"ל בעובדא דרב ספרא, וכתיב (מלאכי א') תורת אמת היתה בפיהו ועולה לא נמצא בשפתיו כי מלאך ה' צבאות הוא:

Y por eso fueron destruidos el primer y el segundo templos. Nuestros rabinos, de bendita memoria, dijeron que (*Avoth* 1:18) «gracias a tres cosas el mundo se mantiene: gracias a la justicia, a la verdad y a la paz», y está escrito (*Salmos* XV-1 y 2): «oh Eterno, ¿Quién habitará en tu tabernáculo? ¿Quién habitará en el monte de tu santidad? El que anda en integridad, y obra justicia, y habla verdad en su corazón», pero hay que recordar que la verdad del corazón debe ser traducida en hechos. Como dijeron nuestros rabinos, de bendita memoria «di la verdad como Rabbí Zafra», y está escrito (Malaquías II- 6-7): «la *Torah* de verdad estuvo en su boca, e iniquidad nunca fue hallada en sus labios».

208. Véase Zohar I-179 b, pág. 132 de nuestra edición. No se trata, sin embargo, de una cita exacta, sino de una interpretación del texto del Zohar, que a su vez se está apoyando en el Talmud, tratado de *Sotah* 21b.

החנף הוא מן ארבע כתות שאינן מקבלות פני שכינה, לפי שמזלזל בכבוד המקום בהחניפו את הרשע, וכמו שכתוב (משלי כ"ד כ"ד) אומר לרשע צדיק אתה יקבוהו עמים יז־עמוהו לאומים, ואפילו שמחניף למי שאינו רשע הרי הוא כמתירא ובוטח באדם, וכתיב (ירמיה י"ז) ארור הגבר אשר יבטח באדם, וכתיב (איוב י"ג) לא לפניו חנף יבוא, וכמו שאמרו רבותינו ז"ל (סנהדרין דף י"ט ע"א) בעובדא דינאי המלך שהחניפו לו הסנהדרין בדבר מועט שלא העמידוהו בשעת הדין ובא גבריאל וחבטן בקרקע ומתו, גם כשהחניפו לאגריפס המלך שהיה צדיק נתחייבו שונאיהם של ישראל כליה, ואמרו רבותינו ז"ל (פסחים דף קי"ג ע"ב) שלשה הק־דוש ברוך הוא שונאן המדבר אחד בפה ואחד בלב.

La adulación es una de las cuatro ofensas que impiden recibir a la *Shekinah*, porque el que adula al malvado desprecia a Dios, como está escrito (*Proverbios* XXIV-24): «el que dice al impío: "Tú eres inocente", será maldecido por los pueblos, aborrecido por las naciones. Incluso aquel que adula a un inocente será maldito, pues actúa como si temiera a un hombre y confiara en él"», y está escrito (*Jeremías* XVII-5): «maldito el hombre que confía en el hombre», y (*Job* XIII-16): «porque no entrará en su presencia el impío». Y como dijeron nuestros rabinos de, bendita memoria, (*Sanhedrín* 19a): «cuando el rey Jannai fue procesado, el *Sanhedrín* lo aduló y no lo obligó a levantarse durante el juicio; como castigo, el ángel Gabriel los mató y los derribó al suelo, y murieron». Lo mismo sucedió cuando el rey Agripa fue adulado:

«en ese momento en que los enemigos de Israel adularon a Agripa, ellos se hicieron responsables de su exterminio». Además, nuestros sabios, de bendita memoria, dijeron que (*Pesajim* 113b) «el Eterno odia a estos tres: aquel que habla con su boca y piensa de otra manera en su corazón».[209]

ואמרו רבותינו ז"ל (סוטה דף מ"א ע"ב) כל אדם שיש בו חנופה נופל בגיהנם שנאמר (ישעיה פרק ה') הוי האומרים לטוב רע וכו' לכן כאכול קש לשון אש וגו'. ואמרו רבותינו ז"ל (סוטה דף מ"ב ע"א) כל עדה שיש בה חנופה מאוסה כנדה שנאמר (איוב פרק ה') כי עדת חנף גלמוד, ואמרו רבותינו ז"ל (יומא דף ע"ב ע"ב) כל תלמיד חכם שאין תוכו כברו נקרא תועבה, ואמרו רבותינו ז"ל (סוטה דף מ"א ע"ב) כל בזמנא דשקר דאיהו (ס"מ) שולט כתוב ותשלך אמת ארצה, וזה גרם חורבן בית ראשון ושני:

Dijeron nuestros rabinos, de bendita memoria que (*Sotah* 41b) «todo hombre en quien haya adulación caerá en el *Guehinom*», como está dicho (*Isaías* V-20 y 25): «¡Ay de los que a lo malo dicen bueno, y a lo bueno malo!, etc. Por lo tanto, como la lengua del fuego devora el rastrojo, etc.». Nuestros rabinos, de bendita memoria, dijeron que (*Sotah* 42a): «toda comunidad en la que se adula es tan repulsiva como una

209. Los otros dos son, según el Talmud, «aquel que puede dar testimonio y no testifica y aquel que observa un asunto licencioso realizado por otra persona y testifica contra él.

mujer menstruada», como ha sido dicho (*Job* XV-34): «porque la congregación de los hipócritas será desolada». Nuestros rabinos, de bendita memoria, dijeron (*Iomah* 72b) «el erudito cuyo interior no es como su exterior es llamado corrupto». Y dijeron nuestros rabinos, de bendita memoria, (*Sotah* 41b) «cualquier persona que tenga halagos en él trae ira al mundo», como está dicho (*Job* XXXVI-13) Y está escrito «enviarás verdad a la Tierra»[210] y esto causó la destrucción del primer y el segundo templo.

אדם שיש בו חנופה מביא אף לעולם שנאמר (שם ל"ו) וחנפי לב ישימו אף, ולא עוד אלא שתפלתו נמאסת, ואמרו רבותינ' ז"ל (שם) כל מי שיש בו חנופה אפילו עוברים שבמעי אמם מקללים אותו, ואמרו רבותינו ז"ל בעון חנופה, בני אדם נופלים ביד אויביהם שנאמר (ישעיה פרק י'), בגוי חנף אשלחנו.

El hombre en el que hay adulación trae la ira sobre el mundo (*Job* XXXVI-13): «pero los hipócritas de corazón amontonan la ira». No sólo eso, sino que su oración permanece sin ser escuchada. Además, nuestros rabinos, de bendita memoria, dijeron que *(Ibid.)* «todo hombre en el que haya adulación, incluso los embriones en el vientre de sus madres, están malditos». Dijeron nuestros rabinos, de bendita memoria, «Todo

210. Véase *Bereshit Rabbah* V-5.

hombre en quien haya adulación caerá en manos de sus enemigos», como está dicho (*Isaías* X-6): «lo enviaré contra una nación hipócrita».

קשה חנופה כעבודה זרה גלוי עריות ושפיכות דמים, עבודה זרה מנין שנאמר (ישעיה פרק ל"ב) לעשות חנף ולדבר אל ה' תועה. גלוי עריות מנין שנאמר (ירמיה פרק ג') הן ישלח איש את אשתו וגו' הלא חנוף תחנף הארץ וגו'.

La adulación pesa como la idolatría, el incesto y el asesinato. Idolatría (*Isaías* XXXII-6): «para hacer la impiedad; y para hablar escarnio contra el Eterno…». Incesto (*Jeremías* III-1): «dicen que si un hombre repudia a su mujer, etc. ¿Por ventura no es ella tierra del todo amancillada?».

שפיכות דמים מנין שנאמר (תהלים פרק ק"ו) ותחנף הארץ בדמים. ובעון החנופה הגשמים נעצרים. ובעון החנופה נדון בגיהנם לעולמי עולמים שנאמר (ישעיה פרק ל"ג) פחדו בציון חטאים אחזה רעדה חנפים מי יגור לנו אש אכלה וגו' ואמרו רבותינו ז"ל (סנהדרין דף ק"א ע"ב) לא זכה ירבעם למלכות אלא על שלא החניף לשלמה:

Asesinato: está dicho (*Salmos* CVI-38): «y la tierra fue contaminada con sangre». El que adula está condenado al infierno eterno, como está dicho (*Isaías* XXXIII-14): «os pecadores se asombraron en

Sion, espanto sobrecogió a los hipócritas. ¿Quién de nosotros morará con el fuego consumidor? ¿Quién de nosotros habitará con las llamas eternas?». Nuestros rabinos de bendita memoria explicaron que (*Sanhedrín* 101b) «Jeroboam no mereció la soberanía sino porque reprendió a Salomón».

רמיה יש בה שתי רעות גדולות, האחת, שהוא כענין השקר והחנופה. והשניה, שהוא כענין הגניבה והאונאה, ומזלזל בשם יתברך שנראה ח"ו כי אין הקדוש ברוך הוא מכיר ברמאותו. וכתיב (ויקראכ"ה י"ז) ולא תונו איש את עמיתו ויראת מאלהיך, וכתיב (שם י"ט) לא תעשו עול וגו' אני ה' אלהיכם.

El pecado de engaño es una combinación de dos graves delitos: la falsedad y la adulación por un lado y el robo y el engaño por el otro. El engañador desprecia el nombre, bendito sea, al pensar que el Santo, bendito sea, no puede ver su engaño. Está escrito (*Levítico* XXV-17): «Y no engañe ninguno a su prójimo; mas tendrás temor de tu Dios…», y está escrito (*Levítico* XIX-15) «no harás agravio en el juicio, etc. Yo soy el Eterno tu Dios».

ותחלת דינו של אדם אחר הפטירה, נשאת ונתת באמונה. והוא מארבע כתות שאינן מקבלות פני שכינה, שנאמר (תהלים פרק ק"א) לא ישב בקרב ביתי עושה רמיה, ולא

חרבה ירושלים אלא על שפסקו ממנה בעלי אמנה כנזכר לעיל במדת השקר.

Cuando el hombre es llevado a juicio se le pregunta: ¿te comportaste con honestidad?[211] El engaño es una de las cuatro ofensas que rechazan el rostro de la *Shekinah* como ha sido dicho (*Salmos* CI-7): «no habitará en medio de mi casa el que hace engaño». Y Jerusalén no fue destruida sino porque los hombres de Emunah (אמונה) dejaron de estar en ella, como se dijo a propósito de la mentira.

וכתיב (תהלים פרק ט"ו) ה' מי יגור באהליך וגו' ודובר אמת בלבבו. ואמרו רבותינו ז"ל (מדרש משלי פכ"ח) איש אמונות רב ברכות, זה הנושא ונותן באמונה שנכסיו מתרבים והקדוש ברוך הוא מזמין לו פרנסתו, ולא עוד אלא שנקרא צדיק שנאמר (חבקוק פרק ב') וצדיק באמונתו יחיה. ואמרו רבותינו ז"ל (מכות כ"ד ע"ב) תרי"ג מצות הן וכו' ובא חבקוק והעמידן על אחת שנאמר וצדיק באמונתו יחיה:

Y está escrito, (*Salmos* XV-1 y 2): «oh Eterno, ¿Quién habitará en tu tabernáculo? ¿Quién habitará en el monte de tu santidad? El que anda en integridad, y obra justicia, y habla verdad en su corazón». Y nuestros rabinos, de bendita memoria, enseñaron que

211. *Emunah* (אמונה), «confianza», significa también «fe». Se aplica asimismo a la honestidad.

(*Proverbios* XXVIII-20): «el hombre de la verdad tendrá muchas bendiciones», porque el Santo, bendito sea, lo proveerá de dinero, y más que eso, porque será llamado *Tzaddik*, como ha sido dicho (*Habacuc* II-4): «Y el justo (*Tzaddik*) vivirá por su fe». Y nuestros rabinos, de bendita memoria, dijeron que (*Makkot* 24b) «hay 613 preceptos y *Habacuc* fue el que los redujo a uno: "y el justo (*Tzaddik*) vivirá por su fe"».[212]

212. Véase *Habacuc* II-4.

חלק ב שער ו

SEGUNDA PARTE, PUERTA SEIS

השער הששי: בעונש מצות לא תעשה

Puerta seis: el castigo de los preceptos negativos

חלול השם קשה מכל העבירות, כמו שאמרו רבותינו ז"ל (יומא דף פ"ו ע"א) בענין ארבעה חלוקי כפרה, עבר על חלול השם אין התשובה ויום הכפורים ויסורים מכפרים אלא יום המיתה שנאמר (ישעיה פרק כ"ב) אם יכופר העון הזה לכם עד תמותון:

Profanar al Eterno (חלול השם) es la transgresión más severa de todas, como dijeron nuestros rabinos, de bendita memoria (*Iomah* 86a): «y seréis limpios de todos vuestros pecados ante el Eterno».[213] Pero el que ha profanado al Eterno, no puede hacer *Teshuvah*, ni expiar en el día de la expiación (יום הכפורים), ni borrar sus sufrimientos. Porque ha sido dicho a propósito del día de la muerte (*Isaías* XXII-14): «que este pecado no os será purgado hasta que muráis».

213. Véase también *Levítico* XVI-30.

נדה, זולת היותה בעונש כרת, אמרו בספר הזוהר (שמות פרק ג' ע"א) תלתא אנון דדחיין שכינתא מעלמא ובני נשא צוחין ולא אשתמע קליהון ואלין אינון, נדה בגין דלית מסא־בו בעלמא תקיף בר ממסאבו דנדה:

Niddah[214] es un pecado, que merece el *Karet* (כרת).[215] Sin embargo, está dicho en el libro del Zohar que (*Parashat Shemot* 3b)[216] «tres pecados son los que desplazan a la *Shekinah* del mundo y provocan que la residencia del Santo, bendito sea, no se encuentre en el mundo, y los hombres claman y su voz no es escuchada, y aquel que mantiene relaciones íntimas con una mujer *Niddah* puesto que no existe una impureza más poderosa en el mundo que la impureza de *Niddah*».

שבת, ידוע כי היא שקולה ככל המצות, וכל הרשעים יש להם מנוחה בשבת ואש של גהינם כבה בו ומחללי שבת אשם לא תכבה אפילו בשבת, ואמרו רבותינו ז"ל שבת (דף קי"א ע"ב) אלמלא שמרו ישראל שתי שבתות כהלכתם מיד היו נגאלים, ואמרו רבותינו ז"ל (שם) כל השומר שבת אפי־לו עובד עבודה זרה כאנוש מוחלים לו שנאמר (ישעיה פרק נ"ו) אשרי אנוש יעשה זאת וגו' שומר שבת מחללו וכתיב

214. Menstruación.

215. Literalmente «cortar», es un castigo aplicable a 36 tipos de pecados que supone la desaparición de este mundo y de mundo venidero explicado en al tratado talmúdico de Keritot.

216. Véase nuestra edición, vol. IX pág. 22.

(ישעיה נ"ח י"ג) אם תשיב משבת רגלך וגו' אז תתענג על ה'
וכו':

Shabbat. Se sabe que el precepto de *Shabbat* supera todos los preceptos de la *Torah*. Durante el *Shabbat* hasta los malvados pueden descansar, porque el fuego del infierno se apaga en este día, mientras que el fuego que quema a los que profanaron el *Shabbat* nunca se apaga. Y nuestros rabinos, de bendita memoria, dijeron (*Shabbat* 111b): «si Israel guardara dos *Shabbatot* según sus leyes, serían sacados inmediatamente del exilio». Además, nuestros rabinos, de bendita memoria, enseñaron que *(Ibid.)* «aquel que observa el *Shabbat* según sus leyes, aunque practique la idolatría como Enosh, es perdonado», porque ha sido dicho (*Isaías* LVI-2): «bienaventurado el hombre, que esto hiciere; y el hijo del hombre, que esto abrazare; que guarda el sábado de contaminarlo, y que guarda su mano de hacer todo mal». Además, está escrito que (*Isaías* LVIII-13 y 14) «si retrajeres del sábado tu pie, de hacer tu voluntad en mi día santo, y al sábado llamares delicias, santo, glorioso día del Eterno, y lo venerares no haciendo tus caminos, ni buscando tu voluntad, ni hablando tus propias palabras; entonces te deleitarás en el Eterno: y yo te haré subir sobre las alturas de la tierra, y te haré comer la heredad de Jacob tu padre, porque la boca del Eterno ha hablado».

חלב ודם, ידוע שהן מחייבי כריתות והן משקצים את הנפש:
המשתמש בשמות הקודש, אמרו רבותינו ז"ל (אבות פ"א
ופ"ד) ודאשתמש בתגא חלף ונעקר מן העולם, וישתמד הוא
או בניו, או ימות הוא או בניו, או יעני הוא או בניו:

Grasa y sangre. Es sabido que ningún sebo ni ninguna sangre comeréis,[217] bajo pena de muerte, porque hacen abominable al alma (*Nefesh*), como el que usa los nombres santos.[218] Nuestros rabinos, de bendita memoria, dijeron que aquel que (*Avoth* 81:3) usa los nombres santos para propósitos mundanos no tendrá parte en el mundo venidero, él o sus hijos.

המבזה תלמיד חכם, והמסור. הם מכלל ואלו שאין להם חלק
לעולם הבא ואין קמים בתחית המתים:

El que humilla a un *Talmid Jajam*[219] no tendrá parte en el mundo venidero, y no se levantará en la resurrección de los muertos.

קרי לבטלה קשה מן שפיכות דמים של אחרים, ועוד שדמן
ודם זרעיותם שאין להם קץ נשפך דמן, ובספר הזוהר פרשת

217. Véase *Levítico* III-16.

218. Para propósitos egoístas, cayendo así en la hechicería.

219. Expresión que combina la palabra *Talmid*, «alumno», «discípulo» con *Jajam*, «sabio». Se aplica a aquel que estudia con un sabio o que estudia las palabras de los sabios.

ויחי (דף רי"ט ע"ב) כלהו חיביא אית להו תשובה בר מהאי, וכל העבירות, הקטן פטור, חוץ מזה, שהרי ער ואונן קטנים מבן שבע שנים היו ומתו בידי שמים, ולא עוד אלא שעדיין לא נצטוו עליהם, וכן דור המבול כתיב כי השחית כל בשר את דרכו על הארץ, וכל הברירת נמוחו מאדם עד בהמה ועוף השמים וכל הרמש, ואפילו שלשה טפחים מן העפר נמוחו מה שלא היה כן מאז נברא העולם ואחריו לא יהיה כן, ולא עוד אלא שלא נצטוו זולת שבע מצות:

El desperdicio de la semilla (קרי לבטלה) supera al derramamiento de sangre ajena, porque el que desperdicia la semilla asesina a un número infinito de descendientes. Por lo tanto, está escrito en el libro del Zohar, en la *Parashah* de *Vaiejí,* (219b)[220] que todas las iniquidades pueden ser perdonadas excepto el desperdicio de la semilla. Además, un joven es perdonado por todas las ofensas excepto por esta ofensa, como Er y Onan que tenían siete años de edad y fueron asesinados por Dios aunque todavía no estaban obligados a realizar las *Mitzvot* Lo mismo ocurre con la Generación de Noé, como está escrito (*Génesis* VI-12), «porque toda carne corrompió su camino en la tierra», y Dios borró al hombre, a la bestia, a las aves del cielo y a los reptiles, hasta tres anchos de mano de la tierra fueron borrados. El Diluvio fue un solo evento; nunca sucedió antes y nunca sucederá de nuevo, y por esa

220. Véase vol. VIII de nuestra edición, pág. 73.

razón se les ordenó solamente la observancia de siete preceptos.

מאכלות אסורות, ידוע כי אפילו את הנפש הם משקצים כמו שכתוב (ויקרא פרק כ"א) ולא תשקצו את נפשותיכם, ולא עוד אלא שהפורש מהם נקרא קדוש כמו שכתוב ולא תשקצו את נפשותיכם וגו' והתקדשתם וגו' כי אני ה' המעלה וגו' והייתם קדושים כי קדוש אני, וידעת כי הקדושה מביאה לידי רוח הקודש:

Alimentos prohibidos: se sabe que los alimentos prohibidos hacen abominable al alma (*Nefesh*), como está escrito (*Levítico* XX-25): «no hagáis, pues, vuestras almas abominables». Además, aquel que se abstiene de los alimentos prohibidos se llama *Kaddosh*, como está escrito: no ensuciéis vuestras almas con ningún reptil que anda arrastrándose, ni os contaminéis con ellos, ni seáis inmundos con ellos. Consagraos… Porque yo soy el Eterno que os sacó de la tierra de Egipto… Por tanto, seréis santos, porque yo soy santo. Y debes saber que la *Keddushah* conduce al *Ruaj haKoddesh*.

שבועה אם היא לשוא או לשקה, אמרו רבותינו ז"ל (שבועות ל"ט ע"א) בשעה שאמר הקדוש ברוך הוא לא תשא, נזדעזע כל העולם. ונאמר (איוב פרק ט') המרגיז ארץ ממקומה ועמודיה יתפלצון, והתהום מבקש לעלות לשטוף כל העו־

לם וכו', ואמרו רבותינו ז"ל כל העבירות נפרעים ממנו וזה ממנו וממשפחתו ומכל העולם כלו, ואפילו אם הוא באמת, אמרו רבותינו ז"ל (גיטין דף נ"ז ע"א) ששים רבוא עיירות היו לינאי בהר המלך וכולם נחרבו על השבועה אפילו שהיו מקימים אותה, ואמרו רבותינו ז"ל (כתובות דף ע"ז ע"ב) על רבי יהושע בן לוי, שאמר הקדוש ברוך הוא, ראו אם מימיו נשבע והתיר שבועתו על ידי חכם, הוציאוהו מגן עדן, ואם לאו הניחוהו, ובדקו ומצאוהו שמעולם לא נשאל על שבועתו ולא התירה ולא עוד אלא שלא נשבע מימיו:

Un juramento, ya sea un juramento falso o un perjurio: nuestros rabinos, de bendita memoria, dijeron que (*Shavuoth* 39a) «el mundo entero tembló cuando el Santo, bendito sea, dijo en el Monte Sinaí: no tomarás el nombre del Eterno, tu Dios, en vano…».[221] También ha sido dicho (*Job* IX-6), «el que sacude la tierra de su lugar, y hace temblar sus columnas », y el abismo quiere levantarse para lavar el mundo entero, etc. Nuestros rabinos, de bendita memoria, añadieron que «un juramento falso no será perdonado; y mientras que por todas las transgresiones sólo el pecador mismo es castigado, en el caso del juramento el castigo se extiende también a la familia del pecador», aunque el juramento no fuera falso. Nuestros rabinos, de bendita memoria, dijeron (*Guittin* 57a) que los sesenta mil pueblos que el rey Jannai tenía en la Montaña del Rey fueron destruidos a causa de un juramento, y que habrían si-

221. Véase *Éxodo* XX-7.

do destruidos incluso si el juramento se hubiera cumplido. Ha sido dicho que (*Ketuvoth* 77b) cuando Rabbí *Josué* Ben Levi llegó al cielo, el Santo, bendito sea, dijo: «si alguna vez se anuló un juramento suyo debe volver; pero si no, no necesita volver»; y se encontró que no sólo su juramento nunca fue anulado, sino que nunca hizo un juramento.

חלק ב שער ז

SEGUNDA PARTE, PUERTA SIETE

השער השביעי: בקיום מצות עשה ובקיום מנהגים טובים:

Séptima puerta: el cumplimiento de los preceptos positivos y la buena conducta

ציצית כבר ידעת כי היא שקולה ככל התורה ובגימטריא ת"ר ועם י"ג חוליות הרי תרי"ג, גם כתיב וראיתם אותו וזכרתם את כל מצות ה', מגיד ששקולה ככל המצות:

Tzitzit: es sabido que (el precepto de *Tzitzit*) pesa como toda la *Torah,* pues en guematria *Tzitzit* es 600, que junto con 13 articulaciones nos da 613, que es el número total de los preceptos. Además, está escrito que (*Números* XV-39) «y os servirá de pezuelo, para que cuando lo viereis, os acordéis de todos los mandamientos del Eterno…».

תפילין מי שאינו מקיימן נקרא קרקפתא דלא מנח תפילין שאינו קם בתחית המתים. והמניחן, כל המזיקים ואומות העולם יראים ממנו, ועליו נאמר (דברים כ"ח י') וראו כל עמי הארץ כי שם ה' נקרא עליך ויראו ממך, רבי אלעזר אומר

אלו תפילין של ראש, ולעתיד לבוא, עליהם נאמר (ברכות דף י"ז ע"א) צדיקים יושבים ועטרותיהם בראשיהם:

Filacterias (*Tefilin*): a aquel que no observa el precepto de las filacterias se le llama «cabeza que nunca fue coronada con filacterias», y no tendrá parte en la resurrección de los muertos. Pero el que observa el precepto de las filacterias asusta todos los espíritus destructivos y a todas las naciones, como está dicho (*Deuteronomio* XXVIII-10), «y todos los pueblos de la tierra verán...», Rabbí Eliezer dijo (*Berajoth* 17a) que este versículo se refiere a las filacterias de la cabeza, sobre las cuales se dice que «los justos se sientan con sus coronas sobre sus cabezas».

קריאת שמע כבר ידעת כי היא יחודו של מקום שהוא שורש לכל המצות, גם יש בה רמ"ח תיבות כי על ידי קריאתה נתקנים רמ"ח איברי הנשמה, גם אמרו רבותינו ז"ל (מנחות דף ל"ט ע"ב) הקורא קריאת שמע פעמים בכל יום כאלו מקיים כל התורה כולה שנאמר (יהושע א' ח') והגית בו יומם ולילה:

Kiriat Shemá: ya sabes que es una declaración de la unidad de Dios, y que esta oración es la raíz de todos los preceptos. Hay en ella 248 palabras, y al leerla, se modifican los 248 órganos de alma (*Nefesh*). Además, nuestros rabinos, de bendita memoria, dijeron que aquel que lee dos veces al día la oración el *Kiriat Shemá* es como aquel que observa todos los preceptos de la *Torah*, como ha sido dicho (*Josué* I-8): "meditarás en ella día y noche".

תפלה אמרו רבותינו ז"ל (ברכות דף ל"ב ע"ב) דברים שעומ־דים ברומו של עולם, וכמו שידעת כי היא גדולה מכל הקר־בנות שנאמר (ישעיה א' י"א) למה לי רוב זבחיכם וגו' וכתיב גם כי תרבו תפילה מכלל שגדולה מהם, וכמו שהקרבנות מכפרים, התפילה גם כן מכפרת עונותיו של אדם. ובספר הזוהר פרשת ויקהל (ר"א ע"ב) צלותא יקירא מכל פולחנין ומכל קורבנין :

Oración: nuestros rabinos, de bendita memoria, dijeron (*Berajoth* 6b) que la *Amidá* es «lo más elevado del mundo», ya que es más importante que todos los sacrificios, como está dicho (*Isaías* I-11): «¿Para qué me sirve la multitud de vuestros sacrificios?», y también (*Isaías* I-15) «cuando multiplicareis la oración»; y como los sacrificios expían las transgresiones del hombre, así también la oración del hombre. Además, está escrito en el libro del Zohar que en la *parashah* de *Vaiakhel* (II-201b)[222] «La oración es más preciosa que cualquier ritual y cualquier sacrificio».

222. Volumen XVI de nuestra edición. En realidad, esta cita no aparece en esta página, pero en la página 219 a podemos leer que «La plegaria fue estipulada en lugar de los sacrificios».

מזכי לחיביא אמרו רבותינו ז"ל (אליהו רבא ספ"ח) למה זכה אלקנה להעמיד שמואל ששקול כמשה ואהרן, מפני שהיה עולה לרגל ומעלה לבני אדם הרבה עמו ומזכה אותן, וכן שמואל בנו נוהג אחריו, כמו שכתוב (שמואל א' ז') וסבב בית אל והגלגל וגו' ושפט את ישראל ותשובתו הרמתה כי שם ביתו, ואברהם לא זכה לכל מעלותיו אלא משום (בראשית י"ב ה') ואת הנפש אשר עשו בחרן, וכתיב (שם י"ח י"ח) ואברהם היו יהיה לגוי גדול וגו' כי ידעתיו אשר יצוה וגו', ושמרו דרך ה' וגו', וכל ראשי הדורות אינן זוכין או אינן נענשים אלא על סבה זו:

Redimir a los pecadores: nuestros rabinos, de bendita memoria, explicaron (*Eliahu Rabbah*) que Eljanán mereció a su hijo *Samuel*, que supera a Moisés y a Aarón, porque solía ir en peregrinación, llevando consigo a muchas personas y redimiéndolas. Su hijo *Samuel* solía hacer lo mismo, como está escrito (1 *Samuel* VII-16 y 17): «y todos los años iba y daba vuelta a Betel, y a Gilgal, y a Mizpa, y juzgaba a Israel en todos estos lugares. Volvía después a Ramá, porque allí estaba su casa». Y Abraham fue merecedor, por lo que hizo con los malvados, como está escrito (*Génesis* XII-5): «y las almas que habían hecho en Harán…» y está escrito[223] que (*Génesis* XVIII-18 y 19) habiendo de ser Abraham en gran gente y fuerte, y habiendo de ser benditos en él todos los gentiles de la tierra. Porque yo lo he conocido, sé que mandará a sus hijos y a su casa después

223. Véase *Génesis* XVIII-18 y 19.

de sí, que guarden el camino del Eterno, haciendo justicia y juicio, para que haga venir el Eterno sobre Abraham lo que ha hablado acerca de él. Y todos los jefes de las generaciones son absueltos o castigados por esta razón.

ובספר הזוהר ריש פרשת תרומה (קכ"ח ע"ב) הגדיל לספר בשבח מצוה זו ואמר, זכאה בעי למרדף בתר חיבא ולמקני ליה באגר שלים וכו' ודא איהו שבחא דיסתלק ביה יקרא דקודשא בריך הוא יתיר משבחא אחרא ואסתלקותא דא יתיר מכלא וכו', ועל דא כתיב באהרן (מלאכי פרק ב') ורבים השיב מעון, וכתיב (שם) בריתי היתה אתו החיים והשלום וגו', ואיהו אסתלק בשלשה סלוקין מה דלא אסתלק הכי בר נש אחרא, ועל האי בר נש כתיב בריתי היתה אתו החיים והשלום, וזכי למחמי בנין לבנוי, וזכי בהאי עלמא וזכי לעלמא דאתי ועאל בתליסר תרעי ולית מאן דימחי בידיה, ועליה כתיב (תהלים קי"ב ב') גבור בארץ יהיה זרעו וגו', הון ועושר בביתו וצדקתו עומדת לעד, זרח בחשך אור לישרים.

En el libro del Zohar, al principio de la *parashah* de *Terumah* (128b)[224] se dice que aumentaron los elogios de este mandamiento y dijeron: «asimismo, ese justo debe marchar detrás del pecador y adquirirlo con dinero completo, para quitar de él esa inmundicia del pecado y así someterá al *Sitra Ajra,* y edificará su alma para que se le considere como que él lo creó. Y éste es

224. Volumen XIII de nuestra edición, pág. 35 y 36.

el elogio que hará encumbrar la gloria de El Santo, Bendito Sea, más que otro elogio. Y este encumbramiento es mayor que todos. ¿Cuál es la razón? Porque él provoca el sometimiento del *Sitra Ajra,* y el encumbramiento de la gloria del Santo, bendito sea.[225] Y por eso está escrito acerca de Aarón: "y a muchos hizo volver del pecado" (*Malaquías* II-6). Y está escrito: "mi pacto estaba con él" (*Ibid*). Ven y ve: todo el que aferra la mano de un pecador y se esfuerza en hacerlo volver del mal camino, él asciende tres grados, y es un ascenso que no consigue otro hombre. Provoca el sometimiento del *Sitra Ajra* Y provoca que el Santo, bendito sea ascienda en Su gloria. Y provoca que se mantenga la existencia de todo el mundo, de arriba y de abajo. A propósito de esta persona está escrito está escrito: "mi pacto estaba con él". La vida y la paz. Y se volverá merecedor de ver los hijos de sus hijos. Y se volverá merecedor de riqueza en este mundo, y se volverá merecedor del mundo venidero. Todos los poseedores de juicio no lo podrán juzgar en este mundo; y en el mundo venidero entrará por doce puertas, y no habrá quien le haga reproche. Y a esto se refiere lo que está escrito (*Salmos* CXII-2 a 4): "su simiente será poderosa en la Tierra; la generación de los rectos será bendita. Bienes y riquezas hay en su casa y su justicia permanece para siempre. La luz de los rectos resplandeció en las tinieblas; es clemente, misericordioso y justo"».

---

225. Para mayor comprensión incluimos la cita completa del Zohar.

כדין מלכא קדישא בריך לדיוקנא דההוא בר נש בכל ברכאן דבריך לאברהם כד עבד נפשין דחיביא וכו' ואיהו עאל לשבעין עלמין גניזין דלא זכה בהו בר נש אחרא. ואלמלא הוו ידעי בני נשא כמה תועלתא וזכו גרמי לצדיקיא וזכאן בגיניהו, הוו אזלי אבתרייהו ורדפי כמאן דרדיף בתר חיין וכו':

Entonces el rey santo bendito bendice la imagen de ese hombre con todas las bendiciones con las que bendijo a Abraham cuando se apartó de las almas (Nefashim) de los malvados, etc.[226] Penetra en setenta mundos ocultos que nadie, excepto él, merecía, porque estos mundos están ocultos y son sólo para aquellos que se apartaron de los malvados. Si los hombres supieran cuánto beneficio y mérito adquirirán cuando los merezcan con arrepentimiento, irían tras ellos y los perseguirían como quien persigue la vida.

משא ומתן באמונה, כבר נתבאר (בשער ה') בענין הרמיה, עיין שם. גם ידעת כי תחלת דינו של אדם אחר שנפטר, הוא, נשאת ונתת באמונה (שבת דף ל"א ע"א):

Honestidad en los negocios: la importancia de la honestidad (אמונה)[227] en los negocios ya fue explicada (en la quinta puerta), y ya sabes que (*Shabbat* 31a)

226. Véase *Génesis* XII-15.

227. *Emunah* (אמונה), ya vimos que esta palabra significa «fe», «confianza». De ahí la idea de «buena fe».

«cuando el hombre es llevado a juicio se le pregunta, ¿te comportaste con honestidad?».

צדקה נתבאר בישעיה (נ"ח ז') הלא פרוס לרעב לחמך וגו' אז תקרא וה' יענה תשוע ויאמר הנני, וכתיב (דברים ט"ו י') כי בגלל הדבר הזה יברכך ה' אלהיך, וכתיב (משלי כ"א י"ד) מתן בסתר יכפה אף (משלי פרק י"ז) וצדקה תציל ממות, וכתיב (תהלים קי"ב ג' וט') וצדקתו עומדת לעד. ואין עבירה מכבה אותה כשאר מצות, וגורמת חיים לאדם כמעשה דב־נימין הצדיק הנזכר לרבותינו ז"ל (ב"ב דף י"א ע"ב):

Tzedakah: la importancia de la limosna (*Tzedakah*) fue explicada por *Isaías* (LVIII-7 a 9): «que partas tu pan con el hambriento… Entonces invocarás, y oirás al Eterno; clamarás, y dirá él: heme aquí». Además, está escrito (*Deuteronomio* XV-10): «que por ello te bendecirá el Eterno tu Dios en todos tus hechos, y en todo lo que pusiereis mano». Y está escrito: (*Proverbios* XXI-4): «un regalo en secreto evita la ira», y (*Proverbios* X-2) «La limosna (*Tzedakah*) libera de la muerte». Además, se dice que (*Salmos* CXII-3 y ss.) «su justicia (*Tzadakto*) permanece para siempre». Y ninguna transgresión puede anular la justicia. Además, la justicia da vida, como lo demuestra el siguiente incidente de Benjamín el *Tzaddik,* como nos recuerdan nuestros rabinos, de bendita memoria (*Baba Batra* 11a):[228]

כבוד שבת נודע כי שבת שקולה ככל התורה, וכמו שנתבאר בשער הזה בתחלתו בענין שבת, עיין שם. וכתיב (ישעיה נ"ח י"ג) אם תשיב משבת וגו' וקראת לשבת עונג וגו' והרכבתיך על במתי ארץ והאכלתיך נחלת יעקב אביך. ומעשה (שבת דף קי"ח ע"א) ביוסף מוקיר שבי דזכה ליקח כל העושר המו־פלג של אותו גוי.

El honor del *Shabbat*: se sabe que el *Shabbat* pesa más que toda la *Torah,* como ya se explicó al principio de esta puerta. Está escrito (*Isaías* LVIII-13 y 14): «si apartas tu pie del *Shabbat*… y llamas al *Shabbat* una delicia… te haré cabalgar sobre las alturas de la tierra; y te alimentaré con la herencia de Jacob tu padre». Como en el tratado de (*Shabbat* 118a) «José que honra el *Shabbat,* se apoderó de todas propiedades de un rico gentil».

---

228. El texto del Talmud dice así: «Un día, en un año de escasez, una mujer se acercó a Benjamín el Tzaddik, que era supervisor del fondo de caridad, y le dijo: "Por favor, ayúdame". Él le respondió: "Le juro que no hay ni un centavo en el fondo de caridad". Ella le dijo: "Si no me ayuda, una mujer y sus siete hijos morirán". Y entonces él la ayudó de su propio bolsillo. Poco tiempo después, enfermó gravemente. Los ángeles se dirigieron al Santo, bendito sea, diciendo: "Soberano del Universo, has dicho que el que salva un alma de Israel es como si salvara al mundo entero; ¿entonces Benjamín el Tzaddik, que ha salvado a una mujer y a sus siete hijos morirá a una edad tan temprana?". Inmediatamente, su sentencia fue revocada. Se ha enseñado que se añadieron veintidós años a su vida».

ומעשה (שם) דאדם אחד שהיה אוכל על שלחן זהב משאוי ששה עשר בני אדם ועליו כל מיני מגדים שנבראו מששת ימי בראשית, אמרתי לו, בני במה זכית לכל העושר הזה, ואמר קצב הייתי ואם הייתי שוחט בהמה נאה הייתי אומר זו לשבת וכו', ואמרו רבותינו ז"ל עשירים שבחוצה לארץ במה הם זוכים מפני שמענגים את השבת:

Y del tratado *(Ibid.)* del hombre que solía comer en una mesa de oro, la mesa fue traída ante él llevada por dieciséis hombres; dieciséis cadenas de plata fueron fijadas en ella, y platos, copas, jarras y frascos fueron puestos en ella; y sobre ella había toda clase de comida, delicadezas y especias. Uno le preguntó:[229] «¡Hijo mío! Yo era carnicero, y de toda bestia fina solía decir, esto será para el *Shabbat*». Nuestros rabinos, de bendita memoria, dijeron que las personas ricas de los demás países merecen su riqueza porque honran el *Shabbat*.

למול את הבן, אם מזכי לחייביא בארנו גודל שכרו לאין קץ מכל שכן להכניס בנו תחת כנפי השכינה שקודם לאחרים:

Circuncisión del hijo: si el que redime a los pecadores recibe una recompensa infinita, tanto más el que circuncida a su hijo y lo lleva bajo las alas de la *Shekinah*.

229. Por su riqueza.

גמילות חסדים ובקור חולים, והבאת שלום, והכנסת אור־
חים, הן מאלו דברים שאדם אוכל פרותיהם בעולם הזה
והקרן קימת לו לעולם הבא, והעוסק בתורה ובגמילות חס־
דים אומר הקדוש ברוך הוא מעלה אני עליו כאלו פדאני לי
ולבני מבין האומות, והיא מדתו של אברהם כמו שכתוב
(מיכה ז' כ') תתן אמת ליעקב חסד לאברהם, וכתיב (משלי
כ"א כ"א) רודף צדקה וחסד ימצא חיים צדקה וכבוד, ואביי
דאתא מדבית עלי (ר"ה דף י"ח ע"א) דעסק בגמילות חסדים
הוסיפו לו עשרים שנה יותר מרבה בר נחמני רבו, ומצילין
מדינה של גיהנם ודין חבוט הקבר כנזכר לעיל בשער ב':

Los actos de bondad y las visitas a los enfermos, la paz y la hospitalidad recompensan al hombre en este mundo y en el venidero. Además, el Santo, bendito sea, dijo que el que estudia la *Torah* y da en caridad lo redime a él y a sus hijos de su exilio entre las naciones. Éstas son las *Middot* de Abraham, como está escrito (*Miqueas* VII-20): «cumplirás la verdad a Jacob, y a Abraham la misericordia». Además, está escrito que (*Proverbios* XXI-21) «El que persigue la justicia y la bondad encontrará la vida y la honra», como se desprende del siguiente relato de Abaie (*Rosh haShannah* 18a): Abaie, estudiaba la *Torah* y realizaba actos de bondad, vivió veinte años más que su maestro Rabbí ben Najmani. Además, esta buena conducta lo salvó del juicio del infierno y del castigo después de la muerte, como ya se explicó en la segunda puerta.

קביעות עתים לתורה נתבאר בשער ה' בענין הליצנות, ונו־
דע כי תלמוד תורה שקולה כנגד כל המצות ותחלת דינו של
אדם, קבעת עתים לתורה שנאמר (משלי כ"ח י"ז) פוטר מים
ראשית מדון: ואלו הם מנהגים טובים:

Establecer tiempos para la *Torah*: la importancia de establecer tiempos para el estudio de la *Torah* ya fue explicada en la quinta puerta. Sabemos que el estudio de la *Torah* supera todos los preceptos[230] y que «el hombre es juzgado primero por la cantidad de tiempo que pasó estudiando la *Torah»*, como está dicho (*Proverbios* XVII-14): «Hablar precipitadamente es el principio de la contienda». Y éstas son las buenas conductas.

קריאת שמע שעל המטה, ידעת מה שאמרו רבותינו ז"ל
(זוהר ח"ג דף רי"א ע"א) כל הקורא קריאת שמע על מטתו
הורג כמה רבבות מזיקין המצויין בלילה ובפרט בעלות
הנפש למעלה, וכמו שכתוב (תהלים פרק קמ"ט) יעלזו חסי־
דים בכבוד ירננו על משכבותם רוממות אל בגרונם וגו':

El *Kiriat Shemá* en la cama: es sabido que nuestros rabinos, de bendita memoria, dijeron (Zohar III-211a)[231] que aquel que dice *Shemá* en la cama mata a unos cuantos miles de espíritus destructivos (מזיקין); especialmente cuando el alma (*Nefesh*) asciende, como está

230. Véase *Talmud*, tratado de *Kiddushin* 40b.

231. Volumen XXIV de nuestra edición, pág. 270. En realidad, esta cita procede del Talmud, tratado de *Berajoth* (V-1).

escrito (*Salmos* I-5 y 6): «se gozarán los misericordiosos con gloria; cantarán sobre sus camas. Ensalzamientos de Dios modularán en sus gargantas…»

קימה אחר חצות לילה, זולת היותו מכלל אבלי ציון וירו־שלים שנאמר עליהם (ישעיה פרק ס"ו) שישו אתה משוש כל המתאבלים עליה, כי גם הקדוש ברוך הוא באותה שעה מתאבל ושואג כארי. גם בעסקו אז בתורה אמרו רבותינו ז"ל (שה"ש רבה ה' ז') אין רנה של תורה אלא בלילה, ואמ־רו רבותינו ז"ל (ע"ז דף ג' ע"ב) כל העוסק בתורה בלילה חוט של חסד משוך עליו ביום, ואמרו רבותינו ז"ל (תמיד דף ל"ב ע"ב) כל העוסק בתורה בלילה שכינה כנגדו.

Aquel que se levanta después de la medianoche y lamenta la destrucción de Sion y Jerusalén es considerado como uno de los dolientes de Sion sobre los que Ha sido dicho (*Isaías* LXVI-10): «alegraos con Jerusalén, y gozaos con ella, todos los que la amáis; llenaos con ella de gozo, todos los que os enlutáis por ella». Porque también el Santo, bendito sea, se lamenta en esta hora y ruge como un león. Además, nuestros rabinos, de bendita memoria, dijeron (*Shir haShirim Rabbah* V-7) que «el cántico de la *Torah* sólo se escucha de noche» y dijeron (*Avodah Zarah* 3b) «todos aquellos que se dedican al estudio de la *Torah* por la noche, reciben un hilo de gracia durante el día», y dijeron nuestros rabinos, de bendita memoria, (*Tamid* 32b):

«todo aquel que se ocupa de la *Torah* durante la noche, la *Shekinah* está frente a él».

וכתיב (איכה ב' י"ט) קומי רוני בלילה, ולא זכה דוד המלך ע"ה להיות חי וקים בעולם הזה ובעולם הבא אלא על זה הדבר כמו שכתוב (תהלים קי"ט י"ט) חצות לילה אקום להודות לך. ובכל ספר הזוהר נתבאר שבחי המצוה הזו לאין קץ, גם משרה רוח הקודש על האדם כנזכר שם בפרשת שמות (י"ח ע"ב):

Y está escrito (*Lamentaciones* II-19): «levántate, grita en la noche». El rey David, que descanse en paz, mereció la vida en este mundo y en el venidero sólo porque alabó al Eterno después de la medianoche, como está escrito (*Salmos* CXIX-62): «a medianoche me levantaré a alabarte sobre los juicios de tu justicia». La importancia de este precepto se explica detalladamente en el libro del Zohar, en la *parashah* de *Shemot* (II-18b),[232] donde se hace hincapié en que aquel que observa este precepto obtiene el *Ruaj haKoddesh*.

232. Véase volumen IX de nuestra edición, pág. 129.

חלק ב שער ח

SEGUNDA PARTE, PUERTA OCHO

השער השמיני: נקרא שער התשובה ויתחלק לשלשה חל-
קים,

La octava puerta se llama puerta de la Teshuvah y se divide en tres partes

החלק הראשון במצות עשה:

Primera parte: sobre los preceptos positivos

החמורות שבכולם הן מצות עשה דקרבן פסח ולמול את עצמו, שיש בבטולם כרת. יותר מזה, מצות עשה שיש בבטולם לא תעשה וכרת כגון להתענות ולשבות ממלאכה ביום הכפורים. למעלה מזה, לשבות ממלאכה בשבת שיש בבטולה לא תעשה וסקילה.

Las ofensas más severas son las transgresiones de los siguientes preceptos positivos. La ofrenda de *Pesaj* y la autocircuncisión, en la cual el castigo es *Karet*. Y más importante que eso, *Karet* es también el castigo del que come o trabaja en *Iom Kippur*. Además, el que trabaja en *Shabbat* es apedreado hasta la muerte.

למעלה מזה, לפרות ולרבות שאפילו יש בידו תורה ומ־
צות כחזקיהו, ימות בעולם הזה ולא יחיה לעולם הבא, וכן
מצות עשה להניח תפילין, אם היה קרקפתא דלא מנח תפי־
לין מעולם, אינו קם בתחית המתים, ונקרא מפושעי ישראל
בגופן. גדולות שבכולם המפיר ברית מחמת להכעיס:

Más importante es «creced y multiplicaos», ya que incluso Ezequías, que estudió la *Torah* y observó los preceptos, murió en este mundo antes de tiempo y perdió su lugar en el mundo venidero por transgredir este precepto. Otro precepto positivo es usar filacterias, ya que aquel que nunca usó filacterias no será resucitado el día de la resurrección y es considerado como un infiel de Israel. Muy grave es el que rompe la alianza.

ומצות עשה לידע שיש אלוה, וכופר בעיקר שאין להם חלק
לעולם הבא:

Y es un precepto positivo saber que hay un solo Dios y el que niega su existencia no tendrá su parte en el mundo venidero.

עוד יש מצות שאוכל פרותיהם בעולם הזה והקרן קימת לו
לעולם הבא, כבוד אב ואם, וגמילות חסדים בגופו ובממונו
לעניים ולעשירים, והוא לשמח חתן וכלה ולבקר חולים, ול־
קבור מתים, ולנחם אבלים, ולהלביש ערומים, ולהכניס אור־

חים, ועיון תפלה בכונה, והבאת שלום בין אדם לחבירו ומכל שכן הוא עצמו עם חבירו, ובכלל זה הדן את חבירו לכף זכות, ותלמוד תורה כנגד כולם ובכלל זה השכמת בית הכנ־סת והמגדל בניו לתלמוד תורה:

Por otra parte, aquel que observa los siguientes preceptos positivos recibe su parte en este mundo y en el mundo venidero: honrar a tu padre y a tu madre, dar caridad a los pobres y a los ricos, celebrar con alegría con el novio y la novia, visitar a los enfermos, enterrar a los muertos, consolar a los dolientes, vestir a los desnudos y mostrar hospitalidad a los pobres. Hacer la plegaria con devoción, hacer las paces entre amigos, justificar a tu compañero. Y el estudio del *Torah* pesa más que todos ellos, incluyendo el levantarse temprano para ir a la sinagoga y criar a un hijo para que aprenda *Torah*.

החלק השני: בעונש מדות האסורות ובעונש מצות לא תעשה:

La segunda parte: el castigo para las malas Middot y por la transgresión de los preceptos negativos

המדות רעות היותר חמורות הן שתים, הכעס שקולה כעובד עבודה זרה וטורף נפשו באפו ונעקרת משם והולכת לה ומ־תחלפת בנפש אחרת רעה.

Las dos peores *Middot* son la ira y el orgullo. Un hombre enfadado es considerado como un idólatra que en realidad mata a su alma (*Nefesh*) en su ira, porque su alma (*Nefesh*) es arrancada y sustituida por otra alma (*Nefesh*) mala.

למעלה ממנה הגאוה וגסות רוח, היא שקולה כעבודה זרה וכאשרה וכתועבה וככופר בעיקר, וכאילו גילה כל העריות כולם, ואין עפרו ננער בתחית המתים . למעלה מהם אותם שלוקים עליהם:

El orgullo y la grosería son considerados como idolatría, como *Asherah*[233] y como abominación. Además, es como si hubiera transgredido todas las leyes de pureza sexual y su polvo no será despertado en la resu-

233. Deidad femenina cananea que también era adorada en Fenicia y Siria.

rrección de los muertos. Y ciertamente, por encima de ellos están aquellos que se aferran a ellos.

ושתי חלוקות אלו וכן בטול כל מצות עשה זולת החמורות הנזכרים לעיל כולם נקראים עבירות קלות, וכל מצות עשה החמורות הנזכרים לעיל וכן כל מצות לא תעשה זולת שתי אלו החלוקות הנזכרות כולם נקראים עבירות חמורות ויש בהם מדרגות רבות ואלו הם, כל חייבי כריתות ומיתות בידי שמים ומיתות בית דין.

Y estas dos transgresiones, excepto las que se mencionaron en la primera parte, que se llaman delitos leves, anulan todos los preceptos positivos. Mientras que los preceptos positivos, que se mencionaron al principio, y todos los preceptos negativos se llaman delitos graves: las ofensas se dividen en varios niveles de gravedad. El primer nivel incluye aquellos delitos que son castigados por *Karet,* la muerte por la mano de Dios y la muerte por decreto del juez.

ולא תשא את שם ה' אלהיך לשוא, אף על פי שאין בו כרת, בבחינה אחת חמור מכולן כי נפרעים ממנו וממשפחתו ומכל העולם אפילו ממי שאין בידו למחות. וענין חלול השם (יומא דף פ"ז ע"א), ועד היכן תכלית חלול השם אמר רב כגון אנא אי שקילנא בשרא ולא יהיבנא דמי לאלתר, רבי יוחנן אמר כגון אנא אי מסגינא ארבע אמות בלא תורה ות־ פילין, משום חולשא, ומאן דחזי לא ידע דהוי משום חול־

שא ולומד ממני להתבטל מתורה ותפילין, רבי ינאי אומר כל שחבריו מתבישים ממנו מפני שם רע שיצא עליו, אביי אמר כדתניא ואהבת את ה' אלהיך (דברים ו' ה') שיהא שם שמים מתאהב על ידך שיהא קורא ושונה כו', ומשאו ומתנו באמונה ודבורו בנחת עם הבריות, ואם אין משאו ומתנו באמונה שם שמים מתחלל על ידו:

Y el precepto negativo «No tomarás el nombre del Eterno, tu Dios, en vano,»[234] aunque la transgresión de este precepto no es castigada por *Karet*, es más severa que todas las demás transgresiones para el transgresor, su familia y el mundo entero; incluso aquellos que no lo impiden. Y lo que se llama *Jilul haShem* (*Iomah* 87a) dice Rav: es como si toma carne del carnicero, y no paga inmediatamente. Dice Abaie: es cuando se acostumbra a pagar en efectivo, pero se retrasa el pago. Dice Rabbí Iohanan: cuando camino cuatro *amoth* sin la *Torah* en mi mente, *Jilul haShem*. Los discípulos de Rabbí Janai han dicho: cuando los compañeros de un hombre se avergüenzan de su reputación. Y Abaie dijo, como hemos aprendido en el siguiente versículo, está escrito (*Deuteronomio* VI-:5) «amarás al Eterno, tu Dios...». Esto significa que el nombre de los cielos debe ser amado a través de ti; es decir, que el hombre debe leer y estudiar (la *Torah*) y ayudar a los que la estudian y ser amables con la gente. Porque si no lleva el fardo de la fe, la ira del cielo caerá sobre él.

---

234. Véase *Éxodo* XX-7.

וכל אלו אם לא עשה תשובה ומת נדון בגהינם, ולבסוף משם מצפצפים ועולים, ויש להם תקנה ותחית המתים ועולם הבא:

Si el transgresor de estos preceptos no se arrepiente (עשה תשובה) de sus fechorías antes de su muerte, está condenado; sin embargo, todavía puede corregirse y alcanzar el mundo que venidero.

למעלה מזה פושעי ישראל בגופם, קרקפתא דלא מנח תפי־לין מעולם שנתעצל מלהניחם והיה יכול להניחם, כי אם היה להכעיס נקרא מין או לפחות מומר, וזה אם מת ולא שב נדון בגיהנם שנים עשר חדש ואחר כך גופו כלה ונשמתו נשרפת ונעשית אפר תחת כפות רגלי הצדיקים בעולם הבא:

El segundo nivel está compuesto por las transgresiones cometidas por los de Israel (que transgredieron los preceptos negativos relacionados) con el cuerpo, el que nunca usaba filacterias o el que era indolente para usarlas aunque tuvo el tiempo para hacerlo o el que no se las puso por despecho, morirán y nunca resucitarán. El transgresor estará en el *Guehinom* el duodécimo mes y después su cuerpo perecerá y su alma (*Neshamah*) será quemada y sus cenizas serán esparcidas bajo los pies de los *Tzaddikim* en el mundo venidero.

למעלה מזה הם אלו שאין להם חלק לעולם הבא כלל, וגהינם כלה והם אינם כלים אף על פי שיש בידם תורה ומ־עשים טובים ולא עשו תשובה ומתו כדואג האדומי אביר הרועים,

Son ellos, sobre todo, los que no tienen parte en el mundo venidero, e incluso cuando el *Guehinom* deje de existir, seguirán sufriendo, pues este castigo es el destino de cualquier pecador que no se arrepienta de sus fechorías antes de su muerte, incluso si estudió la *Torah* y se perfeccionó con buenas acciones, pero no hizo *Teshuvah* como Doeg el edomita, el jefe de los pastores.

ואלו הם, המינים, והם תלמידים אותן המהפכים דברי תורה למינות, וכן המומר לעבודה זרה בלבד אף על פי שמודה בכל המצות והוחזק בעבודתם תמיד, והמומרים וכן המו־מר על איזו עבירה משאר עבירות להכעיס ואפילו לתאבון, והפורק עול שהוא הכופר בעיקר והוא אומר שאין אלוה, וכן האומר יש תורה מן השמים ואיני סופנה כלומר ואיני מקיימה, והאומר אין תורה מן השמים ואפילו בפסוק אחד או בדקדוק אחד של חסרות ויתירות או בקל וחומר אחד או בגזרה שוה אחת,

Y ellos son los herejes (מינים) que aprendieron de aquel que habla de la *Torah* como hereje, y que también hizo *Teshuvah* y a pesar de admitir todos los preceptos, transgredió únicamente por despecho; aquel que se quita el yugo y dice que no hay Dios (אלוה); el que dice que hay *Torah* de los cielos pero no está terminada y el que dice que no hay *Torah* de los cielos e incluso si cita un versículo o un detalle donde la existencia de Dios es negada o hace una analogía donde sugiere que la *Torah* no fue dada por Dios,

ויש אומרים אפילו בתורה שבעל פה או בדברי סופרים, והאומר אין תחית המתים מן התורה, כלומר שאין ענינה רמוז בתורה אף על פי שמאמין בתורה ושיש תחית המתים, והמגלה פנים בתורה שלא כהלכה כגון מנשה שהיה דורש בהגדות של דופי וכי מה היה לו למשה לכתוב בתורה ואחות לוטן תמנע וכיוצא בו,

Y hay quien dice que la *Torah* oral o las palabras de los sabios y declaran que la resurrección de los muertos no aparece en la *Torah*, a pesar de que creen en la *Torah* y en la resurrección de los muertos, aquel que interpreta[235] la *Torah* incorrectamente como Manasés,[236] que criticó y cuestionó los hechos de Moisés, Timna la hermana de Lotan y los demás,

וכן העובר על דברי תורה ביד רמה בפרהסיא כיהויקים, והמפר ברית בשרו שאינו מוהל עצמו להכעיס, וכן המושך

235. Literalmente, «que explica los rostros».

236. Rey de Judá que se opuso a la ortodoxia, fue capturado y encarcelado por los asirios y que tras volver a la ortodoxia, fue liberado por Dios y volvió a reinar, en Judá.

בערלתו להראות כערל, והחוטא וגם מחטיא את הרבים כי־
רבעם אפילו בחטא הקל, והאפיקורוס והוא המבזה תלמיד
חכם בפניו, וכן תלמיד דיתיב קמי רביה ואומר דבר זה אסור
הוא או מותר דרך פשיטות ולא דרך שאלה, וכן המלגלג על
רבו כשדורש איזו דבר של גוזמא ואינו מאמין לדבריו,

Y aquel que transgrede y desafía las leyes de la *Torah* como Joaquín; aquel que rompe el *Brit* (ברית);[237] el que no se circuncida por despecho, y el que saca su prepucio para parecerse a los gentiles, aquel que transgrede y hace que muchos pequen incluso con pecados leves como el mismo Jeroboam, y el epicúreo (אפיקורוס), el que avergüenza al *Talmid Jajam* delante de él, el alumno que le dice a su maestro esta cosa está prohibida y esta cosa está permitida, en vez de preguntarle, el alumno que se burla de su maestro y no cree sus palabras,

וכן המבזה תלמיד חכם שלא בפניו כגון אלו האומרים דרך
גנות הני רבנן או כאלו האומרים מאי אהנו לן רבנן לדידהו
קרו לדידהו שנו, או כאלו האומרים מאי אהנו לן רבנן כלום
אסרו לנו יונה או שרו לן עורבא, או תלמיד שקורא לרבו
בשמו ואינו אומר מורי ורבי,

Y aquel que avergüenza al *Talmid Jajam* y dice de un modo despreciativo «¿éstos son rabinos?» o se pre-

237. El pacto de la circuncisión.

gunta «¿de qué nos sirven los rabinos?» Estudian para sí mismos y enseñan para sí mismos. Y, «¿de qué nos sirven los rabinos?» Nunca nos permitieron el cuervo, ni nos prohibieron la paloma, o el estudiante que utiliza el nombre de su rabino en vez de llamarlo mi maestro y mi rabino.

וכן המבזה לחבירו בפני תלמיד חכם, והמוסרים, בין שמסר ישראל ביד הגוי להכותו או שמסר ממונו, ופרנס המטיל אימה יתירה על הצבור להתגאות ולא לשם שמים,

Y el que desprecia a su compañero delante de los estudiantes, y los que traicionan a Israel ante los gentiles o aquellos que traicionan la propiedad de otros; un guardián de una comunidad que aterroriza por su propio beneficio y no para la santificación del nombre del cielo,

והמבזה את המועדות שעושה מלאכה בחולו של מועד דרך בזיון שאינו מאמין באיסור זה ולא משום הנאת עצמו, והמ־לבין פני חבירו ברבים בפניו, והמתכבד בקלון חבירו, ונראה לי כי גם זה בפניו,

El que desprecia las festividades y desprecia el trabajo que se realiza durante los días profanos entre las festividades, el que avergüenza a su compañero; el que se eleva degradando a su compañero;

והקורא בספרים חיצונים כגון ספר בן סירא וספרי בן לענה שהם דברי הבאי ומושכים לבו של אדם בהם ועל ידי כן מתבטל מדברי תורה וכגון ספרי המינין, אבל ספרי מירם וכל שאר מיני ספרים שלהם אינם אלא כקורא באגרת,

El que lee los libros heréticos[238] como el libro de Ben Sira, los libros de Ben Laana que son palabras que atraen el corazón del hombre y le hacen descuidar el estudio de la *Torah*, sin embargo, uno puede leer el libro de Meiram y otros libros similares, que se leen como se lee una carta,

כמו שאמרו בירושלמי (סנהדרין פ"י ה"א) והלוחש על המכה וקורא פסוק אחד ורוקק, ולא מבעיא פסוק דכל המחלה שיש בו זכירת חולי ורפואה ושם שמים אלא אפילו כגון ויקרא אל משה וכו', וההוגה את ה' בגבולין באותיותיו ופירשו בירושלמי שם שאינו מזכירו בכנויו, כמו שכתוב זה שמי וזה זכרי, ובתלמודא דידן (ע"ז דף י"ח) דוקא בחבורת בני אדם, והבוזה דבר השם והוא המזכיר דברי תורה במקום מטונף, וכן מי שקורא מקרא ואינו משגיח על המשנה שהיא פירוש המקרא,

como dijeron nuestros rabinos en el Talmud de Jerusalén (*Sanhedrín* 81a): «también el que murmura, lee un versículo y expectora al hacerlo y dice "ninguna enfermedad, de las que envié a los egipcios, te enviaré

238. Literlamnete «exteriores».

a ti",[239] "habló con Moisés y le dijo…"».[240] El que pronuncia el nombre con todas sus letras, como se explica en el Talmud de Jerusalén, «aquel que no ama usar el epíteto de Dios», como está escrito «éste es mi nombre para siempre, éste es mi memorial»[241] junto con otros estudiantes (*Avodah Zarah* 18b), precisamente en un grupo de personas, el que desprecia las palabras del Eterno y el que recita las palabras de la *Torah* en un lugar sucio; el que las lee pero no estudian la *Mishnah*, que es la interpretación de la escritura,

וכן הלומד תורה ואינו מלמדה, זולתי בסתרי תורה שכ־תוב בהם (משלי כ"ז כ"ו) כבשים ללבושך רק לחסידי הדור הראויים לכך, וכן מי שאפשר לו לעסוק בתורה ואינו עוסק בה אלא בסחורה ובמילי דעלמא, והרכיל והוא הטוען דב־רים מזה ומוליך לזה אף על פי שאינם דברי גנאי ואף על פי שהוא אמת כענין דואג לדוד, והמספר לשון הרע שמספר בגנות חבירו אף על פי שהוא אמת, והמוציא שם רע על חבירו והמספר בגנותו ואינו אמת, ושלשה אלו הרכיל ובעל לשון הרע והמוציא שם רע הם כאלו כפר בעיקר וחמורים ושקולים כשלש עבירות החמורות שבכל התורה והם עבודה זרה וגילוי עריות ושפיכות דמים,

239. Véase *Éxodo* XV-26.

240. Véase *Levítico* I-1.

241. Véase *Éxodo* III-15.

Y aquel que estudia la *Torah* pero no la enseña, con excepción de los secretos de la *Torah,* a propósito de los cuales ha sido escrito (*Proverbios* XXVII-26) «los corderos son para tus vestidos...» sólo los *Hassidim* de la generación son dignos de ella y a que no dedica tiempo a ocuparse del estudio de la *Torah,* y se abstiene de hacerlo ya que prefiere dedicar su tiempo a asuntos mundanos, el que chismorrea y hace correr rumores, incluso si sus chismes no están hechos para avergonzar otros, e incluso si sus chismes son ciertos, como en el caso de Doeg y David; el que calumnia a su compañero y habla mal de su amigo, incluso si sus palabras son verdad, y cualquiera que cometa uno de los tres, chismes, calumnias o *Lashon haRa,* es considerado como un hereje, ya que estos tres pesan como los tres delitos más graves de la *Torah;* idolatría, incesto y asesinato.

המלוה ברבית ולא החזירו אינו קם בתחית המתים, והמחלל שבת נדון בגיהנם לדורי דורות, והמבטל פריה ורביה במזיד ומת בלא בנים מת בכרת בעולם הזה ולא יחיה לעולם הבא:

שלשה יורדים לגיהנם ואינם עולים לעולם, הבא על אשת איש והמכנה שם רע לחבירו אף על גב דמורגל בו ואינו מתביש אלא שהוא מתכוין להכלימו, ושניהם יש להם חלק לעולם הבא, אך המלבין פניו ממש, אין לו חלק לעולם הבא:

El usurero que no devuelva los intereses no resucitará durante la resurrección de los muertos; él que profane el *Shabbat* heredará el *Guehinom* para la eternidad; el que no cumple «creced y multiplicaos» morirá por el castigo de *Karet* en este mundo y no vivirá en el mundo venidero. Tres pecadores descienden al *Guehinom* y no vuelven a ascender: él que tiene relaciones sexuales con una mujer casada; el que calumnia intencionalmente a su compañero para humillarlo y el que avergüenza a su compañero. Y mientras los dos primeros pecadores tienen su parte en el mundo venidero, el tercero no tiene su parte en el mundo venidero.

ארבעה דברים אוכל פירותיהם בעולם הזה והקרן קימת לעולם הבא, עבודה זרה, גלוי עריות, ושפיכות דמים, ולשון הרע שקולה כשלשתם, ולא עוד אלא שאין לו חלק לעולם הבא.

El castigo por cuatro delitos se lleva a cabo en este en el mundo y en el mundo venidero: *Avodah Zarah,* incesto, asesinato, y *Lashon haRa,* que supera a los tres restantes, así, él que cometió este delito pierde su parte en el mundo venidero.

גדולה מכל העבירות המוציא זרעו לבטלה ששופך דמי זרעיות עצמו עד סוף העולם וגם כל העבירות נתקנים בתשובה אבל זו אין לה תשובה כנזכר בספר הזוהר פרשת ויחי (רי"ט ע"ב) ויש גורסים אי לא בחילא דתיובתא יתיר ותדיר:

La peor de todas las transgresiones es el derramamiento de semen en vano ya que aquel que desperdicia su semilla derrama la sangre de sus descendientes por la eternidad. Y mientras uno puede ser perdonado por sus otros pecados, derramar el semen es el único pecado por el que no hay arrepentimiento, como se recuerda en el libro del Zohar en la *parashah Vaiejí* (I-219b).[242] Y hay, Dios no lo quiera, más y más.

עבירות שבין אדם לחבירו קלות מכל עבירות שבין אדם למקום ובבחינה אחרת חמורות מכולם כי אין להם שום תקנה עד שירצה את חבירו וימחול לו בין באונאת דברים בין באונאת ממון:

Los pecados entre un hombre con sus compañeros son transgresiones menores que los pecados que afectan a la relación del hombre con el Lugar (מקום),[243] mientras que en otros aspectos son peores porque no tienen arreglo mientras la transgresión no es reparada, ya sea que haya sido una mentira o un fraude.

242. Véase volumen VIII de nuestra edición, pág. 73.

243. Como ya hemos visto Makom, el lugar, es uno de los nombres de Dios.

החלק השלישי: בתשובת עבירות שבין אדם למקום

Tercera parte: sobre el arrepentimiento de las ofensas entre el hombre y el Lugar:

אין לך שום עבירה אפילו הכופר בעיקר, עומד בפני התשובה ואפילו עשה תשובה בשעת מיתתו. וארבעה חלוקי כפרה הן, עבר על מצות עשה הקלות ועשה תשובה לא זז משם עד שמוחלים לו, עבר על מצות לא תעשה הקלות, תשובה ויום הכפורים מכפרים, עבר על החמורות והן חייבי כריתות ומיתה בידי שמים בין במצות עשה בין במצות לא תעשה וחייבי מיתות בית דין חוץ מחלול השם, תשובה ויום הכפורים ויסורים מכפרים, עבר על חלול השם או על החמורות מכולם כגת פושעי ישראל בגופן וכל היורדים לגיהנם ואינם עולים וכל שאינם קמים בתחית המתים וכל אותם שאין להם חלק לעולם הבא כנזכר לעיל באורך בשני חלקים הנזכרים, תשובה ויום הכפורים ויסורים ומיתה מכפרים:

No te ofendas ni siquiera con el hereje, estate en *Teshuvah,* y haz incluso *Teshuvah* en el momento de la muerte. Y hay cuatro partes en la expiación:[244] cuando uno ha transgredido un precepto positivo y hecho *Teshuvah,* obtiene expiación antes de haber partido de este mundo. Si no lo hace, transgredió un precepto negativo, la penitencia se suspende, y expía en *Iom*

244. Véase Talmud, Tratado de *Iomah* 86a.

Kippur. Si ha cometido transgresiones susceptibles de penas de *Karet,* o de condena de muerte por el tribunal, entonces la penitencia y el día de *Kippur* lo suspenden y las aflicciones lo eliminan. Pero para aquel que hizo *Jilul haShem* ni la penitencia puede suspenderlo, ni el día de *Kippur* expiarlo, ni los sufrimientos desaparecen. Es la más severa de todas las transgresiones de Israel en sus cuerpos. Y todos los que descienden al *Guehinom* y no ascienden, y todos aquellos que no se levantan en el día de la resurrección y aquellos que no tienen parte en el mundo venidero, como se dijo anteriormente

היסורים מכפרים הם כל מיני יסורים, ועד היכן תכליתם, עד אפילו שנהפך לו חלוקו וטורח להפכה כדי ללובשה, וכן אם הטיל ידו בכיס להוציא שני דינרים ועלה אחד וצריך להטיל ידו פעם שניה:

¿Qué son las aflicciones que limpian los pecados? Una aflicción podría ser incluso una camisa al revés, que uno tiene que quitarse y ponerse de nuevo, o podría ser que uno pone su mano en el bolsillo para sacar dos monedas pero saca sólo uno, y por lo tanto se ve obligado a repita la acción.

התשובה היא כגון שבאה לידו אותה העבירה עצמה שחטא בה ולא עשאה פעם ושתים, כגון באותה אשה ובאותו פרק

וזמן כיוצא בו ובאותו מקום הראשון וכיוצא בו, ואם שב מאהבה או אפילו מיראת העונש, העון נעקר מעקרו כלא היה, ואם שב מחמת שבאו עליו יסורים, אין העון נרפא לג־מרי ונקרא בעל מום:

Y la *Teshuvah* puede lograrse absteniéndose de cometer la misma transgresión dos veces; por ejemplo: no volver a tener relaciones sexuales con la misma mujer casada, abstenerse de volver a cometer el mismo pecado en el mismo lugar o al mismo tiempo. Si la *Teshuvah* se hace por amor o por temor, la iniquidad es desarraigada completamente. Sin embargo, si la *Teshuvah* se agita por las aflicciones, la iniquidad no es curada por completo y el pecador tarado.

והתשובה צריכה ודוי דברים, ועקר הוידוי הוא חטאתי עויתי פשעתי, אבל חטאנו אנחנו ואבותינו כו'. ובגמרא דידן (יומא דף פ"ז ע"ב) ובירושלמי (סוף יומא) נוסח וידוי, ואקצר ואוסיף בו דברים. רבונו של עולם עויתי פשעתי והרע בעיניך עשיתי ובדעת רעה הייתי עומד, ובדרך רחוקה הייתי מהלך, והריני מתחרט מהם והלואי שלא עשיתים ומה שעשיתי לא אעשה עוד, יהי רצון מלפניך ה' אלהי ואלהי אבותי שתכפר לי על כל פשעי ותמחול לי על כל עונותי, ותסלח לי על כל חטאותי, שחטאתי ושעויתי ושפשעתי לפניך מיום שנברא העולם עד היום הזה, בין בגלגול זה בין בגלגולים אחרים, בין באסורי תורה בין באיסורי דברי סופרים ותקנותיהם וסייגיהם ומנהגותיהם, כי אתה הוא הרוצה בתשובה, יהיו לרצון אמרי פי והגיון לבי לפניך ה' צורי וגואלי:

Y la *Teshuvah* requiere de una confesión y lo principal de la confesión es reconocer haber cometido una transgresión, pero nuestras transgresiones nos afectan a nosotros y a nuestros antepasados, ya que la Guemará nos dice (*Iomah* 87b) en el Talmud de Jerusalén (al final de *Iomah*) «haced la confesión con estas palabras: Señor del universo, he pecado, me he extraviado, he transgredido y hecho mal ante tus ojos. Hice el mal y me alejé de nuestras leyes, me arrepentí y no volveré a repetir estos errores. Que el Eterno, mi Dios y el Dios de mis antepasados perdone todas mis transgresiones e iniquidades y perdone todos los pecados que he cometido y transgredido desde la creación del mundo hasta el día de hoy; ya sea en esta reencarnación o en otra, ya sea que transgreda las leyes de la *Torah* o las reformas, restricciones y costumbres de la Sabios; por esto me pides que me arrepienta, Acepta mis palabras».

חלק ג שער א

TERCERA PARTE, PUERTA UNO

חלק השלישי: בהנהגת השגת רוח הקודש:

Tercera parte: la comprensión del Ruaj haKoddesh (espíritu de santidad)

השער הראשון במהות העולמות בתכלית הקצור שיהיה בו צורך להבין מהות הנבואה:

Sobre la conducción del *Ruaj haKoddesh*. La primera puerta en la esencia de los mundos en el breve propósito para comprender la esencia de la profecía.

הנה המאציל העליון אשר האציל כל העולמות נקרא אין סוף ואין בו שום תמונה לא בשם ולא באות ואפילו בקוצי האותיות כלל, ולכן אפילו ההרהור אסור בו.

He aquí que el emanador supremo que emanó de todos los mundos se llama *Ein Sof* (אין סוף), y no hay en él ninguna imagen, ni por nombre ni con ninguna letra, ni siquiera con la corona de una letra, nada en absoluto. Incluso su contemplación está prohibida.

והאציל חמשה עולמות, זה נשמה לזה וזה לזה, והן, אדם הקדמון הנזכר בספר התקונים (בתקון י"ט ובריש תיקון ע' ובכמה מקומות) ובלשון הגאונים נקרא צחצחות, השני עולם האצילות, השלישי עולם הבריאה, הרביעי עולם היצירה, החמישי עולם העשיה.

Cinco mundos (niveles) fueron emanados, siendo uno de ellos el alma (*Neshamah*), al que está debajo de él. Y ellos son: *Adam Kadmon* mencionado en el libro de los *Tikkunim* (en el *Tikkún* 19, a principios del *Tikkún* 70 y en otros lugares) y en el lenguaje de los Gaonim llama 'claridad' (צחצחות). El segundo mundo es *Atzilut*, el tercero el mundo de *Briah*, el cuarto el mundo de *Ietzirah* y el quinto el mundo de *Asiyah*.

ואלו החמשה עולמות נקראו הוי"ה אחת, כי קוצו של יו"ד הוא א"ק [אדם קדמון], והיו"ד אצילות, וה"א ראשונה בריאה והוא"ו יצירה, וה"א אחרונה עשיה.

Estos cinco mundos se llaman un *Havaiah*. Porque la tilde de la *Iod* es *Adam Kadmon*, y la *Iod* es *Atzilut*, la primera He es *Briah*, Vav es *Ietzirah*, y la última *He* es *Asiah*.

ולפי שא"ק לרוב העלמו אין לו תמונת אות אלא קוצו של יו"ד כי האין סוף אפילו תמונת קוץ אין לו לכן אין אנו מז־ כירין לעולם אלא ארבעה עולמות אצילות בריאה יצירה

עשיה, כי הם אותיות גמורות וארבעתם יחד נקראים שם הוי"ה:

Siendo que *Adam Kadmon* está tan altamente oculto, no está representado por ninguna letra, sino sólo por la tilde de la *Iod,* porque el *Ein Sof* ni siquiera tiene la imagen de una y no nos referimos solamente a los cuatro mundos de *Atzilut, Briah, Ietzirah* y *Asiyah* porque son letras completas. Estos cuatro juntos se llaman por el nombre *Havaiah.*

עוד נתחלקו אלו הארבעה לתשע מדרגות והם חכמה ובינה ושש קצוות התפארת ומלכות. כי אלו הארבעה נקרא ארבעה יסודות עליונים שהם ארבעה עולמות אצילות בריאה יצירה עשיה.

Estos cuatro también se dividen en nueve niveles (מדרגות), y estos son Jojmah, Binah, los seis apéndices de Tiferet y Maljut. Los cuatro se denominan cuatro fundamentos (elementos) excelsos, que son los cuatro mundos *Atzilut, Briah, Ietzirah* y *Asiyah*.

ונחלקים לתשע ספירות, ואמנם קוצו של יו"ד שהוא א"ק העולם החמישי העליון כולל כולם ובו לבדו שורש כל ארבעה היסודות שהם ארבעה עולמות, אצילות בריאה יצירה עשיה,

Y se dividen en nueve sefirot y ciertamente la tilde de la *Iod,* que es *Adam Kadmon,* es el quinto mundo excelso que los incluye a todos. Sólo él es la fuente de los cuatro fundamentos (elementos), que son los cuatro mundos, *Atzilut, Briah, Ietzirah* y *Asiyah.*

ונמצא כי לעולם לא יש יותר מארבעה יסודות בלבד. כלל העולה כי האין סוף אינו נכלל בשום חשבון כלל:

Encontramos así que nunca hay más que los cuatro fundamentos (elementos). La regla general es que el *Ein Sof* está fuera de todo recuento.

ואחר כך העולמות. בתחלה הם כללות אחד, והם שם אחד של הוי"ה. ואחר כך נחלק לארבעה יסודות, זולת השורש שלהם שהוא א"ק קוצו של יו"ד והיא הספירה העשירית העליונה מכולם הנקרא כתר, ואחר כך אלו הארבעה יסודות נחלקו לתשע ספירות כנזכר:

Y después de esto están los mundos; estos son uno y su nombre es uno, *Havaiah.* Y después de esto están los cuatro fundamentos (elementos), excepto su raíz, la tilde de la *Iod,* que es *Adam Kadmon,* la sefirah más elevada de las diez, que es llamada Keter y se divide en cuatro fundamentos (elementos), y luego los cuatro fundamentos (elementos) se dividen en nueve sefirot, como dijimos.

והנה כל זה נכללין בשתי חלוקות והם המאציל והנאצלים כולם. וזהו שכתוב בפרקי רבי אליעזר (פרק כ"ג) עד שלא נברא העולם, רצונו לומר העולם הזה, היה הוא ושמו אחד, כי האין סוף הנקרא הוא והנאצלים הכלולים בשמו שהוא הוי"ה אחת, הכל אחד, כי היתה השלהבת גנוזה בגחלת:

Y he aquí que todo esto se incluye en dos partes que son el emanador y todo lo que emana. Esto es lo que está escrito en los *Pirkei D'Rabbi Eliezer* (capítulo 23), que antes de crear el mundo, o sea este mundo, él y su nombre eran uno, porque el *Ein Sof*, que es llamado él y los emanados que están incluidos en su nombre que es *Havaiah*, son todos uno, como la llama está oculta en la brasa.

והנה נתבאר כי כל העולמות נכללים בשם הוי"ה הנחל-קת לארבעה יסודות ולעשר ספירות, וכמו כן כל עולם מהם נפרט על דרך זה. כיצד, הנה עולם האצילות שהוא אות יו"ד הנקרא חכמה נחלק לכל הבחינות הנזכרות.

Y he aquí que hemos explicado que todos los mundos están incluidos dentro del nombre *Havaiah* que está dividido en cuatro fundamentos (elementos) y diez sefirot. Y así, cada mundo está subdividido de esta manera. Por ejemplo, el mundo de *Atzilut*, que es la letra *Iod* y se llama Jojmah, se subdivide en todos los aspectos mencionados.

ויש בו הוי"ה אחת שלמה נחלקת לארבעה יסודות ועשר ספירות גמורות על דרך הנזכר בכללות כל העולמות ממש, ועל דרך זה הוא בכל עולם מחמשה עולמות הנזכרים, ועל דרך זה עוד הולך ונפרט הענין בתכלית הפרטות עד שנמ־צא כי אפילו בזה העולם השפל אין לך בריה קלה שאין בה כללות ארבע אותיות ההוי"ה וכללות עשר ספירות. וכל זה להורות כי הכל נברא מכח המאציל יתברך ואין זולתו:

Dentro de ella hay un *Havaiah* completo dividido en cuatro elementos y diez sefirot completas como se describe en cuanto a la unión de todos los mundos. Así es con cada uno de los cinco mundos mencionados. De esta manera vamos más allá y subdividimos el asunto al máximo hasta que encontramos que incluso dentro de este bajo mundo, no hay la más simple de las creaciones que no esté hecha de las cuatro letras de *Havaiah* e incluya diez sefirot. Todo esto es para mostrar que todo es creado por el poder del bendito emanador, y que no hay otro sino él.

עוד הקדמה אחרת והיא כי כל אלו הבחינות והמדרגות מרום אדם הקדמון עד התהום שבעולם השפל, כולם הם זו למעלה מזו וזו לפנים מזו, כי העליון מחברו מתלבש תוך התחתון ממנו כנשמה לגוף, ואמנם אין כל כללות העליון מתלבש בתחתון רק בחינה פרטית תחתונה שבעליון מתל־בש בכל התחתון וכן על דרך זה עד סיום העולמות. באופן שכל העולמות, הן כולן בכללות, הן כל בחינה מהם, אפי־לו בעולם השפל, בכל פרט מהם, הכל הוא בדרך זה, כי זה

עליון מזה וזה פנימי מזה עד שכולן הן כענין לבושים זה לזה וכולן לבושים אל האין סוף ונשמה לכל הנשמות:

Además, la otra introducción que todas las investigaciones y todos estos niveles, desde el Adam excelso hasta el abismo del más bajo de los mundos, están uno encima del otro y uno frente al otro de modo que el más elevado está oculto dentro del que está debajo de él como el cuerpo está en el alma (*Neshamah*). De esta manera, todos los niveles contienen los otros, incluso el mundo inferior, uno sobre el otro y uno dentro del otro; todos son como vestiduras del *Ein Sof*, que es el alma (*Neshamah*) de todas las almas (*Neshamot*).

ואמנם בכל עולם מאלו החמשה יש הבדל בהתפשטות האורות עד היכן מגיעין כדי שיהיה הפרש בין זה לזה וכן יש הפרש אחר בפרטי הארבעה יסודות שבכל עולם, וכן בפרטי הפרטות, ואין זה מקום באור ענין זה:

Y ciertamente a la hora de distinguir estos cinco mundos, hay algunas diferencias entre ellos: las luces que irradian de ellos son diferentes y también lo son sus destinos. También hay diferencias entre los cuatro fundamentos, pero éste no es el lugar para explicar todo esto.

ונמצא כי כמו שבדרך התפשטות האורות מלמעלה למטה אין לך ספירה שאינה כלולה מכל העשר ספירות וכל ספירה וספירה מתחלקת לאלפים ולרבבות ספירות, כן הענין בהתפשטות האורות מבפנים ולחוץ יהיה על דרך זה, כי הפנימי שבכולם נקרא כתר, והחיצון שעליו חכמה, והחיצון שעליו בינה, והחיצון שעליו שש קצוות התפארת, והחיצון שבכולם מלכות וכן כל בחינה ובחינה היא נחלקת בדרך זה לאלפים ורבבות פרטי פרטים. ולפי שבאור ענין זה בכל שאר העולמות נתבאר אצלנו זולת ענין העשיה לכן נבאר ענינו בקצור נמרץ מה שיש צורך אל דרוש מבוקשנו פה:

Encontramos así que mientras la luz irradia de arriba hacia abajo no hay sefirah que no incluya dentro de ella a los diez sefirot, cada sefirah y sefirah subdividiéndose en miles y miles de sefirot. Lo mismo el resplandor de la luz desde adentro hacia afuera sigue este patrón donde lo más interno de todo se llama Keter y lo que está afuera es Jojmá y lo que está afuera es Binah y de allí hacia fuera son los seis apéndices de Tiferet y afuera de todos ellos es Maljut: de esta manera todos y cada uno de los aspectos están subdivididos de esta manera en miles y decenas de miles de detalles específicos. Siendo que ya hemos discutido esto con respecto a los otros mundos, excepto el mundo de *Asiah,* discutiremos con gran brevedad, sólo lo que necesitamos para nuestro propósito aquí.

הנה שבעה רקיעין הן, והעליון נקרא ערבות, לפי שכולל שלש ספירות ראשונות דעשיה, והם גלגל השכל, גלגל המקיף, גלגל המזלות. וחמשה גלגלים (שצמח"ן) שבתאי צדק מאדים חמה נגה, (שהם חג"ת נ"ה) חסד גבורה תפארת נצח הוד, וגלגל ששי יסוד, כולל כוכב ולבנה.

Y he aquí que hay siete cielos. El más elevado se llama *Aravot,* porque incluye las tres primeras sefirot de *Asiah,* que son la esfera del intelecto (שכל), la esfera circundante (גלגל המזלות) y la esfera de las estrellas (המזלות גלגל). Las cinco esferas (*Shatzam'han*),[245] Saturno, Júpiter, Marte, el Sol y Venus (que son *Hagat'nah*)[246] Hessed, Gevurah, Tiferet, Netzaj y Hod. La sexta esfera de Iesod contiene tanto a las estrellas como a la Luna.

והאחרון נקרא וילון אינו משמש כלל (חגיגה דף י"ב ע"ב) כי הוא ספירת מלכות דעשיה וגם היא בעצמה נחלקת לעשר ספירות שבה. והם, וילון כתר שבה וארבע היסודות אש רוח מים עפר שבעולם השפל, הם חכמה ובינה ושש קצוות התפארת והמלכות.

Y la última se llama *Vilon* y no se utiliza (*Haguigah* 12b). Porque ésta es la sefirah Maljut de *Asiah* y también se subdivide en diez sefirot. Son el Keter de *Vilon* y los cuatro elementos fuego, aire, agua y tierra

245. Acróstico de *Shavtai, Tzedek, Maadim, Jamah* y *Negah.*

246. Acróstico de *Hessed, Gevurah, Tiferet, Netzaj* y *Hod.*

del mundo del intelecto y son Jojmá, Binah, seis apéndices del Tiferet y Maljut.

ונמצא שהמלכות שבמלכות שבה היא יסוד העפר, כלי וגו־לם לכל העולם כלו, ובזה היסוד העפר נמצאו כל התולדות שבה כלולים מכל הארבעה יסודות הנזכרים, בסוד הכל היה מן העפר:

Y Maljut de Maljut es el fundamento del polvo,[247] el recipiente y la forma para todo el mundo. Dentro de este fundamento del polvo se encuentran todas las 'generaciones' que consisten en los cuatro elementos mencionados, según el secreto de que «todo ha salido del polvo».[248]

והרי נתבאר מלמעלה למטה, והנה כן הן מבפנים ולחוץ. כי הנה יסוד העפר כלול מעשר ספירות והכתר שבהן פנימי מכולם ונקרא בחינת יחידה של יסוד העפר.

Ahora expliquemos de arriba hacia abajo, que es lo mismo que de adentro hacia afuera. Porque he aquí que el fundamento de la tierra contiene en su interior

247. *Afar*, «polvo», se refiere al elemento Tierra.

248. Véase *Eclesiastés* III-20.

diez Sefirot y Keter es la más oculta de ellas y es denominada el *Iehidah*[249] del fundamento del polvo.

וחוצה לו, חכמה. וחוצה לו, בינה, נשמה. וחוצה לו, שש קצוות התפארת, רוח. וחוצה לו, מלכות. נפש יסוד העפר.

Fuera de ella está Jojmá. Fuera de ella Binah, el alma (*Neshamah*) y fuera de ella los seis apéndices de la Tiferet, el espíritu (*Ruaj*) y fuera de ella Maljut, el alma (*Nefesh*) del fundamento del polvo.

וזו המלכות נחלקת לעשר ספירות שבה, והמלכות החיצונה שבהם הוא יסוד העפר עצמו החמרי, שאין בו שום רוחניות אלא חומר עכור הנקרא דומם, וכל מה שבפנים נקרא נפש הדומם.

Y este Maljut se divide en diez sefirot de ella y este Maljut exterior es el fundamento del polvo que es asqueroso e inanimado, que no tiene espiritualidad, sino una materia asquerosa e inanimada, y todo lo que está dentro se llama espíritu inanimado.

ועל דרך זה ביסוד המים, כי המלכות החיצונה שבכולם נקרא מים המצמיחים ונקרא צומח וכל מה שבפנים נקרא

249. *Iehidah* es el más elevado de los cinco niveles del alma.

נפש הצומח. ועל דרך זה ביסוד הרוח, וביסוד האש, שהם החי והמדבר, ואמנם ארבעתן יחד הן, הדומם - נפש. והצו־מח - רוח. והחי - נשמה. והמדבר - חיה. ווילון - יחידה. וכבר ביארנו כי כל בחינה מהם כלולה מכולם:

Y de este modo es también el elemento del agua, porque su Maljut exterior se llama agua que brota, que se llama floreciente, y todo lo que contiene se llama alma (*Nefesh*) floreciente. Y de este modo son también el elemento del aire y el elemento del fuego, que se corresponden con los vivos y los que hablan, y ciertamente, los cuatro juntos conforman lo inanimado, el *Nefesh*. Y la fauna, el *Ruaj*. Y los seres vivos, la *Neshamah* y los que hablan, la *Jaiah*. Y *Vilon Iejidah*. Y ya hemos explicado que cada uno de ellos contiene a todo el resto.

וזהו מה שתמצא בדברי הפילוסופים בשם כוחות, באמרם כי בנפש הצומחת יש בה כח הזן וכח המושך וכח המעכל וכח הדוחה, וכן אמרו בנפש החיה הנקרא התנועה והמר־גשת. כי יש בה כח המתעורר וכח המדמה וכח המצייר כו' ועל דרך זה בכולם:

Esto es lo que se encuentra en las obras de los filósofos (ילוסופים),[250] lo que ellos llaman los poderes, cuan-

250. Concretamente de los denominados «filósofos herméticos» más conocidos como alquimistas.

do dicen que dentro del alma está el poder de animar, el poder de atraer, el poder de digerir y el poder de expulsar. También dicen que al alma viviente (נפש החיה) se le llama movimiento y sentimiento, porque tiene dentro de sí el poder de despertar y el poder de asociarse y el poder de formar (ideas), etc.... Así es con todos ellos.

העולה מכל זה כי גם שמלכות החיצונה שבכל איזו בחינה שתהיה, הנה היא הגוף שבאותה הבחינה. אמנם אינו נקרא גוף וחומר אמיתי עכור, אלא המלכות החיצונה אחרונה שב־עשיה מלמעלה למטה ומבפנים לחוץ, וזאת הנקודה לבדה היא יסוד העפר החמרי לגמרי, והוא הגוף היותר עכור והח־מרי של כל העולמות כולם:

De todo esto podemos concluir que el Maljut de afuera es el cuerpo físico de los elementos. Y eso es cierto que esta Sefirah no se llama *Guf* o materia asquerosa e inanimada, pero el Maljut de afuera, el último Maljut, ya sea de arriba hacia abajo o del centro hacia afuera. Y este punto es el elemento completo del polvo, y es el cuerpo más asqueroso y material de todos los mundos.

חלק ג שער ב

TERCERA PARTE, PUERTA DOS

השער השני: במהות האדם:

Segunda puerta: sobre la naturaleza del hombre

במהות האדם, ובו יתבאר דרושים לא שערום הראשו־נים והם יסודות נפלאים, ולולא ההכרח לבאר ענעי הנבואה לא הייתי מבאר אותם, ואכתבם בתכלית הקצור וכבשים ללבושך:

Sobre la esencia del hombre, grandes y maravillosos secretos serán revelados en esta puerta, secretos que ni siquiera los *Rishonim* podrían haber imaginado. Y si no fuera por la explicación de la profecía, no los habría mencionado. Por lo tanto, los presentaré brevemente; y «Los corderos proveerán tu ropa».[251]

אשאל כמה שאלות עמוקות,
א' מה צורך היה בבריאת האדם בעולם הזה בגוף ונפש.

251. Véase *Proverbios* (XXVII-26).

ב' למה הוסיף עוד ביצירת האדם שתי יצירות אחרות והם היצר טוב והיצר הרע שבו.

ג' אחר ששניהם שקולים בו איך ניתנה הבחירה להטותו לזה ולזה באיזו כח. ואם יש יכולת להטות אם כן לא יבראו כלל.

ד' ביאור אל שני יצרים האלו מה ענינם.

ה' לדעת אם נשמת האדם גדולה מהמלאכים אם לא, אם נאמר שהאדם גדול מהמלאכים למה לא ירדו גם המלאכים בעולם הזה להתלבש בגוף ונפש, ואם המלאך גדול מהאדם אי אפשר, כי בכל מדרשי רבותנו ז"ל נמצא הפך, כמו שא־מרו (בר"ר עח, א) מי גדול השומר או הנשמר וכיוצא בזה. עוד כי הכתובים עצמן מורים להפך כמו שכתוב (דברים פרק ל"ב) צור ילדך תשי, (תהלים פרק ס"ח) תנו עז לאלהים, על ישראל גאותו, (דברים פרק י"ד) בנים אתם לה' אלהיכם, ישעיה מט, ג: ("ישראל אשר בך אתפאר". ואין המלאכים אומרים קדוש עד שיתחילו ישראל, ולא נמצא כזה במלא־כים כלל.

ו' כי גם אם נודה שכן הוא תימה גדול לקרותם בנים ולו־מר שמתישים כח עליון או מחזיקים או מתפאר בם וכביכול יבוא האדם לידי כפירה.

ז' ענין הנבואה איך יתכן שידבר מלך מלכי המלכים ואפילו על ידי מלאך אל האדם השפל ומה גם בהיותו מתלבש בחו־מר היותר עכור שבכל העולמות:

Y haré preguntas profundas:

1. ¿Qué necesidad había de crear un hombre, cuerpo (*Guf*) y alma (*Nefesh*), en este mundo?

2. ¿Por qué añadió a la creación del hombre la creación de dos inclinaciones, el *Ietzer haTov* y el *Ietzer haRa*?

3. Ya que ambas inclinaciones están equilibradas de manera uniforme dentro del hombre, ¿cómo y con qué fuerza se puede aumentar o disminuir el poder de cada una de ellas? Y si uno puede aumentar o disminuir su influencia, ¿por qué fueron creadas?

4. ¿Cuáles son estas dos inclinaciones?

5. Si se dijo que el hombre es más grande que los ángeles, ¿por qué los ángeles no descendieron a este mundo y se vistieron de cuerpo (*Guf*) y alma (*Nefesh*)? Porque según todos los comentarios de nuestros rabinos, de bendita memoria (*Midrash Rabbah Vaishlaj*), es imposible que el ángel sea más grande que el hombre, como se dijo: «¿Quién es más grande, el guardián o el que está custodiado? Además, está escrito (*Deuteronomio* XXXII-18), "de la Roca que te crió te olvidaste..."», y (*Salmos* LXVIII-34) «atribuid fortaleza a Dios; sobre Israel es su magnificencia...», y (*Deuteronomio* XIV-1) «hijos sois del Eterno, vuestro Dios», y (*Isaías* XLIX-3) «oh Israel, que en ti me gloriaré». Y, «los ángeles no pueden decir *Kaddosh* hasta que Israel lo diga primero».[252]

6. Incluso si admitimos que los hombres son más grandes que los ángeles, es una gran maravilla e incluso una herejía llamarlos 'hijos', pues es decir que

252. Véase Talmud, tratado de *Julin* 91b.

debilitan la fuerza del supremo o que él se enorgullece de ellos.

7. En cuanto a la profecía, ¿cómo es posible que el rey de reyes hable directamente o por medio de un ángel con un hombre humilde, que está vestido con la materia más inmunda de todos los mundos?

ואמנם כבר נתבאר בשער שקדם לזה עניני מהות העולמות איך כולם הוי"ה אחת כוללת כולם ונחלקת לחמשה עולמות והן נקראות יחידה וחיה ונשמה ורוח ונפש. והעולם החומרי הזה הוא גוף וחומר לכלן, באופן כי כל העולמות הם צורות אדם כלול מחומר וצורה נחלקת לחמשה מיני רוחניות כנז־כר.

Y ciertamente, la naturaleza de los mundos ya fue explicada en la puerta anterior, cómo el *Havaiah* los contiene a ellos y cómo se divide en cinco mundos, que se llaman *Iejidah, Jaiah, Neshamah, Ruaj* y *Nefesh*. Y este mundo material es un cuerpo (*Guf*) y materia para todos ellos, de modo que todos los mundos están hechos a imagen del hombre y por lo tanto contienen materia; además, están divididos en cinco tipos de espiritualidad, como ya hemos mencionado.

וידעת כי שם ההוי"ה במלואה באלפי"ן עולה בגימטריא אדם. ועל דרך זה בכל פרט ופרט בכל בחינותיהם וכל בחינה

מהן נקרא אדם פרטי נכלל מהוי"ה אחת הנחלקת בארבעה יסודות ועשר ספירות:

Ya sabéis que la guematria completa del nombre *Havaiah* tiene el equivalente numérico de la palabra hombre.[253] Asimismo, cada aspecto y característica de ellas[254] da lugar a otra investigación, cada aspecto que revela otro aspecto de la sefirah y luego otro, se llama un hombre individual que incluye una *Havaiah*, que se divide en cuatro elementos y diez sefirot.

ועוד יש חלוק אחר לא נתבאר בשער שקדם, והוא, כי גם העשר ספירות נחלקו לתרי"ג בחינות כמו שיתבאר. והרי כי כל העולמות יחד וכן כל פרט מהם בפני עצמו נברא כדמות אדם התחתון, וזהו סוד נעשה אדם בצלמנו כדמותנו, והבן זה היטב:

Hay también otra división que no se mencionó en la puerta anterior: las diez sefirot se dividen en 613 aspectos, como se explicará en breve. Porque todos los mundos juntos y cada una de sus particularidades fueron creados a imagen del hombre inferior, y éste es el secreto de: «hagamos al hombre a nuestra imagen, según nuestra semejanza».[255]

253. O sea 45.

254. De las Sefirot.

255. Véase Génesis I-26.

וכבר נתבאר (עץ חיים שמ"ז פ"ז) כי מן הבריאה ולמטה הכל נקרא עץ הדעת כלול טוב ורע, אלא שבכל מדרגה מהם מתמעט הטוב ומתרבה הרע, עד שנמצא שהעולם השפל רובו רע ומעוטו טוב.

Y sabemos (*Etz Jaim* 87) que desde *Briah* hacia abajo todo es llamado el árbol del conocimiento del bien y del mal, y que en cada nivel el bien disminuye y el mal aumenta, hasta el resultado de que la mayor parte del mundo inferior es malo y su menor parte es bueno.

גם נתבאר, כי לעולם הרשע מכתיר את הצדיק ולכן הטוב נקרא פרי והרע נקרא קליפה המלבשת את הפרי ולא זו בלבד, כי אפילו האורות הטובים הם על דרך זה, כי היותר זך ורוחני שבהן מתלבש בתוך שאר האורות, וכן כולן כפי סדר מדרגותיהם. וכבר נתבאר בשער שקדם איך האין סוף פני־מי מכולן וחוצה לו הספירות בסדר מדרגותיהם כתר פנימי מכולם ומלכות חיצונה מכולן:

También aprendimos que en el mundo de los malvados el *Tzaddik* siempre está rodeado por el mal, y por lo tanto el bien es llamado 'fruto' y el mal es llamado 'corteza' que envuelve al fruto. Eso no es todo, porque incluso las luces buenas siguen el mismo patrón; la luz más pura y espiritual está encerrada por las otras luces, que se establecen de acuerdo a sus niveles. Y ya se explicó en la puerta anterior que el *Ein Sof* es el interior de todo y más lejos de él están las demás sefirot, establecidas según sus niveles, Keter el interior y Maljut el exterior.

ועתה נבאר מה שלא נתבאר שם. והוא כי כמו שזה האור המיוחד הנקרא עולם העשר ספירות בתמונת אדם אחד, כן יש עוד אור אחד הנקרא מחצב הנשמות של בני אדם נכלל ממש בכל אותם פרטי הבחינות שנתבאר באדם של העשר ספירות שהוא הנקרא אלהות גמור והוא מתלבש תוך האור הזה הנקרא מחצב הנשמות בכל פרטיו:

Ahora explicaremos un tema que no se explicó en la puerta anterior y es que así como la luz única, que se llama el mundo de las diez sefirot y que aparece en la imagen del hombre único, hay otra luz que se llama el molde de las almas de los seres humanos, que contiene todos los aspectos como el hombre de las diez sefirot, que se llama la divinidad absoluta (אלהות גמור), y además, actúa como un vestido de esta luz y por lo tanto la contiene en todos sus detalles.

עוד יש אור אחר בצורת אדם הנקרא מחצב המלאכים, שממנו נחצבו כל המלאכים וגם הוא נכלל מכל פרטים הנזכרים כולן והוא מלבוש חיצון על אור מחצב הנשמות:

También hay otra luz en la forma del *Adam Kadmon* llamada molde de los ángeles porque es su origen y contiene todos los aspectos que se presentaron anteriormente, y actúa como un vestido a la luz que es el de las almas (*Neshamot*).

ועוד יש אור אחד מעט ונקרא אור חשוך וכלו דינים קשים שממנו נאצלו כל הקליפות שבאותו עולם, ומלביש על אור מחצב המלאכים וגם הוא תמונת אדם.

Y hay también otra pequeña luz que llamada «luz oscura» y todos los juicios severos de este mundo están en ella, y es el origen de todas las *Klippot* del mundo, se viste de la luz del molde del ángel y la forma humana.

וחוצה לכל אורות הנזכרים הם הרקיעים עצמן שבאותו עולם והם הנקראים גוף לאותו עולם, ובפנים ממנו חמשה אורות הנזכרים, אור האין סוף כפי ערך אותו עולם לפנים מן הכל, ועליו אור העשר ספירות, ועליו אור מחצב הנשמות, ועליו אור מחצב המלאכים, ועליו אור מחצב הקליפות, ועליו העולם עצמו שהן הרקיעים גוף האורות הנזכרים.

Más allá de todas las luces mencionadas están los firmamentos (רקיעים) del mundo que se llaman el cuerpo (*Guf*) del mundo, y contienen las cinco luces que se mencionaron antes: la luz interior es la luz del *Ein Sof*, sobre esta luz está la luz de las diez sefirot, sobre esta luz la luz del molde (חצב) de las almas (*Neshamot*), sobre esta luz, la luz del molde de los ángeles y sobre ésta la luz del molde de las *Klippot*, y sobre ella está el mundo mismo que es el cuerpo (*Guf*) de las luces mencionadas.

ואחר כך בזה הגוף הנקרא רקיעין נבראו שם תולדות העולם ההוא והם כלולים מכל הבחינות, כי כל אחד מהם יש לו כח נמשך מן הרקיעין והוא גוף שלו, ובתוכו אור הדינין, ובתוכו אור המלאכים, ובתוכו אור מחצב הנשמות, ובתוכו אור העשר ספירות, רוכב עליהם ומחיה כולן.

Y luego se halla el cuerpo (*Guf*) llamado *Rakiin*,[256] que creó las generaciones del mundo y en él están incluidos todos los aspectos, ya que cada uno de ellos posee una fuerza que ha extraído de ese *Rakiin*, y es su cuerpo (*Guf*) y en su interior está la luz de los juicios, y en su interior la luz de los ángeles y en su interior la luz del molde de las almas (*Neshamot*),

ואותו הכח הנמשך מאור מחצב הנשמות נקרא מזל עליון של נפש האדם השפל, והבן זה מאד. אלא שזה בבריאה נקרא מזל הנשמה, ושביצירה נקרא מזל הרוח, ושבעשיה נקרא מזל הנפש:

Además, la fuerza que fue extraída de la luz del molde de las almas (*Neshamot*) es llamada *Mazal* su-

256. Firmamento, bóveda celeste.

premo del alma (*Nefesh*) del hombre vulgar y de su hijo más. En el mundo de *Briah* se llama *Mazal* del alma (*Neshamah*); en *Ietzirah* se llama *Mazal* del espíritu (*Ruaj*), y en el mundo de *Asiah*, se llama *Mazal* del alma (*Nefesh*).

ועתה נבאר מהות האדם מה ענינו. ונתחיל הויתו מעולם העשיה ממלכות ולמעלה, כבר נתבאר כל עולם ועולם וגם התולדות של אותו עולם מה ענינם.

Y ahora se explicará la naturaleza del hombre. Empezaremos desde Maljut del mundo de *Asiah* y nos dirigiremos hacia arriba. Ya hemos explicado la naturaleza de los mundos y sus fuentes.

והנה עולם העשיה תחלה יש בו חלק התחתון הנזכר, מלכות שבה, ונקרא ארבעה יסודות העולם השפל, והנה כל תולדותיו נבראו בגוף שבו והוא ביסוד העפר הגשמי.

Y he aquí que la parte inferior del mundo de *Asiah* es su Maljut, que se llama los cuatro elementos del mundo inferior, y he aquí que todos sus descendientes fueron creados en su cuerpo (*Guf*), en el elemento del polvo de lluvia.

ונחלקים לארבעה חלקים, התחתון שבהם, האבנים טובות והמתכות ואין בהם רק יסוד העפר שקבל כח מארבעה יסו־דות כולם מן הגוף שבהם ונתערבו יחד ונעשה מהם מתכת ההוא, אמנם יש בתוכו כח אחד שערב התערובות הנזכרים, והם נקרא נפש ליסוד העפר הכלול מחמשה כוחותיו כנזכר לעיל:

Y está dividido en cuatro partes; la inferior es la parte de piedras y metales preciosos. Estos metales contienen más cantidad del elemento tierra, que recibe su poder de los cuatro elementos del cuerpo (*Guf*), ya que están hechos de una mezcla de los cuatro elementos. En efecto, contiene una fuerza que produjo esta mezcla; esta fuerza está hecha de las cinco fuerzas que se mencionaron anteriormente, y se la llama el alma (*Nefesh*) del elemento tierra.

אחר כך נברא הצומח, כמו האילנות והעשבים, והיה גופו מיסוד העפר וכו' ובו נפש הדומם הראוי לו,
ונוסף עליו נפש הצומח כלולה בחמשת כחותיה:

Después de esto se creó la flora, como son los árboles y malezas; su cuerpo (*Guf*) estaba hecho del elemento tierra que contiene el alma (*Nefesh*) inanimada, mas el alma (*Nefesh*) de la flora junto con sus cinco fuerzas.

אחר נברא החי והם בהמות ועופות וכו'. ובהם גוף ונפש דומם ונפש צומחת ונוסף עליו נפש החיה הנקרא נפש הבה־מית והתנועה וההרגש:

Entonces fueron creadas las criaturas vivientes, tales como bestias y aves, etc.; estaban compuestas por el *Guf* y el *Nefesh* de lo inanimado y el alma (*Nefesh*) de la flora, más el alma (*Nefesh*) de lo viviente, que se llama el alma (*Nefesh*) de la bestia, el movimiento y la emoción.

אחר כך נברא האדם המדבר, ויש בו כל הכוחות הנזכרים לעיל ונוסף עליהם נפש המדברת מיסוד האש:

Después de esto fue creado el hombre parlante, y además de todas las fuerzas mencionadas anteriormente, recibió el alma (*Nefesh* parlante) del elemento del fuego.

אך דע, כי ודאי שכל הבחינות מגוף וצורות שבאדם יהיו יותר זכים משל החי ושל החי משל הצומח ושל הצומח משל הדומם וזה יתבאר לך ממה שכתבתי לעיל. כי כל הב־חינות, נכללה כל בחינה מהם מכלן, כסדר זו בתוך זו:

Sin embargo, debéis saber que todos los aspectos del cuerpo (*Guf*) humano son más puros que los de los demás seres vivos, mientras que los de los seres vivos son más puros que los de la flora, y los de la flora son más puros que los de los seres inanimados, como ya he explicado. Cada aspecto contiene los aspectos de su inferior según el orden mencionado anteriormente.

ואחר כך ברא את האדם הישראלי זך בכל בחינותיו יותר מכל שאר הנבראים בגופו ובארבע בחינות נפשותיו הדו־ממת והצומחת והחיה והמדברת, מפנימיות הזך שבכל ארבע יסודות שבהן ובצורתן, רצוני לומר נפשות שבהן. ולהיותו יותר זך מכל הנבראים בארץ, נתעלה עוד כי גם הוא נכלל ונקשר בכל העולמות ובכל פרטיהם ממטה למעלה.

Luego, creó al hombre de Israel cuyos aspectos son más puros que los de cualquier otra criatura y cuyo cuerpo (*Guf*) contiene los cuatro aspectos más puros de las almas (*Nefashot*): la inanimada, la que crece, la que vive y la que habla. Y como él es la más pura de todas las criaturas, se elevó aún más: fue incluido y conectado a todos los mundos y a todas sus particularidades, desde el más pequeño y bajo hasta el más elevado.

הא כיצד, תחלה נכנסת בו נפש מרקיע וילון, ומשם ולמעלה עד רקיע עליון דעשיה הכל נקרא נפש דעשיה, וזו נקראת נפש השכלית הקדושה שבאדם. ואמנם זו עצמה נחלקת לח־משה כוחות יחידה וחיה וכו':

¿Cómo es posible? Primero, un alma (*Nefesh*) del firmamento *Vilon* entra en él; después, esta alma (*Nefesh*) que se extiende desde *Vilon* hasta el firmamento supremo del mundo de *Asiah,* se llama el *Nefesh* de *Asiah,* o el santo *Nefesh* intelectual (שכלית) de la santidad del hombre. Y, ciertamente, esta alma (*Nefesh*) está dividida en cinco fuerzas: *Iejidah, Jaiah,* etc.

גם נחלקת בשתי חלוקות, באופן אחר, כי כל הבחינות שלוקח מארבעה יסודות נקרא נפש היסודית הנחלקת לכוחות הנזכרים דומם וצומח וחי ומדבר, ונפש של וילון כתר על כולם ונקרא נפש שכלית, ומה שמשאר תשעה רקיען נחלקין לרוח ונשמה וחיה ויחידה שבנפש וכולן יחד נקרא נפש אחת דעשיה בבחינת כללות העולמות:

Esta alma (*Nefesh*) se divide en dos partes contrarias, pues todos los aspectos que toma de los cuatro elementos se llaman *Nefesh* de los elementos y se divide en las fuerzas mencionadas: la inanimada, la que crece, la que vive y la que habla, mientras que el *Nefesh* de Keter de *Vilon,* que es el más elevado, es llamado el *Nefesh* intelectual (שכלית). Y el resto de los nueve firmamentos se dividen en: *Ruaj, Neshamah, Jaiah* y *Iejidah* del *Nefesh;* y todos ellos juntos son conocidos por el nombre genérico, «El *Nefesh* de *Asiah*».

ואחר כך לוקח רוח אחד מעולם היצירה וגם הוא נחלק לכמה מדרגות על דרך הנזכר לעיל. אך בבחינת כללות כל העולמות נקרא רוח. ועל דרך זה נשמה מבריאה, וחיה מא־צילות, ויחידה מא"ק:

Y después toma un espíritu (*Ruaj*) del mundo de *Yetsirah,* y el espíritu (*Ruaj*) se divide también en varias partes como se explicó antes, sin embargo su nombre genérico entre los cinco mundos es espíritu (*Ruaj*). De la misma manera, la *Neshamah* se toma de *Briah, Jaiah* de *Atzilut* y *Iejidah* del *Adam Kadmon.*

והרי נתבאר היטב מהות האדם כי הוא כולל כל העולמות כולן בין בכללותם בין בפרטם, מה שאין כן בכל הנבראים העליונים ותחתונים. כי כל תולדות איזה עולם מהן אינו כולל רק העולם אשר בו נברא. והרי זה בענין העולמות ממטה למעלה:

La naturaleza del hombre fue bien explicada, porque contiene todos los mundos y todos sus detalles, mientras que todas las demás criaturas, superiores e inferiores, no lo hacen; porque los descendientes de cada mundo no contienen más que el mundo en el que fueron creados. Y ésta es la idea que subyace al orden de los mundos, uno sobre otro.

גם הוא כולל כל העולמות מבפנים ולחוץ. כיצד, הנה בעולם העשיה יש לו גוף מהעפר הנקרא עולם השפל ובתוכו נפש היסודית מבחינת הקליפות, ובתוכו מבחינת מלאכי העולם הזה שנבראו לכל צרכי העולם הזה לגדל הצמחים וכו' ובתוכו מבחינת הנשמות של בני אדם.

Además, incluye todos los mundos, desde el más interno hasta el más externo. ¿Cómo? En el mundo de *Asiah,* el hombre posee un cuerpo (*Guf*) de tierra, denominado mundo inferior; dentro de este cuerpo (*Guf*) está el alma (*Nefesh*) del elemento, que es la *Klippah,* y dentro del alma (*Nefesh*) están los ángeles de este mundo que fueron creados para atender a este mundo, cultivar las plantas, etc.; y dentro están las almas (*Neshamot*) de los seres humanos.

וכל אלו נעשין מרכבה אל אור הנמשך מן אורות העשר ספירות שבעשיה אשר בתוך ארבעה היסודות כדי להחיותן והם לפנים מן הכל, וכן על דרך זה במה שיש באדם מגלגלי העשיה ומשלשה עולמות יצירה בריאה אצילות:

Y todo esto se convierte en una *Merkavah*[257] para la luz que fue extraída de las luces de las diez sefirot de *Asiah* que están dentro de los cuatro elementos y de esta manera, los seres humanos contienen las esferas de *Asiah,* y los tres mundos de *Ietzirah, Briah* y *Atzilut.*

---

257. Un carro, una carroza, un vehículo.

ומעתה נתבאר כל תשובות השאלות שכתבנו בתחלת שער זה. כי הנה אור מחצב הנשמות פנימי ועליון מאור מחצב המלאכים ולכן הן משרתיו, כי על ידו נמשך הארתם וחיותם מאור העשר ספירות
אליהם:

Ahora explicaremos las respuestas a las preguntas que se presentaron al principio de esta puerta. Dado que la luz del origen de las almas (*Neshamot*) es interna y superior a la luz del origen de los ángeles, ellos son sus siervos, ya que su mano les otorga luz y vida de la luz de las diez Sefirot.

וזהו סוד (ישעיה ל"ג ז') הן אראלם צעקו חוצה, כי כשאין נמשך מהעשר ספירות שפע לנשמות ישראל הפנימים מהן, חסרה השפעתם שהן חיצונים אליהם נמצא שצעקו בזמן החרבן להיותן חוצה מהנשמות.

Y éste es el secreto de (*Isaías* XXXIII-7): «He aquí que los valientes lloran por fuera», lo que significa que lloraron cuando se detuvo la *Shefa* que fue extraída de las diez sefirot de las almas (*Neshamot*) interiores de Israel, y por lo tanto ellas, que están situadas fuera de los círculos interiores, dejaron de recibir la abundancia. Por lo tanto, podemos concluir que lloraron durante la destrucción porque estaban fuera de las almas (*Neshamot*).

ולכן לא ירדו להתלבש גם הן בעולם הזה בגוף כי בהכרח היו נאבדים על ידי הקליפות, כי אפילו הנשמות הפנימיות אין בהם כח לעמוד בפני הקליפות כל שכן הם.

Y por lo tanto no descendieron a este mundo revestidas con un cuerpo (*Guf*) porque de otra manera habrían sido destruidas por las *Klippot;* porque si incluso las almas (*Neshamot*) interiores no tienen la fuerza para enfrentarse a las *Klippot,* menos aún ellas.

והראיה מהנפילים שבקשו לירד ונאבדו מן העולם וימחו לעתיד לבוא, וגם סיבה גדולה מזו כי לגרעונם לא היו יכולין להמשיך שפע לכל העולמות כי אם מבחינתן לחוץ, ואפילו זה אי אפשר, כי הן בעצמן אינם ממשיכין שפע לעצמן כי אם על ידי הנשמות.

Y la historia de los *Nefilim,*[258] que deseaban descender a la Tierra y perecieron y fueron borrados del mundo venidero, puede servir como prueba. Pero hay una razón aún mayor: al cesar el flujo de la *Shefa,* no pudieron continuar esparciendo la abundancia (*Shefa*) a todos los mundos, ya que toda su abundancia la sacan de las almas (*Neshamot*).

258. Véase *Génesis* VI-4.

אמת היא כי הנשמה שבעולם היצירה גרועה מהמלאך שבבריאה, ועל דרך זה בשאר העולמות, אמנם הנשמה שבבריאה, גדולה ממלאך הבריאה עצמה וכן בכל עולם בע־צמו:

Es verdad que el alma (*Neshamah*) del mundo de *Ietzirah* es inferior que el ángel del mundo de *Briah*, y lo mismo puede aplicarse a todos los mundos, porque ciertamente el alma (*Neshamah*) de *Briah* es superior al ángel de *Briah*, y lo mismo puede aplicarse a todos los demás mundos.

גם נתבאר גדולת הנשמה כי הוא אור מתילד ונמשך מאור העשר ספירות עצמן שלא על ידי אמצעי, ולזה נקראו (דב־רים י"ד א') בנים אתם לה' אלהיכם, כי הם בבחינתם כבן מתאחז באביו בתכלית ונמשך ממנו, וזהו סוד (ב"ר מ"ז) האבות הן הן המרכבה אל אור העשר ספירות הרוכב עליהם שלא על ידי אמצעות אור אחר וזהו סוד (ישעיה מ"ט ג') ישראל אשר בך אתפאר, כי לבוש האדם הוא תפארתו כמו שכתוב (שם ס"א י') כחתן יכהן פאר וככלה תעדה כליה:

Ahora debemos comprender la grandeza del alma (*Neshamah*), que es una luz que se originó y se extrajo directamente de las diez sefirot mismas, sin ningún mediador; por eso fue escrito (*Deuteronomio* XIV-1): «vosotros sois los hijos del Eterno, vuestro Dios», porque el alma (*Neshamah*) se parece al hijo que se extrae de su padre y se une a él por completo. El secreto de «los patriarcas son la *Merkavah*» (Bereshit Rabbah 47) es que las luces de las diez Sefirot están directamente sobre ellos, sin ninguna otra luz que actúe como mediadora. Y éste es el secreto del versículo (*Isaías* XLXIX-3), «tú eres mi siervo, Israel, en quien seré glorificado», es que las vestiduras de un hombre son su gloria, como fue escrito (*Isaías* LXI-10): «como el novio se viste de una guirnalda, y como la novia se adorna con sus joyas».

והנה אור הנשמות לבוש לאור העשר ספירות, וזהו סוד (שה"ש ו' ב') דודי ירד לגנו שהוא העולם הזה ל'רעות ב'גנים ו'ללקוט ש'ושנים נוטריקון לבוש, כי לוקט נשמות הצדיקים המריחין כשושנים על ידי מעשיהם בעולם הזה ולוקטם להתלבש אורו בהם, וזהו סוד (דברים ד' ד') ואתם הדבקים בה', דבוק גמור עם אור העשר ספירות מה שאין כן בכל הנבראים וזהו שכתוב (ירמיה י"ג י"א) כי כאשר ידבק האזור במתני איש כן הדבקתי אתכם אלי כל בית ישראל:

Y he aquí que la luz de las almas (*Neshamot*) está revestida por las luces de las diez sefirot, y éste es el secreto de (Cantar de los Cantares VI-2): «mi amado ha descendido a su jardín… para apacentar su rebaño en los jardines y recoger lirios»; 'su jardín' es este mundo, mientras que (ל'רעות ב'גנים ו'ללקוט ש'ושנים) «apacentar su rebaño en los jardines y recoger lirios» es un notarikon[259] de vestimentas (לבוש), porque él reúne a las almas (*Neshamot*) de los *Tzaddikim* que son perfumados como los lirios debido a sus hechos en este mundo; él los reúne para llevarlos sobre su luz. Y éste es el secreto de (*Deuteronomio* IV-4), «y vosotros que os habéis aferrado al Eterno», es la unificación completa con la luz de las diez sefirot, lo cual no ocurre con todas las criaturas, como está escrito (*Jeremías* XIII-11): «porque el cinto se ciñe a los lomos del hombre, y yo hice que se ciñera a mí toda la casa de Israel…».

גם נתבאר ענין היצר הטוב והיצר הרע שבאדם מה ענינם.

Ahora explicaremos el tema del *Ietzer haTov* y del *Ietzer haRa*[260] que están en el hombre.

כי הם שתי יצירות נתוספו באדם זולת נשמתו והם אור מאור המלאכים ונקרא יצר הטוב ואור מאור הקליפות הנקרא יצר הרע חוץ אל יצר הטוב וקליפה אליו, אך הנשמה עצמה של האדם פנימית מכולם, ולהיותה פנימית וגם כי היא הנקראת עצמות האדם לכן יש בידו בחירה להטות למקום שירצה כי גדול הוא מהן, האמנם עיקר נטיתו אל היצר הטוב כי הוא קדוש כמוהו וגם כי הוא יותר סמוך אליו, אך

259. Método cabalístico que consiste en formar una palabra con las iniciales de las palabras que conforman una frase.

260. La buena y la mala Inclinación.

הגוף עיקר נטיתו אל היצר הרע כי שניהם מצד הרע וגם שהן סמוכין יחד.

Porque estas dos inclinaciones fueron las únicas creaciones, además del alma (*Neshamah*), que se añadieron al hombre. Es una luz de las luces de los ángeles, llamada *Ietzer haTov,* mientras que el *Ietzer haRa* es una luz de las luces de las *Klippot*. El *Ietzer haTov* está situado en el interior y la *Klippah* en el exterior, mientras que el alma (*Neshamah*) humana está situado en el interior, y porque es tan interior que se llama la esencia del hombre (עצמות האדם). Por lo tanto, el alma (*Neshamah*) tiene la opción de desviarse hacia cualquier dirección que desee, porque es más grande que ellos, y ciertamente el alma (*Neshamah*) se inclina principalmente hacia el *Ietzer haTov,* porque ambos son santos, y también porque están cerca el uno del otro, mientras que el cuerpo se inclina principalmente hacia el *Ietzer haRa,* porque ambos contienen maldad, y también porque están cerca el uno del otro.

והנה בבחינה זו היא קטטת החומר עם הנשמה כי כיון שהנ־שמה אינה פועלת המצות אלא על ידי הגוף אשר נוטה יותר אל היצר הרע בבחינה זו יש קושי גדול להכניעם:

Y ésta es en realidad la lucha entre la materia y el alma (*Neshamah*), ya que el alma (*Neshamah*) puede realizar las *Mitzvot* sólo por medio del cuerpo (*Guf*), que se inclina hacia el *Ietzer haRa*, y en este sentido es muy difícil someterlos.

הרי נתבאר כי בבחירת הנשמה יכולה להטות אל היצר הטוב אך להיותו צריך לפעולות הגוף יש לו טורח גדול להכ־ניע היצר הרע, והבן כל זה היטב איך אחר הפטירה אין עונש לא לנשמה ולא לגוף עד שיתלבשו יחד כבהיותן בחיים:

Así, entenderemos que el alma (*Neshamah*) puede elegir entre el *Ietzer haTov* y el *Ietzer haRa*, pero viendo que el alma (*Neshamah*) necesita las acciones del cuerpo (*Guf*) antes necesita suprimir el *Ietzer haRa*. Y has de entender que después de la muerte, el alma (*Neshamah*) y el cuerpo (*Guf*) no son castigados hasta que se unen nuevamente como lo estuvieron en vida.

ונבאר עתה ענין תירוץ שני שאלות הראשונות מה צורך בבריאת האדם בגוף, ועוד מה טעם נוצרו בו יצר הטוב ויצר הרע, ועוד יתורץ עניני הכתובים (תהלים ס"ח ל"ה) תנו עוז לאלהים, (דברים ל"ב י"א) צור ילדך תשי וגו':

Ahora se responderán las dos primeras preguntas que presentamos en esta puerta: por qué el hombre fue creado con un cuerpo (*Guf*) y por qué las dos inclinaciones, el *Ietzer haTov* y el *Ietzer haRa*, fueron creadas dentro de él; además, explicaremos el significado de los versículos (*Salmos* LXVIII-35): «atribuye poder al

Eterno», y (*Deuteronomio* XXXII-18): «desconocías la Roca que te engendró, etc.».

הנה בתחילת הבריאה נבראו כל העולמות על הסדר הנזכר לעיל מכח האין סוף ברצון הפשוט בתורת נדבה וחסד, אחר כך צריך עוד להמשיך מזון וחיות ושפע בכל העולמות להעמידן על עמדן כבזמן הבריאה ולא יותר, כמו שכתוב (קהלת ג' י"ד) ידעתי כי כל אשר יעשה האלהים הוא יהיה לעולם עליו אין להוסיף וממנו אין לגרוע, וכמו שכתוב (שם א' ט') ואין כל חדש תחת השמש. וכתיב (בראשית ב' ב') ויכל אלהים ביום השביעי מלאכתו וגו'.

Y he aquí que, en el momento de la creación, todos los mundos fueron creados en el orden que se mencionó anteriormente. Fueron creados por la fuerza del *Ein Sof,* la voluntad simple de la *Torah,* la caridad y la benevolencia. Más tarde fueron alimentados, y se les otorgó vitalidad y abundancia para establecer exactamente como fueron establecidas en el tiempo de la creación, como está escrito (*Eclesiastés* III-14): «he entendido que todo lo que Dios hace, esto será perpetuo; sobre aquello no se añadirá, ni de ello se disminuirá». Y como está escrito (*Eclesiastés* I-9): «y no hay nada nuevo bajo el sol», y también (*Génesis* II-2): «y al séptimo día Dios terminó la obra que había hecho».

שהוא ענין הבריאה עצמה אכן המשכת חיותם מאז ואילך הוצרך מעשיהם שיפרנסו עצמן, כענין הבן שבהיותו גדול אינו אוכל על שלחן אביו.

O sea la creación misma. Y para mantener su vitalidad después de la creación, necesitaban sostenerse por sus propios actos, como el hijo que creció y dejó de comer en la mesa de su padre.

ואמנם העשר ספירות עצמן אינם צריכות למעשיהם כי השפע הצריך להם להעמידן על עמדם כשנאצלו נמשך להם בהתמדה מאת האין סוף כי בעשר ספירות נאמר (תהלים ה' ה') לא יגורך רע ואין צורך להם לתקון על ידי מעשה, מה שאין כן בנבראים שהן מבחינת הנשמות ולחוץ שהם מעורבים טוב ורע שצריכין מעשה ותקון.

En efecto, las diez sefirot no necesitan sostenerse a sí mismas ya que la *Shefa* que se necesitaba para establecerlas cuando fueron emanadas sigue fluyendo continuamente del *Ein Sof*, pues así se dijo en relación con las diez sefirot (*Salmos* V-5): «el mal no puede morar contigo». Las diez sefirot no requieren un *Tikún* al no estar hechas como las demás criaturas, porque las otras criaturas están hechas de almas (*Neshamot*) y una parte exterior, una mezcla de bien y mal que requiere un *Tikún*.

האמנם בבחינה אחרת והיא, כשנגרע שפע אל הנבראים, נראה חס ושלום חולשה ומעוט יכולת בעשר ספירות שאינן משפיעין בהם, לכן נאמר (דברים ל"ב י"ח) צור ילדך תשי, ובהפך (תהלים פרק ס"א) תנו עוז לאלהים:

Y ciertamente, cuando disminuye la abundancia que se otorga a las criaturas, Dios no lo quiera, notamos que las diez sefirot se debilitan y carecen de su capacidad; por lo tanto, ha sido dicho (*Deuteronomio* XXXII-18): «no te acordaste de la Roca que te engendró…», y por el contrario (*Salmos* LXVIII-35) «atribuye poder a Dios».

ועוד סיבה אחרת כי גם אם האדם בעצמו בריא ונקי, חפץ הוא שמלבושיו יהיו מפוארים כפי גדולתו ולכן גם הספירות עצמן נראין כביכול חלושים, הן בעצמן, כשהנבראים בלי מתוקנים, וזהו תנו עז לאלהים, ישראל אשר בך אתפאר, כנ־זכר לעיל, ונתבאר שאלה השלישית:

Y hay otra razón: si el hombre está sano y limpio, desea que sus vestidos sean tan magníficos como su grandeza, y ésta es la razón por la que las sefirot parecen ser débiles cuando las criaturas son impuras, y es (*Salmos* LXVIII-35) «atribuye poder a Dios», (*Isaías* XLXIX-3) «tú eres mi siervo, Israel, en quien seré glorificado» como se mencionó anteriormente. Ahora responderemos a la tercera pregunta.

והנה לסבות הנזכרות הוצרך לברא אדם אחד יהיה כולל כל הנבראים והנאצלים קושר כל העולמות כנזכר לעיל עד תהומא דארעא, כי הוא היותר קרוב לקבלת השפע מהעשר ספירות, ואז בתקון מעשיו ימשיך השפע מן העשר ספירות אליו, וממנו אל המלאכים ומהן אל הקליפות, כדי שיתקן מהם מה שאפשר להתברר כמו שיתבאר בענין היצר הרע, ומהן אל העולמות עצמן שהן הכלים והגופנים של כל עולם ועולם, ואם חס ושלום יחטא מקלקל כל העולמות, והרי נתבאר בזה צורך בריאת האדם בעולם השפל בגוף ונפש וביצר הטוב וביצר הרע:

Y he aquí por lo que necesitaba crear al hombre, un hombre que contiene todas las criaturas y todos aquellos que fueron emanados, un hombre que une todos los mundos hasta el abismo del mundo. Porque él es el más cercano a las diez sefirot y cuando es purificado por sus (buenas) acciones, la abundancia de las diez sefirot le es otorgada. De él, la abundancia es atraída hacia los ángeles y de ellos hacia las *Klippot*, para que pueda reparar lo que aún es reparable, como aclararemos cuando presentemos el tema de *Ietzer ha-Ra*. Y de las *Klippot*, la abundancia es atraída a los mundos mismos, a las *Kelim*[261] y a los cuerpos de cada mundo y mundo. Y si, Dios no lo quiera, él peca, todos los mundos se corrompen. Y después veremos la necesidad de la creación del hombre en el bajo mun-

261. Vasijas, recipientes.

do, con cuerpo y alma (*Nefesh*), con Buena Inclinación y con Mala Inclinación.

ועוד סבה קרובה לזה בענין היצר הרע, כי מוכרח הוא בבריתו באדם להוליד בנים ולאכול והכל בהכרחי המוכרח בטהרה, וגם הוא מוכרח לכל עולם ועולם להמשיך השפע המתגשם בהם לצורך הכלים שהם העולמות עצמן, ולולא הם, לא יתקיימו הכלים, כי הם דקים מהם והם עצמן מכלל מדרגות הבריאה והבן זה מאד. ונמצא כי הוצרך שהאדם יהיה מורכב מכל העולמות לשהן יסייעוהו במעשיו להמשיך השפע לו ולהם, כי הם לבדם אין כח בידם להמשיכו.

Y otra cuestión está cerca de la de la Mala Inclinación, porque que el hombre tiene que dar a luz a los niños y comer, y todas las otras formas de acciones que requieren *Tikún*. Debes entender que los seres humanos deben proveer abundancia a todos y cada uno de los mundos, por el bien de los *Kelim*, que son los mundos mismos. Y si no fuera por los seres humanos, los *Kelim* no podrían existir, porque son una parte de las etapas de la creación y son muy delicados. Y se descubrió que el hombre se incorporó en todos los mundos para que los mundos pudieran ayudarle a realizar sus actos y así continuaría otorgando abundancia sobre ellos, porque no tienen el poder de atraer la *Shefa* por sí mismos.

ולכן כשהאדם חוטא, כל העולמות מתקלקלים ומקבלים עונש ומיעוט שפע בעצמן יען לא סייעוהו, והבן זה מאד. וזהו סוד הרשעה כולה בעשן תכלה להיות הקליפות סבת החטא יותר מכל השאר לכן עונשם גדול. האמנם הטוב הנ־ ברר מהם עליו נאמר (דברים ו' ה') ואהבת את ה' אלהיך בכל לבבך, בשני יצריך, כי גם היצר הרע יוכל להתברר, אך הפסולת שבו שהוא מוכרח להיותו רע עליו נאמר (תהלים ס"ח ג') כהנדוף עשן מפני אש וגו':

Por lo tanto, cuando el hombre peca, todos los mundos se corrompen y como castigo, porque no le ayudaron, su cantidad de *Shefa* disminuye. Y éste es el secreto de «toda la maldad desaparecerá como el humo»,[262] porque las *Klippot* son la causa principal del pecado; por lo tanto, su castigo es grande. Es verdad que el bien se puede encontrar en el *Ietzer haRa*, como fue escrito (*Deuteronomio* VI-5), «y amarás al Eterno tu Dios con todo tu corazón», y con las dos inclinaciones, porque incluso el *Ietzer haRa* contiene mucho bien, porque sólo es malo su desecho, sobre el cual fue dicho (*Salmos* LXVIII-2): «como es lanzado el humo, los lanzarás, etc.».

והרי נתבאר כי האדם כלול מכל העולמות, וזהו שכתוב (קהלת פרק י"ד) כי זה כל האדם. וזהו סוד (בראשית פרק א') נעשה אדם בצלמנו כדמותינו, וזה שכתוב נעשה בלשון

262. Véase *Isaías* IX-18.

רבים כי כל העולמות נשתתפו בעשיתו, ואז הוא כולל צלם אדם בכל העולמות כי כולן צריכים למעשיו.

Así aprendimos que el hombre está incluido en todos los mundos, por lo que está escrito (*Eclesiastés* XII-13): «porque esto es todo el hombre», y éste es el secreto del versículo (*Génesis* I-26): «hagamos al hombre a nuestra imagen, según nuestra semejanza». 'Hagamos' se refiere a todos los mundos que participaron en la creación del hombre, y así aprendimos que la imagen del hombre está realmente incluida en todos los mundos porque no pueden prescindir de sus obras.

וזהו סוד (בראשית ב' ט"ו) ויניחהו בגן עדן לעבדה ולשמרה, במצות עשה ובמצות לא תעשה, וכמו שכתוב (שם פסוק ה') כי לא המטיר ה' אלהים על הארץ, לסבת כי אדם אין לעבוד את האדמה.

Y éste es el secreto de (*Génesis* II-15), «y lo puso en el huerto de Edén, para que lo labrase y lo guardase», manteniendo los preceptos positivos y negativos, y como está escrito (*Génesis* II-5), «porque el Eterno Dios no había hecho llover sobre la tierra», porque «no había hombre que labrase la tierra».

וזהו סוד (ישעיה נ"א ט"ז) ואשים דברי בפיך לנטוע שמים וגו' כי האדם על ידי מעשיו ממשיך חיים לשמים ולארץ,

והרי הוא כאלו נטען ויסדן ונמצא כי עמי אתה כמו שאמ־רו רבותינו ז"ל (בהקדמת הזוהר ד"ח ובתקו"ז תס"ט) שותף שלי, אני בורא ואתה מקים:

Y éste es el secreto de (*Isaías* LI-16), «y he puesto mis palabras en tu boca… para plantar los cielos, etc.», porque el hombre, por medio de sus obras, atrae la vida al cielo y a la tierra, y es como si los plantara y los fundara. «Porque tú estás conmigo», como dijeron nuestros rabinos, de bendita memoria (en el prólogo del Zohar, página 8 y en los *Tikkunim* 469), «asociado a mí, yo creo y tú mantienes».

ומעתה לא יקשה בעיניך ענין הנבואה כמו שאמרו רבותינו ז"ל על (דברים י"א כ"ב) ולדבקה בו, (שם י' כ') ובו תדבק, כי הנביא מתדבק בשם יתברך על ידי המשכת הנבואה והשפע בתחתונים, כמו שכתב הרמב"ן וכל המפרשים זכרונם לבר־כה.

Ahora no te será difícil entender el tema de la profecía, como dijo nuestro rabino, de bendita memoria, a propósito de (*Deuteronomio* XI-22): «y a Él se aferran», y (*Ibid*. X-20) «y a Él se aferran», porque el profeta se aferra al Nombre, bendito sea, al atraer la profecía y la abundancia a las criaturas de los mundos inferiores, como escribieron el Ramban[263] y todos los comentaristas de bendita memoria.

ואין זה תימא, כי הרי זה נתבאר כי אין שום אור דבוק עם אור העשר ספירות כמו אור מחצב הנשמות כי זהו סוד (דב־רים ד' ד') ואתם הדבקים בה' אלהיכם חיים כולכם היום:

Y esto no debe sorprenderte, pues como ya explicamos no hay ninguna luz que se adhiera a la luz de las diez sefirot como la luz del origen de las almas (*Neshamot*), pues éste es el secreto de (*Deuteronomio* IV-4): «pero tú que te aferras al Eterno tu Dios, todos estáis en vida hoy».

263. Rabbí Moshe ben Najman de Girona, más conocido como Najmánides.

חלק ג שער ג

TERCERA PARTE, PUERTA TRES

השער ה שלישי: במעכבי הנבואה:
Tercera puerta, los impedimentos de la profecía

הנה נתבאר בשער הקודם כי נקל הוא היות האדם מתנבא, להיותו כולל כל העולמות וכולן מתפרנסים על ידי מעשיו. עלה בידינו מכל זה כי אדרבא הנבואה מוכרחת להמצא בעולם כדי להישיר האדם לתקן מעשיו לשימשיך שפע לכל העולמות ולא יתבטלו חס ושלום וכמו שכתוב (איוב ל"ג ט"ו) בחלום חזיון לילה וגו' אז יגלה אזן אנשים וגו' להסיר אדם מעשה וגו'.

Aprendimos en la puerta anterior que no debe sorprendernos que el hombre pueda profetizar, ya que incluye todos los mundos y los sostiene a todos con sus actos. En realidad, aprendimos que la presencia de la profecía es esencial en el mundo, porque endereza al hombre y corrige sus caminos para que continúe propagando la *Shefa* a todos los mundos y así evitar su abolición, Dios no lo quiera, como fue escrito (*Job* XXXIII-15 a 17): «por sueño de visión nocturna… entonces revela al oído de los hombres, etc. para quitar al hombre de la mala obra, etc.».

ואילו לא שרתה נבואה על משה רבינו עליו השלום והוריד תורה מן השמים המקיימת העולמות, כמו שכתוב (ירמיה ל"ג כ"ה) אם לא בריתי יומם ולילה חוקות שמים וארץ לא שמתי, היו העולמות נחרבים חס ושלום. ובדרכו נמשכו אחריו כל הנביאים להישיר את העם ולהאיר עיניהם בחכמת התורה ובסודותיה על ידי רוח הקדש המתלבש בהם:

Y estos mundos habrían sido destruidos, Dios no lo quiera, si la profecía no hubiera descansado sobre Moisés, que la paz esté sobre él, y así no habría traído la *Torah* del cielo, que sostiene a los mundos, como está escrito (*Jeremías* XXXIII-25): «si no *permaneciere* mi pacto con el día y la noche, si yo no he puesto las leyes del cielo y de la tierra». Y todos los profetas siguieron las huellas de Moisés; rectificaron al pueblo y arrojaron luz sobre la sabiduría de la *Torah*, y sus secretos, por medio de *Ruaj haKoddesh* que los revestía.

נמצא כי הנבואה ורוח הקודש מוכרחים להמצא בעולם ודבר נקל הוא, אך אמנם בתנאי שימצאו אנשים ראויין לכך. ואמנם בהיות הנפש פגומה הוא מהנמנע, ולכן נבאר אופן העכוב הזה:

Así, aprendimos que la profecía y el *Ruaj haKoddesh* son necesarios en el mundo, y que no es un asunto tan complicado, con la condición de encontrar gente digna, pues un espíritu (*Nefesh*) manchado impide la profecía. Por lo tanto, explicaremos este impedimento.

הנה בהיות השפע של רוח הקדש מתעורר לרדת אל האדם לשרות עליו ויהיה חוטא, הנה היצר הרע הוא גורם מסך חשוך בין נפש השכלית אל מקור רוח הקדש, וזהו שכתוב (ישעיה נ"ט ב') כי אם עונותיכם היו מבדילים וגו' ואין רוח הקודש שורה עליו, וזה על ידי עבירות שס"ה הפוגמים בנפש השכלית כנזכר בחלק ראשון:

Y he aquí que la *Shefa* del *Ruaj haKoddesh* despierta y desciende para descansar sobre un hombre; si el hombre es un pecador entonces su *Ietzer haRa* actúa como una pantalla oscura entre el espíritu (*Nefesh*) esencial y la fuente del *Ruaj haKoddesh*, y así el *Ruaj haKoddesh* no descansa sobre él, según ha sido escrito (*lsaías* LIX-2): «mas vuestras iniquidades han hecho división, etc.», y esto es para todos los pecados que afectan al espíritu (*Nefesh*) intelectual, tal como vimos en la primera parte.

גם אם יהיה הפגם מחמת חסרון איזו מצוה מרמ"ח מצות עשה, הנה הוא בעל מום ואין שפע עליון נמשך אל נפש השכלית בהיות איזה אבר נשחת ובעל מום, ואמנם אם הפגם יהיה למטה בנפש היסודית מפני מדות רעות שבנפש החיה, או מפני מאכלות אסורות המשקצים נפש הצומחת וכן כל כיוצא בזה, אז לא יהיה כח תחתון מתעורר להמשיך השפע העליון ונעשה מסך מבדיל שם ואין התעוררית תחתון עולה מלמטה להמשיך השפע מלמעלה למטה:

Aunque la falta se deba a que fue descuidado uno de los 248 preceptos positivos, este hombre es considerado como una persona deforme y la *Shefa* suprema no puede ser extraída por el espíritu (*Nefesh*) esencial si un órgano está estropeado o deformado. Si la falta está abajo en el espíritu (*Nefesh*) fundamental, ya sea por malas *Middot* del espíritu (*Nefesh*) viviente o por comida prohibida que abomina el espíritu (*Nefesh*) en crecimiento, la fuerza inferior no se despertará para atraer la *Shefa* superior; la falta se convertirá en una cortina separadora, por lo que la inferior no se despertará y no ascenderá para atraer la *Shefa* desde arriba.

נמצא כי כמה מיני מסכים הן, אם מסך בין נפש הצומחת ולמעלה יען פגם במאכלות אסורות אשר כחם הם בנפש הצומחת, ואם הם במדות רעות או בעבירות הבאות על ידי תאוה והתעוררות נפש החיה הם פוגמות בה, ואם הם עבירות דבור באים מנפש המדברת, ואם הם במחשבה והרהור פוגם בנפש השכלית, וכבר נתבאר כי כל הפגמים אינם רק באותו הנצוץ הפרטי שיש אל הנפש ההיא בכל מדרגה ומדרגה ובכל עולם ועולם והבן זה.

Se encontró que hay pocos tipos de cortinas: una cortina entre el espíritu (*Nefesh*) creciente y el supremo. Esta cortina, que preside el espíritu (*Nefesh*) en crecimiento, se forma por una falla causada por alimentos prohibidos. Otra es una cortina que se forma debido a una falla en espíritu (*Nefesh*) vivo: esta cortina es producida por malas *Middot,* o por transgresiones asociadas con la lujuria y transgresiones asociadas con la agitación del espíritu (*Nefesh*) vivo. Una cortina del espíritu (*Nefesh*) parlante está asociado con las ofensas en las charlas. Una cortina del espíritu (*Nefesh*) intelectual está asociada con transgresiones del pensamiento. Además, hay que entender que las faltas no dañan meramente la chispa individual del espíritu (*Nefesh*) específico, sino todas y cada una de las escaleras (o niveles) y todos y cada uno de los mundos.

ולפעמים בהתחזק הפגמים נכרתת נטיעת הנפש הזו מגוף האילן הנקרא אור מחצב הנשמות על ידי מסך הנזכר המבדיל. וזהו סוד מה שאמרו רבותינו ז"ל (ברכות דף י"ח ע"ב) הרשעים בחייהם קרויים מתים:

De vez en cuando, cuando los daños (פגמים) se hacen más fuertes, el brote de este espíritu (*Nefesh*) es cortado del árbol, el cual es llamado la luz del origen del alma (*Neshamah*), por la cortina que lo separa. Y nuestros rabinos, de bendita memoria, dijeron (*Berajoth* 18b) que esta cortina revela el secreto del siguiente versículo: «Los malvados en vida son llamados muertos».

וכבר נתבאר כי לא כל הפגמים שוין כי יש פגם פוגם בצומחת ויש בחיה ויש במדברת ויש בשכלית. האמנם לענין המשכת רוח הקדש כיון שיש פגם בכל מקום שיהיה אינו יכול

להמשך כלל, ולכן הבא ליטהר צריך שיהיו כל מדרגותיו זכו־
כית לבנה נקיים מכל חלאת היצר הרע המעורב בכל המדר־
גות של הנפש. וזהו שנאמר למשה רבינו ע"ה (שמות ג' ה')
של נעליך מעל רגליך, שיהיו כל איברי גופו וכוחות נפשו בכל
מדרגותיה הנזכרים זכים מבלי סיג וחומר עכור כלל, כנזכר
בספר התקונים, (עי' בתקון י"ב ובתיקון כ"א) ולא ישאר בו
זוהמת היצר הרע כלל זולתי חלק הטוב המוברר שבו, שהוא
המוכרח לקיום הגוף בלבד, ואז אין מעכב להבדיל בין כוחות
הנפש אל מקורה באור מחצב הנשמות הדבק אל מקור רוח
הקדש שבאור העשר ספירות:

Ya hemos explicado que no todas las transgresiones son las mismas porque hay transgresión y transgresión en crecimiento, y las hay que corrompen al espíritu (*Nefesh*) en crecimiento, otras que corrompen al espíritu (*Nefesh*) vivo, y otras que corrompen al espíritu (*Nefesh*) parlante, y hay faltas que corrompen al espíritu (*Nefesh*) intelectual. Y ciertamente, el *Ruaj haKoddesh* no puede ser alcanzado si hay un defecto, no importa en que espíritu (*Nefesh*). Por lo tanto, el que se purifica a sí mismo debe hacer que todos sus niveles estén tan limpios como un vaso blanco, limpio de toda la escoria del *Ietzer haRa*, que se mezcla en todos los niveles del espíritu (*Nefesh*). Por eso se le dijo a Moisés (*Éxodo* III-5) «quítate el calzado de los pies», para que todos sus órganos y todas las fuerzas de su espíritu (*Nefesh*) en todos los niveles fueran puros, sin rastro de escoria y material asqueroso, como se mencionó en el Libro de los *Tikkunim* (*Tikkun* 12 y *Tikkun* 21): toda la contaminación del *Ietzer haRa* será sacada de él, excepto por la parte buena que es necesaria para mantener el cuerpo (*Guf*). Entonces no habrá nada que separe las fuerzas de las almas (*Nefesh*) y su fuente en la luz del origen de las almas (*Neshamot*), la luz que se adhiere a la fuente del *Ruaj haKoddesh* en la luz de las diez Sefirot.

הרי נתבאר כי על ידי הפגם גורם שתים רעות. הראשונה שאין תשוקת ורצון התחתון יכול לעלות עד מקור רוח הקודש, ועל ידי כן גם רוח הקודש העליון אינו יכול להתפשט עד התחתון וכל זה מחמת מסך העונות כנזכר.

Aprendimos que la falta produce dos males: la cortina de la iniquidad impide que el de abajo, que desea llegar a la fuente del *Ruaj haKoddesh,* ascienda y de este modo impide que el *Ruaj haKoddesh* de arriba se extienda hacia abajo y todo a causa de la cortina, como ya hemos mencionado.

ואמנם גרמת הפגם נעשה בהכרח על ידי כוחות שתוף בגוף נפש הדומם המתקשרים קשר אמיץ בגוף עצמו כי הוא כלי שבו פועלת הנפש בכל מיני כוחותיה. אמנם אין כל כוחות הנפש נמצאות בכל פגם כי יש פגם בצומחת ויש בחיה ההם במדברת ויש בשכלית כנזכר לעיל. אבל כוחות הנפש הדוממת וכוחות הגוף נמצאים בכל מיני פגם שבעולם:

Y ciertamente, la transgresión en sí misma es causada necesariamente por la estrecha colaboración entre el espíritu (*Nefesh*) inanimado y el cuerpo (*Guf*), porque el cuerpo (*Guf*) es un recipiente en el cual actúan las diferentes fuerzas del *Nefesh*. Es cierto que no todas las fuerzas del espíritu (*Nefesh*) están presentes en cada transgresión, porque hay una transgresión en el *Nefesh* en crecimiento, una transgresión en el *Nefesh* vivo, una falta en el *Nefesh* parlante y una transgresión en el *Nefesh* intelectual. Sin embargo, las fuerzas del *Nefesh* inanimado y las fuerzas del cuerpo (*Guf*) están presentes en todas las transgresiones del mundo.

חלק ג שער ד

Tercera parte, puerta cuatro

השער הרביעי: בתנאי הנבואה:

Cuarta puerta, la condición de la profecía

בתנאי הנבואה בקצור גדול. כבר נתבאר שיש פגמים פוג־מים בנפש צומחת, ויש בחיה, ויש במדברת, ויש בשכלית, וצריך לזכך את כולם, אם כן צריך תחלה שישוב בתשובה גמורה מכל מיני עבירות או מדות רעות ולא ישוב עוד אליהן כלל.

Un pequeño resumen sobre la condición de la profecía. Ya explicamos que hay transgresiones que corrompen al espíritu (*Nefesh*) creciente, transgresiones que corrompen al espíritu (*Nefesh*) vivo, transgresiones que corrompen al espíritu (*Nefesh*) parlante y transgresiones que corrompen al espíritu (*Nefesh*) intelectual, y todas ellas deben ser purificadas. Por lo tanto, uno debe arrepentirse de sus transgresiones, o de sus malas *Middot*, y no cometerlas nunca más.

ואחר כך יזהר לקיים כל מה שאפשר בזמן הזה מרמ"ח מצ־וות עשה כמו שבארנו בחלק ראשון, ובפרט מאלו שהם לק־בוע עתים לתורה ביום ובלילה לא יגרע אפילו יום אחד, ולה־תפלל בכונה שלימה שלש תפילותיו בכל יום, ולקיים ברכת המזון וכל מיני ברכות הנהנין בכונה, ולכבד השבת בכל פר־טיו, ולקיים ואהבת לרעך כמוך בלב שלם, ולקיים קריאת שמע וציצית ותפילין בתפלותיו.

Luego, uno debe tener cuidado de observar los 248 preceptos positivos como explicamos en la primera parte, especialmente los siguientes: estudiar la *Torah* noche y día sin abandonar el estudio ni un solo día, rezar tres veces al día con gran devoción, decir la bendición de la comida (ברכת המזו) y la bendición de disfrute con gran devoción, respetar el *Shabbat* en todos sus detalles, amar a tu prójimo como a ti mismo con todo tu corazón, leer el *Kiriat Shemá,* hacer *Tzitzit* y usar filacterias.

אחר כך יזהר שלא יחטא כלל בשום מצוה משס"ה לא תעשה ואפילו בדקדוקי סופרים, ובפרט מאלו מכל חייבי כריתות וחייבי מיתה בידי שמים וחייבי מיתות בית דין.

Después de esto hay que tener cuidado de no transgredir ninguno de los 365 preceptos negativos o incluso las sutilezas de la exégesis, y especialmente las siguientes: todos los preceptos cuya transgresión merece *Karet,* las transgresiones que merecen la muerte por el Cielo y las transgresiones que merecen la muerte por la corte.

ומן שאר הלאוין יזהר, ובפרט מאלו מרכילות, ולשון הרע, ושיחה בטילה, וליצנות, והסתכלות בעריות, ומכל מיני קרי, ומכל מיני קרוב אל הנדה, ומשבועה אפילו באמת, ובשמירת שבת יותר מן הכל.

Por otra parte, uno debe tener cuidado con los demás, especialmente con los chismes, calumnias, charlas ociosas, burlas, acercarse a la desnudez, todo tipo de contaminaciones, acercarse a todo tipo de *Niddah,* hacer un juramento, incluso uno verdadero; pero sobre todo hay que tener cuidado con la observación del *Shabbat.*

ויזהר מכל מדות בלתי הגונות כי הן מזהמות את הנפש היסודית, ובפרט מהגאוה עד קצה האחרון עד אשר יהיה כאסקופה התחתונה שהכל דשין עליה, ותהיה מוטבעת השפלות בלבו ממש, עד אשר לא ירגיש בשמחה מהמכבדו ובחרפה מהמגדפו ויהיו שניהם שוים בעיניו.

Hay que tener vigilar todas las *Middot* impropias que contaminan el alma (*Nefesh*) fundamental; hay que tener especial cuidado con el orgullo, hay que comportarse como un umbral que todo el mundo pisotea. La humildad debe estar impresa en el corazón para que no sienta alegría cuando alguien lo alabe y no sienta vergüenza cuando alguien lo maltrate, y ambos deben ser iguales ante sus ojos.

ומהכעס אפילו שיכוהו על לחייו, כי אין דבר מונע רוח הקו־דש יותר מהכעס, ומן ההקפדה בתכלית האחרון אפילו עם בני ביתו.

Hay que tener cuidado con la ira, incluso si nos dan una bofetada en las mejillas, porque no hay nada que impida más el *Ruaj haKoddesh* que la ira. Hay mantenerse alejado de la severidad, incluso hacia los miembros de la casa.

ומן העצבות בתכלית האחרון, כי אין נבואה שורה כלל אפי־לו על הראוי אליה מתוך עצבות. ויהיה שמח בחלקו אפילו בשעה שיסורין באין עליו, כמו שכתוב (דברים ו' ד') ואהבת את ה' אלהיך בכל לבבך וגו'.

Además, hay que mantenerse alejado de la tristeza, porque la profecía no descansa sobre un hombre triste, aunque sea digno de ella. Uno debe alegrarse con su parte incluso durante las penas, como fue escrito (*Deuteronomio* VI-5): «y amarás al Eterno tu Dios con todo tu corazón, etc.».

ואחר כל זה יהיה עוסק בכל כוחו בתורה לשמה לגמרי לע־שות נחת רוח ליוצרו בלבד. כשיעסוק בתורה ובמצות יהיה

שמח עד קצה האחרון, כמו שכתוב (תהלים קי"ט קס"ב) שש אנכי על אמרתך כמוצא שלל רב, כי על ידי כן ימשיך שפע בכל העולמות.

Y después de esto hay que estudiar la *Torah Lishmah*[264] con todas nuestras fuerzas. Hay que alegrarse mientras estudiamos la *Torah* y mientras observamos los preceptos, como está escrito (*Salmos* CIX-162), «me gozo sobre tu dicho, como el que halla muchos despojos», porque de este modo se atrae *Shefa* a todos los mundos.

ועיקר הכל הוא יראתו יתברך תמיד בכל רגע לבלתי יחטא, וזה על ידי שישים השם נגד עיניו, כמו שכתוב (תהלים ט"ז ח') שויתי ה' לנגדי תמיד. ויכוון להדביק מחשבתו בו, לא יפסיק אפילו רגע, וזהו סוד ולדבקה בו, ובו תדבק:

Y, sobre todo, el temor del Bendito en todo momento, y eso te mantendrá lejos de la transgresión porque el Nombre siempre estará ante sus ojos según ha sido escrito (*Salmos* XVI-8): «Yo guardo al Eterno siempre delante de mí». El pensamiento debe adherirse a él sin detenerse ni siquiera un momento, y éste es secreto de «y a él os allegaréis…»[265] «y a él te allegarás».[266]

---

264. No por nuestra propia gloria, sino por la gloria del Creador.

265. Véase *Deuteronomio* (XI-22).

266. Véase *Deuteronomio* (X-20).

חלק ג שער ה

Tercera parte, puerta cinco

השער החמישי: באיכות הנבואה מה ענינה:

Quinta puerta.
La calidad y el problema de la profecía

הנה נתבאר כי אור אחד הוא בצורת אדם מתפשט בכל ארבעה עולמות אצילות, בריאה, יצירה, עשיה, עד סוף ארבעה יסודות העולם השפל, והוא מתדבק באורות אדם העליון הנקרא עשר ספירות, והם מתלבשים בזה האור הנקרא אור מחצב הנשמות, וכל נשמות התחתונים כלולות שם, וברדתם בעולם הזה להתלבש בגופות מניחות שרשיהם דבוקות במקורם אשר משם חוצבו, וענפי השרשים ההם לבדם הם יורדים בדרך התפשטות לבד ומתלבשות בגופות בעולם הזה כדמיון ענפי האילן שהן דבוקות ומושרשות בגוף האילן ממש וכופפות עצמן למטה, ונוגעות בקרקע עצמו בעודן נאחזות בגוף האילן.

Hemos aprendido que la luz en la imagen del hombre se extiende desde los cuatro mundos, *Atzilut*, *Briah*, *Ietzirah* y *Asiah*, hasta el final de los cuatro elementos del mundo del intelecto. Se aferra a las luces del hombre superior denominado «diez sefirot», y llevan sobre ellas la luz que se llama «origen de las almas» (*Neshamot*) y que contiene las almas de todas las criaturas inferiores. Y cuando descienden a este mundo y usan cuerpos, sus raíces permanecen conectadas a su lugar de origen. Únicamente las ramas de estas las raíces se extienden y descienden para vestir los cuerpos de este mundo, como las ramas de un árbol que están conectadas al tronco, que se doblan y tocan el suelo mientras todavía están unidas al tronco del árbol.

וכאשר האדם חוטא חטא הראוי להכרת, נכרת אותו הענף מגוף האילן ונשאר נפרד ממנו ועומד בעולם הזה כרוח הבהמה, וזהו סוד הכרת תכרת הנפש ההיא. וזהו סוד כי האדם עץ השדה:

Y cuando un hombre comete una transgresión que merece la pena de *Karet*, su rama es cortada del tronco del árbol. Por lo tanto, al permanecer separado, se erige en este mundo como el *Ruaj* de la bestia. Y éste es el secreto de «esa persona será completamente cortada»,[267] y «porque el árbol del campo es la vida del hombre».[268]

267. Véase *Números* XV-31.

268. Véase *Deuteronomio* XX-19.

וזהו סוד מה שכתוב בצדיקים שנכפל שמם, אברהם אב־
רהם, יעקב יעקב, משה משה, אחד כנגד בחינת השרש הנ־
שאר למעלה דבוק באילן, וזהו הנקרא מזלו של האדם. וכמו
שאמרו רבותינו ז"ל (מנחות דף כ"ט ע"ב) שראה משה רבי־
נו ע"ה מזלו של רבי עקיבא יושב ודורש וכו'. כי ממנו נוזל
השפע אל הענף שירד ונתלבש בגוף:

Y éste es el secreto de por que se escriben dos veces los nombres de los *Tzaddikim*: Abraham Abraham, Jacob Jacob y Moisés; uno por la raíz que se mantiene unida al árbol, y ésta se llama la *Mazal* del hombre. Como dijo nuestro Rabino de bendita memoria (*Menajoth* 29b) «Moisés, que en paz descanse, vio enseñar al *Mazal* de Rabbí Akiva, es decir, la abundancia fluyendo de él a la rama, que luego desciende y se reviste del cuerpo».

והנה השורש הוא עליון מאד בראש רום עולם האצילות
והענף ארוך מאד מתפשט בכל העולמות עד התלבש קצהו
בזה הגוף, ובכל מדרגה שבכל עולם מניח שם שורש אחד
באופן שאין לך נשמה שאין לה שרשים לאין קץ זה למע־
לה מזה, ועל ידי מעשיו זוכה להעלות לכולן, כי כל מדרגות
עולם העשיה, שרשיו אשר הניח שם נקראים כולם נפש אחד
שלימה דעשיה ועל דרך זה בשאר המדרגות:

Y he aquí que la raíz es muy elevada. Se encuentra en la cima del mundo de *Atzilut,* mientras que la rama es muy larga: se extiende a través de todos los mundos y su borde lleva un cuerpo. En cada escalera (nivel) de cada mundo, deja una raíz para que cada alma (*Neshamah*) tenga su raíz elevada. Y por sus obras suben las escaleras del mundo de *Asiah*. Las raíces que dejó se llaman un *Nefesh* completo de *Asiah*, y lo mismo ocurre con las otras escaleras.

ובזה יתבאר ענין הנבואה, כי אחר היות האדם בחומר זך בלי זוהמת היצר הרע ולא בכוחות הנפש היסודית כלל, ולא יש בידו חטא הפוגם באיזה שורש משרשי נשמתו, הנה כאשר יכין עצמו להתדבק עד שרשו העליון יוכל להתדבק בו, ואמנם אף על פי שהוא ראוי לכך צריך להפשיט נשמתו מכל וכל ולהפרידה מכל עניני החומר ואז תוכל להדבק בשרשה הרוחני:

Y ésta es la explicación de la profecía: si la materia del hombre es pura, no contiene la contaminación de *Ietzer haRa* y la contaminación de las fuerzas del espíritu (*Nefesh*) de elementos. Y si no comete ninguna transgresión que dañe alguna de las raíces de su alma (*Neshamah*), podrá conectarse con su raíz elevada. Y aunque sea digno, necesitará separar su alma (*Neshamah*) de cualquier rastro de materia, porque sólo entonces su alma (*Neshamah*) será capaz de conectarse con su raíz espiritual.

והנה אין ענין ההתפשטות הזה, שתמצא כתוב בכל הספרים בעניני הנבואה ורוח הקודש התפשטות ממשיי שהנשמה יוצאת מגופו ממש כענין השינה, שאם כן אין זו נבואה אלא חלום ככל החלומות, אמנם השראת רוח הקודש על האדם הוא בהיות הנשמה בגופו בהקיץ ולא תצא ממנו.

Y he aquí algo a propósito de esta expansión. La separación de las (*Neshamot*), que se menciona en todos los libros que tratan de la profecía y *Ruaj haKoddesh,* no es una separación real entre el cuerpo (*Guf*) y el alma (*Neshamah*), como lo es en el caso del sueño. Porque la profecía no es un sueño como otros sueños; es el *Ruaj haKoddesh* que descansa sobre un hombre cuando está completamente despierto y cuando su alma (*Neshamah*) está dentro de su cuerpo (*Guf*) y no está soñando despierto.

אבל ענין ההתפשטות הוא, כי יסיר כל מחשבותיו לגמרי, והכח המדמה שבו שהוא כח נמשך מהנפש החיה היסודית שבו יפסיקהו מלדמות ולחשוב ולהרהר בשום ענין מעניני העולם הזה וכאלו יצאה נפשו ממנו, ואז יהפוך כח המדמה מחשבותיו לדמות ולצייר כאלו עולה בעולמות העליונים בשרשי נפשו אשר לו שם, מזה לזה, עד שהגיע ציור דמיונו במקור שלו העליון ויחקקו ציורי כל האורות במחשבתו כאלו מצויר ורואה אותם כפי דרך כחו המדמה לצייר בדעתו עניני העולם הזה אף על פי שאינו רואה אותם כנודע בחכמת הטבע.

Pero la idea de la expansión es que está prohibido todo pensamiento, y el poder imaginativo, que se extrae de su alma (*Nefesh*) viviente fundamental, dejará de imaginar, pensar y contemplar los asuntos mundanos, como si su alma (*Nefesh*) saliera de sí mismo. Entonces el poder imaginativo de sus pensamientos comenzará a imaginar, y producirá una imagen como si ascendiera a través de las raíces de su alma (*Nefesh*) a los mundos elevados y a su origen elevado. Todas las imágenes de las luces se grabarán en su mente como si realmente pudiera verlas como ve este mundo o, aunque no pueda verlas realmente.

ואז יחשוב ויכוין לקבל אור מן העשר ספירות מאותה הנ־
קודה אשר שורש נשמתו נאחזת שם. ויכוין להעלות גם את
העשר ספירות זו לזו עד האין סוף וימשיך להם הארה משם
עד למטה דרך ירידה עד סופן, וכאשר ירד האור על ידו
אליהם הם שמחים בזה ומאירין מאותו האור שהמשיך אל
שורש נשמתו הנאחזת בהם כפי החלק הראוי לה.

Y entonces pensará y se preparará para recibir la luz de las diez sefirot, desde el mismo punto en el que está conectada la raíz de su alma (*Nefesh*). Estará preparado para elevar las diez sefirot al *Ein Sof,* y desde allí atraerá la luz y la otorgará a las sefirot a través de un descenso hasta el final y cuando les otorgue la luz, las sefirot se regocijarán e iluminarán hasta la raíz de su alma (*Neshamah*) aferrándose a ellas como se merecía.

ויכוין להוריד דרך ירידה ממדרגה למדרגה עד שיגיע האור והשפע ההוא אל נפשו השכלית שבגופו, ומשם תגיע עד נפש החיה וכח המדמה שבו, ושם יצטיירו הענינים ההם ציור גשמי בכחו המדמה, ואז יבינם כאלו רואה אותן בעין ממש:

Y dirigirá esta luz hacia abajo, peldaño a peldaño (nivel a nivel) hasta que la luz y la *Shefa* alcanzarán su alma intelectual (נפשו השכלית) y de allí a su alma viviente (נפש החיה) y la fuerza de la imaginación, allí el la fuerza de la imaginación convertirá las imágenes en una imagen mundana; así, él las comprenderá como si las viera con sus propios ojos.

ולפעמים אור האור היורד יצטייר בכח המדמה כדמות מלאך הדיבר בו ורואה אותו או שומע קולו וכיוצא בזה מאחד מחמשה חושים הידועים הנפשיים שבכח המדמה, ומשם יועתקו אל חיצוניותם בחמשה חושים אשר גם הם מנפש החיה כנודע, ואז יראה וישמע ויריח וידבר בחושיו הגשמיים ממש.

Y a veces la fuerza de la imaginación presentará a la luz que desciende como un ángel que habla, que será percibido por uno de los cinco sentidos conocidos del poder imaginativo que forman parte del alma viviente (נפש החיה), como ya sabemos. Entonces él verá, oirá, olerá y hablará usando sus sentidos materiales.

וכמו שכתוב (שמואל ב' כ"ג ב') רוח ה' דבר בי ומלתו על לשוני, כי יתגשם ויצטייר האור ההוא בחושים הגשמיים, ולפעמים תהיה נבואתו בחמשה חושים הרוחניים אשר בכחו המדמה בלבד, וכל זה הוא בהתפשטות כח המדמה לגמרי מכל מחשבות החומר כנזכר:

Como está escrito (2 *Samuel* XXIII-2), «el espíritu del Eterno ha hablado por mí, y su palabra ha sido en mi lengua», ya que esta luz se materializa gracias a los sentidos materiales. En otros casos, su profecía será percibida por los cinco sentidos espirituales del poder de la imaginación, sin embargo, todo esto es posible sólo cuando el poder de la imaginación se separa completamente de los pensamientos materiales, como se mencionó antes.

נמצא שהנבואה היא כדמיון החלום שנפשו השכלית יוצאת ממנו ועולה למעלה ממדרגה למדרגה, ושם צופה ומביט ואחר כך חוזר ויורד ומשפיע זה האור עד נפש החיה אשר בה כח המדמה, ושם מצטיירין ומתגשמים יותר אותן הדברים, וכשיקיץ האדם זוכרת נפשו הענינים ההם בכח השומר ובכח הזוכר אשר גם הם בנפש החיה כנודע בחכמת הטבע. והרי נתבאר ענין הנבואה וענין החלום היטב, כי זה בעוד הנפש בגופו זה אחר צאת הנפש:

Aprendimos que la profecía es similar al sueño; el espíritu (*Nefesh*) intelectual deja el cuerpo (*Guf*) y asciende escalón a escalón hasta llegar a la cima donde mira y observa. Luego desciende y otorga luz al espíritu (*Nefesh*) viviente, que contiene el poder imaginativo donde se crean las imágenes. Y cuando un hombre se despierta de su sueño, su espíritu (*Nefesh*) recuerda las imágenes gracias al poder de conservación y al poder de memoria que se puede encontrar en el espíritu (*Nefesh*) viviente, como fue enseñado por la ciencia natural (חכמת הטבע). La diferencia entre la profecía y el sueño es que en el primero el alma (*Nefesh*) permanece en el cuerpo (*Guf*), mientras que en el segundo el alma (*Nefesh*) deja el cuerpo.

האמנם נבואה עצמה יש שני מינים, האחד היא נבואת שאר הנביאים שבעת האור נשפע ומגיע בירידתו אל נפש השכ־לית אשר בו, ומשם יורדת אל נפש החיה להצטייר שם בח־משה חושים הפנימיים אשר בכח המדמה היו החושים החי־צוניים נרתעים ברעד גדול והיו נופלין כי אין כח בהם לקבל האור ההוא ולציירו ולהגשימו בחושים החמריים.

Y ciertamente existen dos tipos de profecía, la primera es la profecía de los profetas: cuando la luz de la *Shefa* desciende al alma (*Nefesh*) intelectual y luego al alma (*Nefesh*) viviente. Entonces se materializa en cinco sentidos interiores del poder de la imaginación y los sentidos exteriores se retiran y se derrumban, ya que no tienen la fuerza para contener esta luz y crear su imagen usando los sentidos corporales.

והנבואה על דרך זה נקראת חלום אף על פי שאינה חלום ממש כנזכר (בראשית ט"ו י"ב) ותרדמה נפלה על אברם וגו':

Este tipo de profecía se llama un sueño, aunque no es un sueño real, como se mencionó (*Génesis* XV-12): «un profundo sueño cayó sobre Abram, etc.».

והמין השני היא נבואה שלימה שלא היו נרתעין חושי החומר כלל ומצטיירים בו בנחת, וזו היתה נבואתו של משה רבינו ע"ה, והסבה לזה היותו חומר זך לגמרי ונשתנה על ידי קדושת מעשיו להיות במדרגת הנפש. כי הוסרה זוהמתו ונשאר הטוב והזך אשר בגופו, וגם בכוחות נפשו היסודית, כי בהן לבדם יש בחינת גשם ולא בנפש השכלית ומשם ולמעלה:

El segundo tipo es la profecía completa en la cual los sentidos corporales no se retiran, sino que crean una imagen. Ésta fue la profecía de Moisés, nuestro maestro, que descanse en paz, y la razón es que era una materia completamente pura, y la santidad de sus actos lo convirtió en la escalera del espíritu (*Nefesh*). Toda su impureza fue eliminada, y todo lo que quedó fue lo bueno y lo puro de su cuerpo (*Guf*) y su espíritu (*Nefesh*) fundamental, ya que son los dos únicos que contienen aspectos materiales y no el espíritu (*Nefesh*) intelectual.

וכבר נתבאר היות שרשים לאין קץ לנשמת האדם. והנה כפי מעלת מקור מחצבה, כך יתגדל כח המשכת שפע נבואתו. וכן גם אם יהיה שורש מחצב נשמתו במקום עליון ולא תיקן ולא זכה להמשיך אל כל השרשים אשר משם ולמטה, גם זה לא יוכל להמשיך שפע נבואתו אלא מאותה המדרגה אשר תקן וזכה אליה, ומשם בלבד ימשך שפע נבואתו, ובזה יתבאר לך כמה מדרגות יש בנביאים לאין קץ:

Ya aprendimos que el alma (*Neshamah*) del hombre tiene un número infinito de raíces, y que hay aquí una fuente por lo que el poder de hacer profecía está determinado por el estatus del origen de su alma (*Neshamah*). Sin embargo, si la raíz de uno es elevada, pero no ha enmendado sus caminos y no ha atraído la luz a las raíces que están bajo su elevado origen de alma (*Neshamah*), sólo podrá extraer la abundancia de la profecía desde la escalera que logró alcanzar. Y ahora, pueden entender el número infinito de escaleras que poseen los profetas.

ואל תחשוב כי כיון שבארנו שאין נפש הנביא יוצאת מגופו אם כן מה תפיסה יש במחשבתו בלתי ממשיית לעלות לפתוח השערים וכו', וזה תבין במה שכתבתי למעלה, כי הנפש כעין ענף ארוך מאד ומתפשט מהשורש הדבוק באילן עד גוף האדם, ואותו הקו הנמשך תמיד בהיות האדם חושק לעלות אל שרשו, עולה אור מחשבתו הנקרא מושכל מן המשכיל שהיא הנפש המשכלת עד השכל עצמו שהוא השורש העליון אשר לנפשו, ומתדבקים ונעשים אחד על ידי ההשכלה

עצמה שהיא השפע הנמשך מן השכל אל המשכיל. נמצא כי המושכל הוא האור והשפע עצמו היורד מן השכל אל נפש המשכלת, וזה השפע והאור הממשי הוא ענין הנקרא מח־שבה והבן זה היטב כי לא דבר ריק הוא, שאם לא כן, בטלת כל עניני כונת התפילות והרהורי האדם הטובים והרעים:

No debes pensar que como el espíritu (*Nefesh*) del profeta no sale de su cuerpo (*Guf*), como explicamos, su percepción no es real y su espíritu (*Nefesh*) no sube para abrir las puertas, etc., como ya hemos explicado, el espíritu (*Nefesh*) se asemeja a una rama larga que brota desde la raíz, la cual está conectada al árbol, al cuerpo humano. Y cuando un hombre desea ascender a su raíz, la luz de su pensamiento, que se llama *Muskal*,[269] asciende al espíritu (*Nefesh*) intelectual, llamado *Maskil* a la raíz elevada de su espíritu (*Nefesh*), que es el *Sejel*. Entonces la *Shefa* que emana del *Sejel* al *Maskil*[270] los une y ellos se vuelven uno. Hemos aprendido que el *Muskal* es la luz y la *Shefa* que desciende del *Sejel* al espíritu (*Nefesh*) del *Sejel*. Y esta *Shefa* y esta luz verdadera es la cosa que nosotros llamamos 'pensamiento'. Debes entender esto, porque no son palabras vacías. De lo contrario, anularán el propósito de la oración y los buenos y malos pensamientos del hombre.

---

269. Literalmente «idea».

270. Literalmente «inteligente», «instruido».

והרי נתבאר לך היות הנבואה מוכרחת ויכולה להיות, כע־
נין האדם התופש בידו בקצה ענף האילן בהיותו כפוף למטה
ומנענעו בכח ואז כל האילן כלו מתנענע בהכרח, ואמנם לא
יתנענעו העליונים במחשבת האדם התחתון זולתי בהיותו
ראוי להמשיך האור העליון עליהם, ואז בשמחה זו גם הם
ימשיכו מאותו האור עליו, אבל אם אין בו יכולת להמשיך
עליהם אור עליון לא יחשיבוהו כלל ולא יתרצו להתקרב
אליו לעזרו ולהמשיך מחשבתו למעלה, כי הבל היא ואין בה
מועיל:

Y así aprendimos que la profecía debe y puede ser como un hombre que agarra el borde de una rama doblada en su mano y la sacude bruscamente, y como consecuencia todo el árbol se sacude. Es verdad que los pensamientos elevados no se moverán en el pensamiento del hombre humilde a menos que sea digno de atraer la luz sobre ellos. En este caso, con gusto atraerán sobre él la misma luz. Sin embargo, si él no puede atraer la luz elevada sobre ellos, no lo considerarán, no se acercarán a él y se abstendrán de ayudarle, para atraer su pensamiento hacia arriba, porque es vano e inútil.

חלק ג שער ו

TERCERA PARTE, PUERTA SEIS

השער הששי: במדרגות הנבואה מה ענין הנבואה שבדורות ראשונים, ומה ענין השגת רוח הקדש שאפשר להשיג גם בז־מננו זה:

Sexta puerta, los niveles de la profecía: la profecía estaba en el pasado, pero el *Ruaj haKoddesh,* se puede lograr en nuestros tiempos.

וענין נבואת הנביאים כך היא, כי הנה נתבאר למעלה איך ארבעה עולמות הן הנקראים אצילות, בריאה, יצירה, עשיה, ולמטה מכולם הוא העולם השפל הנחלק לארבעה יסודות, הן וכוחות נפשותיהן היסודית, ונחלקות כעין עשר ספירות.

La profecía de los profetas: ya explicamos cómo los cuatro mundos, *Atzilut, Briah, Ietzirah,* y *Asiah* se sitúan por encima del mundo inferior, el cual se divide en cuatro elementos que junto con las fuerzas de su espíritu (*Nefesh*) fundamental se dividen en diez Sefirot.

גם נתבאר כי בכל עולם יש אור פנימי הם העשר ספירות, וחוצה להם אור מחצב הנשמות, וחוצה לו אור מחצב המ־

לאכים, וחוצה לו אור חשוך מחצב הקליפות, וחוצה לו העו־לם עצמו שהן הרקיעים שבאותו עולם, וכן ממש הוא בעולם השפל, כי חומר ארבעה היסודות הוא הגוף והעולם. ובתוכו הן שאר האורות כל אחד מהם כלול מארבע בחינות הנפש היסודית.

También aprendimos que cada mundo tiene una luz interior, que son las diez sefirot, más allá está la luz del molde de las almas (*Neshamot*), más allá está la luz del molde de los ángeles, y más allá está el mundo real, que son los firmamentos de cada mundo específico. Y lo mismo puede aplicarse también al mundo inferior, porque la materia de los cuatro elementos es el cuerpo (*Guf*) y el mundo. Y el cuerpo (*Guf*) contiene las otras luces que están hechas de los cuatro aspectos del espíritu (*Nefesh*) fundamental.

גם נתבאר היות מדרגות לאין קץ כי ספירה כלולה מעשר ועשר מעשר וכו', באופן שכל עולם יש בו מדרגות לאין קץ:

También aprendimos que hay un número infinito de niveles, porque cada Sefirah está compuesta por diez y cada una de las diez está compuesta de otras diez, etc.; y así cada mundo contiene un número infinito de niveles.[271]

271. *Madregot,* literalmente «escaleras».

וכבר נתבאר איכיות הנבואה בשער חמישי כי מחשבת הנ־ביא מתפשטת ועולה ממדרגה למדרגה ממטה למעלה עד הגיעו למקום אחיזת שורש נשמתו, ואז היה מחשב להעלות אור ספירות עד אין סוף וממשיך משם אור, וחוזר ומורי־דו ממעלה למטה במעלות אשר עלה עד הגיעו למטה בנפ־שו השכלית, ונוטלת חלקה באור ההוא כפי שיעור אחיזת שורש נשמתו למעלה, ומשם ממשיכה בכח המדמה בנפש החיה שבו, ושם מצטירים הדברים בחושים הפנימים אשר בכח המדמה או בחושים החיצונים:

Y ya aprendimos en la quinta puerta a propósito de la calidad de la profecía por qué el pensamiento de los profetas se extiende y asciende de nivel en nivel, de abajo hacia arriba, hasta llegar al lugar donde se conecta la raíz de su alma (*Neshamah*). A medida que su pensamiento asciende, trae la luz de las Sefirot hasta el *Ein Sof,* y a medida que desciende, atrae la luz y la hace descender a través de los niveles por los que ascendió antes hasta que llega a su *Nefesh* del *Sejel*. Y el *Nefesh* de su *Sejel* toma una porción de esta luz de acuerdo a la calidad de la conexión de la raíz de su alma (*Neshamah*) arriba. Entonces el poder imaginativo de su *Nefesh* viviente atrae la luz y produce imágenes que pueden ser percibidas por los sentidos internos o externos.

והנה המשכת המחשבה ההיא ודאי שלא מאליה היתה עולה, אלא על ידי כונות ויחודים נמסרו בידו מאת הנביא

המלמדו להתנבא, כענין בני הנביאים עם שמואל ואליהו ואלישע ז"ל, כדי שבאותן היחודים שהיה מיחד היה ממשיך האור והשפע כפי רצונו, זו היא תכלית ענין הנבואה:

Y he aquí que la transmisión de este pensamiento no asciende por sí misma, ya que necesita de oraciones y unificaciones que fueron enseñadas por el profeta, como en el caso de los hijos de los profetas y *Samuel*, Elías y Eliseo, de bendita memoria. Porque a fin de atraer la luz y la abundancia de acuerdo a la voluntad personal, uno ha de profesar la unidad de Dios, y éste es el propósito de la profecía.

תומש תרכזהו תוליפת סהו .סתוא סידמלמ ויה תוינש דוע
סלוע לכבש תולכיהה לשו סיעיקרה לש ןיחתפה ירמוש לע
סיריואהו תודוסי העבראה סהש ,תומלועה ףוסמ סלועו
תשרפ רהוזה רפסב רכזנכ תוליצאה סלוע סור דע ,סהבש
־כיה יקרפב רכזנכו ב"ע א"ר ףד תוליפתה תילע ןינעב להקיו
־עשה חותפל סישמתשמ ויה הלחתו ,סהלש תויירבבו תול
הלפתהו דוחיה סידחיימ ויה ךכ רחאו הגרדמ התואבש סיר
הגרדמל הגרדממ סילוע ךכו ,איהה הגרדמה יפכ תדחוימה,
דוע ויה ךכ רחאו .סש סיחונו תילעה סשרשל סעיגה דע
עפשה סיכישממו סירזוחו ףוס ןיאה דע סתובשחמ ןיכישממ
ליעל רכזנכ הטמל:

Les dieron testimonio de las oraciones y el recuerdo de los nombres de los centinelas de las puertas, los nombres de los firmamentos y los nombres de los palacios de todos y cada uno de los mundos, desde el último de los mundos, que son los cuatro elementos y el aire que contienen, hasta el elevado mundo de *Atzilut,* como se mencionó en el Zohar en la *parashah* de *Vaiakhel,* página 201b,[272] y como se recuerda en los capítulos de las *Eijalot*[273] y en su Baraita. Primero, abrieron las puertas en un nivel, y luego hicieron la unificación y rezaron la oración especial que encaja con ésta a un nivel específico. Y así ascienden de un nivel a otro hasta que llegan a su raíz superior donde descansan. Sus pensamientos continuaron en el *Ein Sof,* y a medida que regresaban transmitieron la *Shefa* hacia abajo, como ya hemos mencionado.

וענין השוערים והשמות האלו, פירושן הוא, כי היו משביעים בכח שם קדוש אחד שהוא מן הספירה שבאותה מדרגה אל המלאך המושרש ונחצב משם והוא הממונה על שער הרקיע עצמו שהוא החומר שבמדרגה ההיא, אשר יש לו גם כן שם ידוע לאותו שער, ופותחו, ואז נכנסת מחשבת הנביא דרך שער ההוא מאור לאור עד אור הפנימי של הספירה שבאותה מדרגה, ואז מתפלל ומיחד היחוד הצריך לשם, וכך עולה ממדרגה למדרגה:

En cuanto a los centinelas y los nombres, emplearon la fuerza de un nombre santo del nivel específico para

272. Véase vol. XVI de nuestra edición, pág. 85 y ss.

273. Los palacios. Véase Zohar XVIII de nuestra edición.

convocar al ángel que tiene su raíz y origen en el mismo nivel, el ángel que está a cargo de la puerta del mismo firmamento, que es la materia del nivel, y por lo tanto tiene un nombre conocido. Y cuando el ángel abrió la puerta, el pensamiento del profeta entró a través de ella y pasó de luz en luz hasta llegar a la luz interna de la Sefirah de este nivel; y entonces el profeta rezó la oración apropiada de este nivel. Y así, ascendió de nivel a nivel.

והנה זה ענין מראות יחזקאל הנקרא מעשה מרכבה להיות המדרגות מורכבות זו על זו. ותחלה נפתחו השמים שערי הרקיעים שהם אורות החומר והכלים שבאותו עולם, ומשם נכנס אל הקליפות וזהו שכתוב (יחזקאל א' ד') וארא והנה רוח סערה וגו', וכמו שכתוב בהושע (הושע א' ב') תחלת דבר ה' בהושע, רצונו לומר תחלת התגלות דבור הנבואה היה נגלה תחלה הקליפה וכוחותיה שהם אשת זנונים וילדי זנונים.

Por eso la visión de *Ezequiel* se llama *Maaseh Merkavah,*[274] porque los niveles se construyen uno sobre otro. Primero se abrió el cielo, las puertas de los firmamentos, que son la luz de la materia y el *Kelim* de este mundo. Luego entraron las *Klippot*, como está escrito (*Ezequiel* I-4): «y miré, y he aquí un viento tempestuoso venía del norte, etc...». Y como está escrito

274. Literalmente, «la obra del Carro».

(*Oseas* I-2): «el principio de la palabra del Eterno con *Oseas*. Y dijo el Eterno a *Oseas*: ve, tómate una mujer fornicaria, e hijos de fornicaciones; porque la tierra se dará a fornicar apartándose del Eterno», lo que significa que la *Klippah* y sus fuerzas, que son la mujer fornicaria y los hijos de fornicaciones, se revelaron al principio de la profecía.

ואמנם בהיותו בשמים גם שם היה מתדבק וצופה כמו שכ־תוב (יחזקאל א' א') נפתחו השמים ואראה מראות אלהים, אבל כשהגיע למקום הקליפות לא היה נהנה להתדבק בהם, אלא קורע ועובר בהם ואינו נדבק בהם רק ראיה בעלמא מוכרחת.

Y cuando estaba en el cielo, se aferró a sí mismo mientras miraba, como estaba escrito (*Ezequiel* I-1): «los cielos se abrieron, y vi visiones de Dios». Sin embargo, cuando llegó al lugar de las *Klippot*, no se aferró a ellas sino que las atravesó. No se conectó a ellas, sino que sólo las vio al pasar por ellas.

וזהו סוד אליהו זכור לטוב (מלכים א' י"ט) לא ברעש ה' לא באש ה' וגו'. ומשם נכנס למחיצת אור המלאכים כנודע, כי בין כל אור ואור יש פרגוד מפסיק, וזהו סוד הנעלם שיש בענין החשמ"ל כי הוא בגימטריא מלבוש, והוא הכלי והחו־מר של אורות המלאכים, וה' יכפר בעדי בגלותי סוד נעלם הזה.

Y éste es el secreto de Elías, de bendita memoria, (1 *Reyes* XIX-11 y 12): «pero el Eterno no estaba en el terremoto… pero el Eterno no estaba en el fuego». Y de allí pasó por la cortina de la luz de los ángeles, pues como ya explicamos las luces están separadas por una cortina. Y éste es el secreto de la palabra Hashmal que en guematria es igual a *Malbush,*[275] que es el *Kli* y la materia de las luces de los ángeles; y el Eterno me perdonará por revelar un secreto como éste.

ואז ראה עשר כתות המלאכים אשר כולם נחלקים לארבע חיות וארבע מחנות שכינה, וזהו שכתוב (יחזקאל א' ה') ומתוכה דמות ארבע חיות, ומשם נכנס עד הגיעו אל אור העשר ספירות עצמן, וזהו שכתוב (שם פסוק כ"ו) ועל דמות הכסא כמראה אדם וגו'. ואמנם הכסא עצמו הוא אור מחצב הנשמות בסוד האבות הן הן המרכבה, ולכן נקרא הנפש כבוד כמו שכתוב (תהלים ל' י"ג) למען יזמרך כבוד ולא ידום, וכתיב (תהלים ד' ג') עד מה כבודי לכלימה וגו':

Después vio los diez grupos de los ángeles que están divididos en cuatro *Jaiot* y cuatro campamentos de la *Shekinah,* como está escrito (*Ezequiel* I-5): «y de en medio de ella carne la semejanza de cuatro seres vivientes (*Jaiot*)». Y entró desde allí hasta que llegó a la luz de las diez sefirot, según está escrito (*Ezequiel* I-26):

275. En realidad, la guematria de *Hashmal* es 378 y la de *Malbush* 379, aunque se tolera una diferencia de una unidad.

«y sobre el cielo que estaba sobre sus cabezas, había una figura de un trono que parecía de piedra de zafiro; y sobre la figura del trono había una semejanza que parecía de hombre sentado sobre él». Y en efecto, el trono es la luz del origen de las almas (*Neshamot*), y éste es el secreto de «Los patriarcas son la *Merkavah*». Y por lo tanto, el alma (*Nefesh*) es llamada Kavod (*Salmos* XXX-12):[276] «Por tanto a ti canté gloria, y no callé...», y está escrito (*Salmos* IV-3), «¿hasta cuándo volveréis mi honra en infamia?»

והנה גליתי אליך סוד עמוק כולל עניני המרכבה אשר לא זכו הדורות הקדמונים אלינו, וכבר נתבאר למעלה בשער חמישי כי לא כל הנביאים יונקים משרש אחד כי יש להם שורשים שאין להם קץ והם ששים ריבוא בכל עולם.

Y he aquí que os he revelado un secreto (*Sod*) profundo de la *Merkavah*, que ni siquiera la generación antigua conocía, y ya se explicó en la quinta puerta que los profetas no reciben de una sola raíz, pues tienen un número infinito de raíces: sesenta miríadas en cada mundo.

276. Literalmente «honor», «gloria», «honra».

וזהו שאמרו רבותינו ז"ל (שיר השירים רבה פ"ד ס"ב צ"ב) ששים רבוא נביאים עמדו בישראל וכו' ומשה רבינו ע"ה כולל כולם ושקול ככולם:

Como dijo nuestro maestro, de bendita memoria (*Cantar de los Cantares Rabbah* 4:2,2), «sesenta mil profetas se levantaron en Israel, etc.», y Moisés, nuestro maestro, que descanse en paz, los contiene y los supera a todos».

ואמנם דרך כללות נבאר מדרגתם, כי משה רבינו ע"ה היה עולה עד האצילות ומשם רואה ממש, אלא הוא על ידי התלבשו בבריאה לבדה וגם זה אינו אלא בדרך מעבר לבד, כי האצילות לבדו הוא נמנע, וזהו סוד (שמות פרק י"ג) כי לא יראני האדם וחי, ושאר הנביאים היו רואים באצילות על ידי התלבשות גמור באורות הבריאה. ואחר החרבן היה יחזקאל, והתנבא מן האצילות אחר התלבשו בבריאה והבריאה ביצירה התלבשות גמור, ומאז ואילך אין עוד אור אצילות ובריאה נגלין כלל.

Y ciertamente, de un modo general, determinaremos su nivel, porque Moisés, nuestro maestro, que descanse en paz, se elevó al mundo de *Atzilut*, desde donde pudo ver a *Atzilut* revestido, en el *Briah*, pues se abstuvo de mirar a *Atzilut* desnudo, y éste es el secreto del versículo (*Éxodo* XXXIII-20) «porque no me verá el hombre y vivirá», mientras que los otros profetas vieron el mundo de *Atzilut* vestido con las luces del mundo de *Briah*. Y Ezequiel, que vivió después de la destrucción del Templo, recibió la profecía de *Atzilut* después de vestirse de *Briah*, que a su vez se vistió enteramente de *Ietzirah*. Y después de esto las luces de *Atzilut* y *Briah* ya no se revelaron más.

ואל זה כיונו רבותינו ז"ל (סוטה דף מ"ח סנהדרין דף ס"א) כי אחר חגי זכריה ומלאכי, פסקה נבואה לגמרי ונשתייר רוח הקדש והוא המשך אורות היצירה עצמם לבדם ומשם ולמטה, וזהו הנקרא בתלמוד (חגיגה דף י"ד ע"ב) עלית הפרדס אשר הוא היצירה הנקרא עולם מטטרו"ן, וגם לזה היו שמושים ידועים לפתוח השערים שיש מן העולם השפל והעשיה והיצירה וליחד היחודים והתפלות הנאותים כפי עולם היצירה בעשר ספירות שבה:

Y esto es lo que nuestros rabinos, de bendita memoria, quisieron decir cuando dijeron que (*Sotah* 48 y *Sanhedrín* 61) «Cuando Hageo, *Zacarías* y Malaquías murieron, la profecía se apartó de Israel», y sólo quedó el *Ruaj haKoddesh*. Y el *Ruaj haKoddesh* es la transmisión de las luces de *Ietzirah* y otras luces de niveles inferiores. Y a esto se le llama en el Talmud (*Jaguigah* 14b) la ascensión al Pardes, que se refiere al mundo de *Ietzirah*, que se llama el mundo de Metatrón. Y hay técnicas conocidas a través de las cuales se pueden abrir las puertas del mundo inferior, el mundo de *Asiah* y el mundo de *Ietzirah*. Además, existen las alabanzas y las oraciones adecuadas a través de las cuales se puede entrar en el mundo de *Ietzirah* y sus diez sefirot.

וזהו סוד שמוש פרקי היכלות שנשתמשו בו רבי נחוניא ורבי עקיבא ורבי ישמעאל ואנשי כנסת הגדולה, ואחר כך נשתכ־חו גם דרכי השמושים ההם.

Y éste es el secreto que se enseña en los capítulos de las *Eijalot,* técnicas que fueron utilizadas por Rabbí Nejuniah, Rabbí Akiva, Rabbí Ishmael y los miembros de la gran asamblea, pero que luego fueron olvidadas.

ועוד אחרת כי נאבד טהרת אפר פרה בזמן האמוראים עד זמן אביי ורבא כנזכר בתלמוד (חגיגה דף כ"ה) ולכן לא נש־תמשו מאז ואילך בעלית הפרד"ס. ומאז ואילך נשתמשו בשמושי עולב העשיה לבדה, ולהיותו עולם השפל מכולם וגם כי המלאכים שבה מעוטן טוב ורובן רע, ולא עוד אלא שהטוב והרע מתדבקים יחד מאד, לכן אין בו השגה כלל, כי אי אפשר להשיג טוב לבדו ולכן מעורבת ההשגה בטוב ורע, אמת ושקר:

Además, (el secreto de) las cenizas de la novilla se perdió en el período de los amoraítas, durante el tiempo de Abaie y Rava, como se recuerda en el Talmud (*Jaguigah* 25). De este modo, desde entonces, nadie ha ascendido al Pardes. Desde entonces, sólo utilizaron la técnica relativa al mundo de *Asiah*, que es el más bajo de los mundos y sus ángeles contienen más mal que bien. Además, en este mundo el bien y el mal están estrechamente unidos, por lo tanto es imposible alcanzar el *Ruaj haKoddesh* en él, ya que es imposible separar el bien del mal; y lo que se alcanza es, por lo tanto, una mezcla del bien y el mal, la verdad y la mentira.

וזהו סוד ענין קבלה מעשית. ולכן אסור להשתמש בה, כי בהכרח יתדבק גם ברע המתדבק בטוב, וחושב לטהר נפשו ומטנפה בסבת הרע ההוא, וגם אפילו שישיג, הוא אמת בת־ערובת שקר, ובפרט כי אין אפר פרה מצויה וטומאת הקלי־פות מתדבקות באדם המתקרב להשיג על ידי קבלה מעשית, ולכן שומר נפשו ירחק מהם, כי מלבד שמטמא נפשו יענש בגהינם, ואף גם בעולם הזה קבלה בידינו כי יעני או הוא או זרעו או יחלה בחולאים הוא או זרעו או ישתמד הוא או זרעו:

Y éste es el secreto de la cábala práctica. Está prohibido hacer uso de él, ya que aquel que intenta usarlo se ata necesariamente al mal que está unido al bien. Uno puede tener la intención de limpiar su alma (*Nefesh*), pero a causa del mal, acaba contaminándola. Incluso si alcanza alguna visión, será una mezcla de la verdad y de la mentira, ya que las cenizas de la novilla no existen más. La impureza de las *Klippot* se adhiere al hombre que intenta alcanzar la visión a través de la cábala práctica. Por esta razón, aquel que se cuida a sí mismo ha de mantenerse lejos de ella. Porque además de contaminar su alma (*Nefesh*), será castigado en el *Guehinom*. Además, según nuestra tradición, también será castigado en este mundo y él o su descendencia caerán enfermos o serán apóstatas.

וקח ראיה מרבי יוסף דילא ריינה ורבי שלמה מולכו שנשת־משו בקבלה מעשית ונאבדו מן העולם, וכל זה לסבה הנזכ־רת כי אין סוב בלתי רע, ולא עוד אלא שמכריחים אותן בעל כרחן על ידי השבעות, ואז מפתים אותן ומטין אותן לדר־כים לא טובים עד שמאבדים נפשם, וגדולה מזו כי כל דרכי ההשבעות האלו העלימום הראשונים ואין אנו בקיאים היטב בדרכיהן וראוי להתרחק מהם בתכלית:

Deberías aprender de Iosef della Reina y Rabbí Shlomo Molko que usaron la cábala práctica y perecieron, y todo esto porque no hay bien sin mal, como se recordó anteriormente. Además, forzaron por medio de juramentos en contra de su voluntad, y como resultado fueron atraídos y conducidos hacia los malos caminos hasta que sus almas (*Nefesh*) se pierden. Además, estos métodos y juramentos fueron ocultados por parte de las generaciones anteriores, y no los conocemos lo suficiente. Por lo tanto, es mejor evitarlos y mantenerse alejados.

חלק ג שער ז

TERCERA PARTE, PUERTA SIETE

השער השביעי: בהנהגת רוח הקודש בזמננו זה:

Séptima puerta: una guía para el Ruaj haKoddesh en nuestros tiempos

אחר שהזהרנו את האדם בשער שקדם מכל דרכי ההש־ גה כנזכר לעיל, אל יתיאש האדם. כי הנה בפסוק (שופטים ד' ד') ודבורה אשה נביאה, תנא דבי אליהו, מעיד אני עלי שמים וארץ, בין איש בין אשה, בין גוי בין ישראל, בין עבד בין שפחה, הכל לפי מעשיו, רוח הקודש שורה עליו:

Aunque en la puerta anterior advertimos al hombre de las diferentes formas de alcanzar el *Ruaj haKoddesh,* no debe desesperar. Porque el *Tanna Devei Eliahu*[277] se refirió al siguiente versículo (*Jueces* IV-4), «y Débora, profetisa» al decir: «los cielos y a la Tierra llamo por testigos»;[278] el *Ruaj haKoddesh* puede descansar sobre un hombre, una mujer, un gentil, uno de Israel, un esclavo o un sirviente, dependiendo todo de sus actos.

---

277. *Midrash* del siglo x que aparece citado en el Talmud.

278. Véase *Deuteronomio* XXX-19.

והנה באזנינו שמענו ראינו יחידי סגולה השיגו למדרגת רוח הקודש בזמננו זה, והיו מגידים עתידות ומהם בעלי חכמה לא נתגלית בדורות שקדמו אלינו, וכדי שלא להרפות ידי הבאים אל הקודש להתקדש, אבאר איזה ענינים ואפתח כמלוא פי מחט סדקית וה' הטוב לא ימנע טוב להולכים בתמים. ותחלה נבאר כמה דברים בעניני ההשגה ובשער השמיני אכתוב סדר ההנהגה בהם בעזרת ה' יתברך:

Y he aquí que escuchamos con nuestros propios oídos y vimos con nuestros propios ojos a hombres excepcionales que alcanzaron el nivel de *Ruaj haKoddesh* en nuestro propio tiempo. Ellos podían predecir el futuro y poseían tal sabiduría que no era conocida por las generaciones anteriores. Para no desanimar a aquellos que se acercan a lo sagrado para santificarse, explicaré algunas cosas. No revelaré mucho, y el buen Dios no impedirá el bien de los justos. Primero, explicaremos pocas cosas con respecto al logro del *Ruaj haKoddesh,* y en la octava puerta, con la ayuda de Dios, bendito sea, explicaré cómo debe uno comportarse.

הנה הדרך המובחר שבכולם הוא מה שכתבנו בשם תנא דבי אליהו זכור לטוב והיא הדרך שנהגו בה החסידים הפרושים הקדמונים.

El mejor camino es el que enseña *Tanna Devei Eliahu,* de bendita memoria. Es el mismo que utilizaban los antiguos fariseos.

והוא, לשוב בתשובה עצומה מכל אשר קלקל, ואחר כך ישלים נפשו בקיום מצות עשה, ובכונת תפילותיו בתכלית, ובעסק התורה לשמה בזריזות, כשור לעול עד יותש כוחו, ובמעוט תענוגים ואכילה ושתיה, ובקימת חצות לילה או פחות מעט, ובהרחקת כל המדות המגונות, ובפרישות מכל אדם אפילו בעניני שיחה בטילה, ואחר כך יטהר גופו בטבי־לה תמיד, ואחר כך יתבודד לעיתים ויחשוב ביראת ה', וישים הוי"ה נגד עיניו תמיד, ויזהר להיות מחשבתו פנויה מכל הבלי העולם הזה וידבק באהבתו יתברך בחשק גדול, ועל ידי כן אפשר שיזכה לרוח הקודש באחד מאלו האופנים שנאמר:

En este camino, uno debe primero arrepentirse de todas sus maldades. Luego, para hacer su alma (*Nefesh*) perfecta, debe observar los preceptos positivos, orar con devoción, y estudiar la *Torah Lishmah* como un toro hasta agotarse. Uno evitar los placeres, comer y beber, y levantarse a medianoche, o incluso antes, mantenerse alejado de otras personas incluso para una conversación ociosa. Luego, uno debe limpiar su cuerpo con baños constantes. Entonces, de vez en cuando, uno debe recluirse y pensar en el temor de Dios. Uno debería poner siempre a *Havaiah* ante sus ojos, tener cuidado de vaciar su mente de cualquier asunto mundano, y amar al Santo, bendito sea, con gran deseo. Haciendo todo lo anterior, uno podría alcanzar el *Ruaj haKoddesh* en una de las formas que presentaré ahora.

האחד הוא, שימשוך על נפשו אור עליון משורש נפשו העליונה, כנזכר לעיל בשער חמישי ותתגלה אליו, וזה הוא רוח הקודש גמור:

Primero: uno podría alcanzar el *Ruaj haKoddesh* atrayendo sobre su alma (*Nefesh*) una luz suprema de la elevada raíz de su alma (*Nefesh*), como se mencionó en la quinta puerta. Y ésta es una manifestación completa del *Ruaj haKoddesh.*

השני הוא, שעל ידי עסקו בתורה או קיומו איזו מצוה אשר נתבאר בדברי רבותינו ז"ל (אבות פ"ד מי"א) כל העושה מצוה אחת קנה לו פרקליט אחד ונוצר ממנה מלאך ממש, אך בתנאי שיקימנה תמיד וברוב כונה כהלכתה ואז יתגלה אליו המלאך ההוא. וזהו ענין מה שנמצא כתוב בספרים ענין המלאכים הנקראים מגידים, אלא שאם לא תהיה המצוה כהלכתה יהיה המגיד ההוא מעורב טוב ברע אמת ושקר:

Segundo: se puede alcanzar el *Ruaj haKoddesh* dedicándose a la *Torah* u observando un precepto, como explicaron nuestros rabinos de memoria bendita

Avoth IV-13): «todo aquel que cumple un precepto adquiere un abogado para sí mismo». Porque si un hombre cumple un precepto como lo prescribe la ley y con gran intención y devoción, este precepto puede crear un verdadero ángel que se revelará a este hombre. Estos ángeles son llamados *Maguidim* en los libros. Sin embargo, si no se cumple el precepto correctamente, el *Maguid* será una mezcla de bien y mal, verdad y mentira.

השלישי הוא, שעל ידי חסידות כנזכר לעיל, יתגלה אליו אליהו זכור לטוב וכפי חסידותו תגדל גלויו אליו:

Tercero: uno podría alcanzar el *Ruaj haKoddesh* a través de una revelación de Eliahu, de memoria bendita,[279] dependiendo del nivel de devoción de uno.

הרביעי היא גדולה מכולם והוא כי יזכה לשיגלה אליו איזו נפש מהצדיקים הנפטרים הראשונים, אם מאותן שהם משו־רש נפשו, כנודע, או מזולתם אלא מפני שעשה איזו מצוה כתקונה כמוהו. והזוכה למעלה זו ישיג שיודיעוהו חכמות וסודות גנוזים שבתורה עד להפליא, וכל זה כפי מעשיו:

Cuarto: la manifestación del *Ruaj haKoddesh* es la más sutil, ya que es a través de una revelación del al-

279. El profeta Elías.

ma (*Nefesh*) de uno de los primeros *Tzaddikim*. Uno podría alcanzar esta manifestación si el alma (*Nefesh*) de los *Tzaddikim* se origina de la misma raíz que su propia alma (*Nefesh*) o si cumple un precepto de la misma manera en que los *Tzaddikim* lo cumplieron. Además, aquel que llega al *Ruaj haKoddesh* de esta manera aprenderá grandes sabidurías y grandes secretos de la *Torah*, dependiendo de sus actos.

החמישי והיא הגרועה מכולם כי יראה בחלומותיו עניני עתידות וחכמה קרובים אל רוח הקדש:

Quinto: la manifestación del *Ruaj haKoddesh* más baja: aquel que logre este tipo de manifestación del *Ruaj haKoddesh* verá en sus sueños algunas visiones del futuro y aprenderá alguna sabiduría relacionada con el *Ruaj haKoddesh*.

והנה הדרך הזאת היא הדרך הישרה, כי כיון שאין האדם משביע ולא מכריח העליונים, כי אם בכח מעשיו הטובים ובקדושתו, ודאי שרוח הקודש הטהור ישרה עליו בלי תערובת רע כלל, מה שאין כן בהיות האדם מכריח או מבקש דרכי ההשבעה בכח מעשים ותפילות ויחודים שאם יטעה בהם כל שהוא, אפשר שיזדמנו לו דברים חיצונים מעורבים:

Y he aquí que éste es el camino correcto, porque de esta manera, el hombre no alcanza el *Ruaj haKoddesh* invocando o constriñendo a los de arriba, sino por el poder de sus propias buenas acciones y por el poder de su santidad. De esta manera, el *Ruaj haKoddesh* que descansa sobre él será puro y completamente sin maldad, mientras que aquel que intenta alcanzar el *Ruaj haKoddesh* por medio de acciones, oraciones y unificaciones puede cometer errores; por lo tanto, es posible que alcance una mezcla de cosas externas.

עוד יש דרכים אחרים על ידי מעשה, ואבארם בחלק הרביעי, והם להמשיך עליו אחד מחמשת אופנים הנזכרים אף אם לא יבואו מעצמן, וצריכים קדושה וטהרה גדולה, כדי שלא יהיה בהם תערובת כנזכר. אמנם הדרך הראשונה היו דורכים בה אף בדורות הראשונים, וכמו שכתב הרמב"ן ז"ל בפסוק (דברים י"א כ"ב, ל' כ') ולדבקה בו, ובאגרת הקדושה אשר חבר בפרק החמישי בענין בן עזאי שהיה יושב ושונה והאש מלהטת סביבותיו:

Existen otros métodos que utilizan las acciones para alcanzar el *Ruaj haKoddesh,* y los explicaré en la cuarta parte de este libro.[280] Estos métodos ayudan a alcanzar una de las cinco manifestaciones del *Ruaj haKoddesh,* que se mencionaron anteriormente, si no

280. Como veremos, esta cuarta parte no aparece en las ediciones de las *Shaarei Keddushah.*

aparece por sí mismo. Y para evitar una mezcla de maldad, como se mencionó anteriormente, estos métodos exigen una gran piedad y purificación. Es cierto que el primer método fue utilizado también por las primeras generaciones, como escribió el Ramban, de bendita memoria, a propósito del versículo (*Deuteronomio* XI-22), «y se aferraron a él», y en el quinto capítulo de su libro *Igueret haKoddesh*[281] sobre Ben Azai que estaba sentado y estudiando mientras el fuego ardía a su alrededor.

281. «Carta santa», hay traducción al castellano, *Epístola de la santidad* en editorial Sirio, Málaga 2009.

חלק ג שער ח

TERCERA PARTE, PUERTA OCHO

השער השמיני: לבאר הנהגת הבא להתקדש בזמננו בדרך קצרה מאד:

Octava puerta: una breve explicación a propósito del camino de la santificación en nuestros tiempos

צריך שיזדכך חמשה זכוכים.

Es necesario pasar por cinco purificaciones.

הראשון, ישוב מכל חטאיו הן במצות לא תעשה, הן במניעת קיום מצות עשה, הן בכל דברי סופרים, הן מכל מיני מדות מגונות, ולא ישוב עוד אליהם, ובפרט מכל חייבי כריתות ומיתות וחלול השם ובשמירת שבת ומן הנדה ומכל מיני קרי, ומן השבועה אפילו באמת, ומהסתכלות בעריות ומלשון הרע ומרכילות ומליצנות ושיחה בטלה, ויתרחק מהגאוה והכעס והקפדנות והעצבות, ויתנהג בענוה ובשפלות ויהיה שמח בחלקו:

Hay que arrepentirse de los pecados relacionados con los preceptos negativos y positivos, hay que arrepentirse de las transgresiones de las enseñanzas de los sabios y hay que evitar todas las *Middot* negativas. Y hay que arrepentirse sobre todo de aquellas transgresiones como la profanación del Nombre (חלול השם), la profanación del *Shabbat,* las leyes de *Niddah,* y otros tipos de polución (קרי). Hay que abstenerse de pronunciar un juramento, incluso si es verdad, de mirar la desnudez, de hacer *Lashon haRa,*[282] de chismorrear, de burlarse y de conversaciones ociosas. Hay que comportarse con humildad y podrá alegrarse de su parte.

הזכוך השני, בקיומו כל רמ"ח מצות עשה דאורייתא ודברי סופרים, ובפרט קביעות עתים לתורה, ותפילה בכונה וברכות המזון ובכל ברכות הנהנין בכונה, ולאהוב כל אחד מישראל כבבת עינו ולכבד השבת בכל פרטיו, ובכל לילה יקום אחר חצות להתאבל על ירושלים ולעסוק בתורה, וכל מעשיו יהיו לשם שמים, באהבה:

La segunda purificación, hay que observar todos los 248 preceptos positivos de la *Torah,* así como las palabras de los sabios y habría que estudiar especialmente la *Torah* con regularidad, orar con devoción, decir la bendición de la comida y de los placeres y de amar a todo Israel como a la niña de sus ojos, y santificar el *Shabbat* con todos sus detalles y levantarse cada noche a la media noche para llorar sobre Jerusalem

282. Calumniar.

y estudiar la *Torah*, y todos los actos deben ser realizados en nombre del cielo, con amor.

הזכוך השלישי, הוא בעת שיכין עצמו להתקדש ברוח הקודש:

La tercera purificación es cuando uno se santifica a sí mismo para recibir el *Ruaj haKoddesh*.

הרביעי הוא, בטהרת הגוף בטבילה ובגדים נקיים:

La cuarta es la purificación del cuerpo por medio del baño ritual y vestiduras limpias.

החמישי הוא, בעת שיכין עצמו לקבל רוח הקודש אחר אשר הוטבעו בו כל מדות טובות בקנין, יכנס בבית יחידי בטבילה ובקדושה, ובמקום שלא יטרידוהו קולות בני אדם וצפצופי עופות, ואם יהיה אחר חצות הוא יותר נכון לכל הדברים, ויסגור עיניו ויפשוט מחשבתו מכל עניני העולם הזה כאלו יצאה נפשו ממנו כמת שאינו מרגיש כלל, אחר כך יתאמץ ויתחזק בחשק אמיץ להרהר בעולם העליון ולהתדבק שם בשרשי נשמתו ובאורות עליונים, וידמה בעצמו כאלו יצאה נפשו ועלתה למעלה, ויצייר עולמות העליונים כאלו עומד בהם.

La quinta, es cuando después de haberse preparado para recibir el *Ruaj haKoddesh* y que todas las *Middot* han sido integradas en él, hay que entrar en casa solo, limpio y santificado, hay que recluirse en un lugar a medianoche donde no molesten las voces de los hombres o los cantos de los pájaros y olvidarse de los asuntos mundanos como un muerto y entonces hay que meditar en el mundo superior y atarse a las raíces del alma (*Neshamah*) y las luces superiores; hay que imaginar que el alma (*Nefesh*) ha abandonado el cuerpo y ha ascendido hacia lo alto, y hay que imaginarse a uno mismo de pie en los mundos superiores.

ואם עשה איזה יחוד יהרהר בו להמשיך בזה אור ושפע בכל העולמות, ויכוין לקבל גם הוא חלקו באחרונה, ויתבודד במ־חשבה כאלו נחה עליו הרוח עד שעור מה.

Y si ha realizado un *Ijud* (יחוד) iluminará a todos los mundos luz y abundancia (אור ושפע) y él recibirá también su porción al final, y meditará en su pensamiento como si el *Ruaj* estuviera en él.

ואם לא ירגיש מאומה נראה כי עדין איננו ראוי ומוכן, ולכן יתחזק עוד מאז ואילך בעבודה ובקדושה ויחזור אחר ימים להתבודד על דרך הנזכר עד אשר יזכה ותנוח עליו הרוח:

Y si no siente nada, es que todavía no es digno y no está preparado; deberá, pues, incrementar su adoración por medio del servicio y la santificación (ובקדושה עבודה) e intentar recluirse de nuevo al cabo de unos días de la manera que ha sido mencionada hasta que sea digno y el *Ruaj* repose sobre él.

וכאשר תחול עליו צריך שיבחין אולי עדין איננו זך ונקי, והרוח הזה הוא סטרא אחרא, או על הפחות תערובות רע בטוב, ומעשה בן עזאי ובן זומא (חגיגה דף י"ד ע"ב) בעלותם לפרד"ס יוכיח, וזה יבחן על ידי מה שנגלה אליו, אם כל דבריו אמת או שקר ואמת מעורבין או אם דבריו בדברים בטלים של הבלי העולם הזה, או בדברים שאינן על פי התורה וכיוצא בזה, כי אז צריך לדחותו מעליו, וגם להתחזק יותר ויותר בעבודה עד יהיו כל דבריו נאמנים וביראת שמים וכו':'

Y cuando repose sobre él debería examinarse a sí mismo y comprobar si está suficientemente limpio y puro, y si este *Ruaj* es el *Sitra Ajra* (סטרא אחרא), o un poco de la mezcla del bien y del mal, como aprendimos de la historia de ben Azai y ben Zoma (*Jaguigah* 14b) en el Pardes. Y esto debe ser inspeccionado de acuerdo con la revelación, si todo son palabras de verdad o mentira y verdad mezcladas o son palabras ociosas de este mundo o contrarias a la *Torah*, y en ese caso deberá rechazarlo y fortalecer su adoración hasta que todas sus palabras sean fiables y de acuerdo con el temor al cielo.

ודע כי בתחלה תחול עליו הרוח במקרה לעתים רחוקות, וגם שיהיו דבריכ נקלים ולא בדברים עמוקים וגם שדבריו יהיו מעטים, וכל אשר ילך יתחזק כוחו בכל הפרטים הנזכרים.

Y has de saber que al principio el *Ruaj* reposará sobre él raramente, y lo que se le revelará será insignificante y no muy profundo, hasta que se fortalezca en todos los detalles que se mencionaron anteriormente.

והנה כלל הכל הוא זכוך החומר עד קצה האחרון, ועקירת הרהורי המחשבה וכח המדמה שבו לגמרי, ויתדבק בעליונים בתכלית הדבוק. והנה צריך שתתבונן בכל מה שכתבנו בחלק ראשון בשער הששי כי שם נתבאר סדר הנהגת החסידות יותר בבאור:

Y he aquí que la regla es purificar la materia completamente, separar lo contemplado del pensamiento y la fuerza imaginativa, y para unirse a los superiores. Y deberías mirar de nuevo en la sexta puerta de la primera parte donde explico con más detalle acerca de los caminos de la *Hassidut*.

חלק ד שער א

CUARTA PARTE, PUERTA UNO

החלק הרביעי: באופני השמוש בהשגת רוח הקודש:
כבר בארנו בחלק שלישי שער שביעי כי חמשה אופני השגה הם, רוח הקודש, ונשמות צדיקים, ומלאכים הנקראים מגידים, ואליהו זכור לטוב, וחלום.

Cuarta parte: instrucciones para alcanzar el *Ruaj haKoddesh*:

Ya hemos explicado en la séptima puerta de la tercera parte las cinco maneras en las que se manifiesta el *Ruaj haKoddesh*: *Ruaj haKoddesh,* almas de los *Tzaddikim,* y ángeles llamados *Maguidim,*[283] y (a través de) Elías, sea recordado para bien, y los sueños.

וכל אחד מהם אפשר שתושג מאליה, על ידי קדושת האדם ועסקו בתורה מבלי הצטרך מעשה אחר. גם אפשר להשיגם על ידי מעשה פרטי, אחר שיוקדם היות האדם ראוי ומוכן להשגה.

283. Ángeles que se revelan y guían a los hombres santos.

Cada una de estas manifestaciones puede ser alcanzada por medio de la santidad del hombre y el estudio de la *Torah,* sin necesidad de sufrir otras obras. Sin embargo, un sufrimiento en particular hará listo y digno de alcanzar el *Ruaj haKoddesh.*

וענין זה השני יתבאר בחלק הזה מכל הנמצא כתוב בספרי השני באופן ההשגה. השלישי בתנאי ההשגה. וכבר כתבתי בספרי הגדול הנקרא עץ חיים, כמה יחודים ומיני דרכים נפלאים בענין ההשגה, ואם יגזור השם יתברך אכתבם באר היטב בחלק בפני עצמו:

Y esta segunda cuestión será explicada en esta parte de acuerdo con lo que está escrito en el segundo libro de manera realizable. Esta parte está dividida en tres puertas. La primera trata de la naturaleza de los actos, la segunda de las técnicas para alcanzarlo y la tercera de las condiciones. Y escribí en mi gran libro titulado *Etz Jaim,*[284] *Ijudim* [285]y caminos maravillosos para alcanzar el *Ruaj haKoddesh.* Y si haShem, bendito sea, lo permite, voy a describirlas y explicarlas en esta parte.

---

284. El árbol de la vida, una de las obras más conocidas de Vital que es un resumen de las enseñanzas de Isaac Luria.

285. Unificaciones de los nombres de Dios.

(אמר המדפיס החלק הזה לא בא לה. עתקה ולא נדפס כלל, כי מאחר שהכל שמות וצירופים וסודות נעלמים אשר לא כדת להביאו על מזבח הדפוס):

(El impresor de este libro ha dicho: esta parte no ha sido impresa ya que contiene nombres, *Tserufim*, y secretos ocultos y sería contrario a la ley imprimirlos).

תם ונשלם השבח לאל בורא עולם:

Completo y acabado. Alabado sea Dios el Creador:

ÍNDICE ANALÍTICO

Los textos en *cursiva* hacen referencia a las **citas talmúdicas**
El resto de referencias son para las **citas bíblicas**

E

G

H

I

J

K

L

S

ÍNDICE